信息化视域下
现代教育技术理论与实践研究

聂 凯 杨晓飞 著

图书在版编目 (CIP) 数据

信息化视域下现代教育技术理论与实践研究 / 聂凯，杨晓飞著 . — 长春 : 吉林人民出版社 , 2020.1
ISBN 978-7-206-16600-6

Ⅰ . ①信… Ⅱ . ①聂… ②杨… Ⅲ . ①教育技术学 – 研究 Ⅳ . ① G40–057

中国版本图书馆 CIP 数据核字 (2020) 第 013269 号

信息化视域下现代教育技术理论与实践研究

XINXIHUA SHIYU XIA XIANDAI JIAOYU JISHU LILUN YU SHIJIAN YANJIU

著　　者：聂　凯　杨晓飞
责任编辑：王　丹　　　　　　　　　封面设计：优盛文化
吉林人民出版社出版 发行（长春市人民大街 7548 号）　邮政编码：130022
印　　刷：定州启航印刷有限公司
开　　本：710mm×1000mm　　　　1/16
印　　张：17.25　　　　　　　　　字　　数：290 千字
标准书号：ISBN 978-7-206-16600-6
版　　次：2020 年 1 月第 1 版　　　印　　次：2020 年 1 月第 1 次印刷
定　　价：78.00 元

如发现印装质量问题，影响阅读，请与印刷厂联系调换。

前言
Preface

　　信息化环境教学已经走入课堂，成为课堂教学的新亮点。信息技术整合课程将呈现的学习内容通过多媒体、超文本、友好交互等方式进行集成、加工处理转化为数字化学习资源，根据教学的需要，创设一定的情境，并让学习者在这些情境中进行自主、合作、探究性学习，这有助于加强学习者对学习内容的理解和学习能力的提高。故而，信息化视域下现代信息技术理论的研究逐步受到众多一线教育者以及相关研究人员的关注。信息化平台以拥有的海量信息、资源的共享、友好的界面、交互的便利而日益引起教育界的重视。为了使教师能更好地适应社会环境的变化，与时俱进，熟练运用现代教育技术于教学实践中，本书从现代教育技术理论与实践入手，探寻优化实践路径。

　　基于此，本书将主体内容分为七个章节，并依次进行具体论述。第一章系统介绍现代教育技术等情况，将现代教育技术研究主体内容、发展沿革等进行一一介绍，为后文奠定理论基础；第二章从信息化视域下现代教学媒体理论发展入手，对视听媒体、现代教学媒体从宏观上进行系统介绍；第三章对多媒体教学课件设计下的现代教育技术进行实践研究，对多媒体教学课件的设计与素材选用、交互性多媒体课件的制作及演示型多媒体课件的制作流程进行分析；第四章站在"现代远程教育"角度下，就现代教育技术的实践进行阐释，并系统介绍了现代远程教育系统结构及教育类型；第五章介绍了网络教育资源在现代教育技术理论与实践中的应用，对网络教育资源、信息检索技术、社会学软件及版权保护等内容进行介绍；第六章介绍了信息技术在课程教学中的模式整合与构建情况，并重点从"教师角色、学生能力"等角度对信息技术与课程整合的必要性进行分析；第七章基于以上章节的分析，就"现代教育教学系统设计与评价"进行思考，以求对当下现代教育技术理论及实践提出有价值的参考意义。

　　撰写本书的目的是本着实用性与可行性的原则，来最大限度满足现代教育技术运用相关研究者的参考与实践，与此同时，更希望能够供当下师范生阅读参考，帮助学生进一步促进自我专业知识的完善。由于笔者水平有限，本书难免会有疏漏之处，恳请广大读者批评指正。

目 录
Contents

第一章　现代教育技术概述

第一节　现代教育技术定义及研究内容

教育是一种有目的地培养人的社会实践活动。为了达到预期的教育目的，就需要采用一定的教育方式、方法和手段，实质就是一种教育技术。因此，教育行为一出现，就伴随着教育技术的产生，并随着教育理论、实践和信息技术的发展而发展。当教育技术发展到一定的阶段时，才逐渐产生了专门研究教育技术现象及其规律的学科 —— 教育技术学。作为一个学科，教育技术学关注的是信息技术应用于教育工程中所蕴含的教育、教学规律，因此它是连接教育科学理论与教育教学实践的桥梁。教育技术在教育教学中的应用，优化了教学过程，已经成为除教师、学生、教材等传统教学过程基本要素之外的第四要素。

一、教育技术的定义

教育技术是教育技术学这门学科最核心的概念。为了全面正确地理解教育技术，首先必须弄清楚什么是技术。

（一）什么是技术

技术似乎伴随着人类历史的出现而出现，起源于人类对工具制造和对工具使用的劳动，最初是指与人的手工操作有关的工艺和技术。在人类有了文字之后，人们才对技术有了明确的定义。但是，随着历史的发展，技术的内涵也不断发生变化。

《辞海》对技术的解释为：①泛指根据生产实践经验和自然科学原理而发展成的各种工艺操作方法与技能。②除操作技能外，广义的技术定义还包括相应的生产工具和其他物质设备，以及生产的工艺过程或作业程序、方法。

随着科学技术的进步，在日常生产和生活中，要解决具体的问题，不仅要涉及物质层面，还要涉及非物质的层面。《中国科技辞典》把技术定义为："技术是为社会生产和人类物质文化生活需要服务的，供人类利用和改造自然的物质手段、智能手段和信息手段的总和。"物质手段可以理解为与人的手工操作有关的、与具体物质相联系的技能，智能手段可以理解为和人的智力相关的、解决问题的方法和技巧。信息手段包括物质手段、智能手段。在人类的教育活动中，物质手段通常是指教育活动中应用的各种教学媒体，智能手段是指各种教育方式、方法，信息手段是指各种信息技术媒体和信息技术能力。

（二）教育技术

广义的教育技术就是"教育中的技术"，是人类在教育活动中所采用的一切手段和方法的综合。它分为有形（物化形态）和无形（智能形态）两大类。物化形态的技术指的是凝固和体现在有形的物体中的科学知识；智能形态的技术指的是那些以抽象形式表现出来，以功能形式用于教育实践的科学知识（如系统方法）。狭义的教育技术则指的是在解决教育、教学问题中所运用的媒体技术和系统技术。

教育技术一词最早在 20 世纪 60 年代的美国出现，人们对教育技术的认识日趋成熟、清晰，最后对教育技术的概念有了相对统一的认识。其中，影响力最大的当属美国教育传播与技术协会（Association for Educational Communication and Technology，AECT）的 AECT'94 定义和 AECT'05 定义。

1. AECT' 94 定义

1994 年，美国教育传播与技术协会在其出版的书籍《教育技术：领域的定义和范畴》中提出了教育技术的定义。该书由美国众多教育技术专家参与研讨，历时 5 年，最终由巴巴拉·西尔斯和丽塔·里奇总结成文，是美国教育技术学术界的集体研究成果，反映了当时美国甚至国际教育技术界对教育技术的看法。

教育技术 AECT'94 定义是：Instructional Technology is the theory and practice of design, development, utilization, management and evaluation of processes and resources for learning. 译文为：教学技术是对学习过程和学习资源的设计、开发、利用、管理和评价的理论和实践。该定义包括以下内涵。

（1）一个目标。教育技术的目标是促进学习，教是促进学习的一种手段。学习是指由经验引起的行为、知识、能力的相对持久的变化。影响并促进学习既是教育技术的出发点，又是最终目的和归宿，教育技术所包含的各个部分都要围绕促进学习来进行，这也体现了以学习者为中心的思想。

（2）两大对象。教育技术的研究对象是"学习过程和学习资源"。过程一般指未达到学习结果的一系列操作或活动。这里的"学习过程"是指有教师参与学习的"教学过程"，即包括教师参与、学生学习两方面的过程。"学习资源"是指支持学习的资源。这里的学习资源不仅包括应用于教学过程的设备和材料，还包括在学习过程中可以被学习者利用的一切要素，分为人力资源和非人力资源。

（3）五个范畴。设计、开发、利用、管理和评价是教育技术的五个基本领域，也是教育技术的任务。这五个部分既是工作过程，也是工作方法，彼此之间相互独立、相互联系、相互影响。

（4）两种性质。教育技术既是一个理论领域，又是一个实践领域。它说明学习过程中要采用先进的技术手段，同时要重视现代教育理论的应用，理论与实践并重。

2. AECT'05 定义

AECT'05 定义：Educational technology is the study and ethical practice of facilitating learning and improving performance by creating, using, and managing appropriate technological processes and resources.

国内一般翻译为：教育技术是通过创造、使用、管理适当的技术性的过程和资源，以促进学习和提高绩效的研究与符合伦理道德的实践。

AECT'05 定义在 AECT'94 定义的基础上做了如下改进。

（1）主体词的改变。AECT'05 定义将 AECT'94 定义"教学技术（Instructional Technology）"的提法改为"教育技术（Educational

Technology）"，这表明教育技术不仅在教学的过程中发生，而且在更广阔的教育领域里也起作用，扩大了教育技术的领域。

（2）范畴的改变。AECT'05 定义将 AECT'94 定义中教育技术的五个范畴合并为三个范畴。"创造"指在各种不同的、正式或非正式的环境中，创建学习情境所涉及的研究、理论和实践，它包括了 AECT'94 定义中的设计与开发两个领域的范畴。"使用"是指将学习者带入学习环境，接触学习资源所涉及的理论和实践，主要包括学习材料的利用、推广革新、整合、制度化四个子领域。管理是指再次强调了教学过程是一个系统，因为只有在拥有复杂因素的系统中，才需要对系统各个要素进行管理和配置，以达到最优结果。

（3）新定义去掉了"评价"，因为系统方法的重要特征是每个独立的活动都是一个完整的过程。创造、使用和管理是三种独立的活动，也可以认为是一个教学开发过程中的不同阶段，因为独立的活动具有完整的过程，自然包含了监督和纠正这一过程。所以，不需要单独将"评价"列出来与活动过程并列。

（4）将一般的教学过程和教学资源限定为对"适当的技术过程和资源"的研究，突出了专业特色和工作重点，即教育技术的目的为改善绩效。

（5）强调"提高绩效"，突出了教育技术的目的从"为了学习""促进学习"扩展到"绩效"的改善方面，明确了教育技术的研究范围由教学领域扩展到企业绩效领域。

（6）首次提出了教育技术的实践应符合伦理道德。伦理道德是一个领域从业人员的基本规则，表明教育技术领域对伦理道德的关注正在日益增强。

二、教育技术研究的内容

依据教育技术 AECT'94 定义，教育技术是为了促进学习，对有关过程和资源进行设计、开发、利用、管理和评价的理论和实践，因此教育技术的研究范畴包括设计、开发、利用、管理和评价五个领域，其中每个领域都有大量的子范畴。在实践研究中，往往不仅限于某一领域，更多的是需要跨越多个领域之间的范畴，如图 1-1 所示。

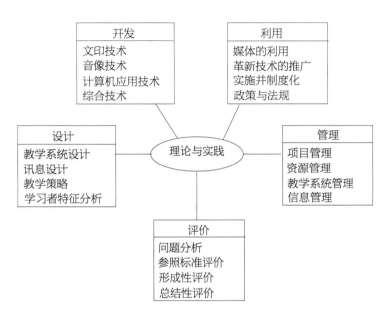

图 1-1 教育技术研究

有专家认为，从我国教育技术研究和应用的实际情况来分析，教育技术的研究领域主要包含以下几个方面。

（1）教育技术的学科基础理论。包括教育技术学科的性质、任务、基本概念、研究方法，教育技术与相关学科的关系等。

（2）视听教育的理论与技术。包括常规视听媒体的教育功能，常规媒体教材的设计、制作、使用与评价技术，各种常规媒体的组合应用，利用常规媒体优化教学过程的理论与实践研究。

（3）计算机辅助教育的理论与技术。包括计算机辅助教学、计算机辅助测试、计算机管理教学等。

（4）教学设计与评价的理论与技术。包括学习理论、教学理论、教育传播理论、系统方法应用研究。

（5）远程教育的理论与技术。包括计算机网络建设与教学应用，远程教育的形式、特点、组织、实施与管理等。

（6）教育技术管理的理论与技术。包括教育技术硬件设施和软件资源的管理方法，教育技术的专业设置，组织机构以及相关的方针、政策等的研究。

（7）新技术、新方法和新思想在教育中的应用。包括网络新技术、人工智能技术、虚拟现实技术等现代信息技术应用于教育的研究、开发与应用。

三、现代教育技术的基本概念

现代教育技术与教育技术两者在本质上没有区别，它们的研究目的和研究对象完全相同。两者都包含物化技术和智能技术两个方面，也同样以实现教育最优化为目标。只是，前者是为了着重强调教育技术研究与应用的"现代化"特征，是对当今教育技术研究与实践中心的形象化描述，即现代教育技术是以素质教育、创新教育等教育理念为指导，以多媒体技术、网络技术、虚拟现实技术在教育中的应用为核心。因此，它们唯一的差别是，现代教育不对粉笔、黑板等传统技术进行研究，着重强调的是网络、卫星等现代化技术在教学中的应用。因此，现代教育技术跟教育技术在本质上是完全相同的，只是现代教育技术着重强调了研究对象的现代化。鉴于现代化教育的特征，如今我们更习惯于用现代教育技术来指代教育技术。

现代教育技术与教育技术是并行的两个概念，因此国内没有对现代教育技术专门的定义。目前，关于现代教育技术，比较有影响力的定义有以下几个。

现代教育技术是把现代教育理论应用于教育／教学实践的手段和方法的体系，包括如下几个方面。

（1）教育／教学中应用的现代化技术手段，即现代教育媒体。

（2）运用现代教育媒体进行教育／教学活动的方法，即传媒教学法。

（3）优化教育／教学过程的系统方法，即教学设计。

现代教育技术是以计算机为核心的信息技术在教育／教学中的应用。现代教育技术是指运用现代教育理论和现代信息技术，通过对教与学过程和资源的设计、开发、应用、管理和评价，以实现教学优化的理论与实践。

四、基于教师角度学习教育技术的必要性分析

现代教育技术是以计算机为核心的信息技术在教育、教学领域的运用，显然，这绝不能仅仅看作是一般的教育手段和教学方法的运用问题。信息技术的深入发展将引起整个经济基础和上层建筑的彻底变革，那么，信息技术在教育、教学领域的全面应用，也必将引起教学内容、教学手段、教学方法和教学

模式的深刻变革，并最终引起教育思想、教学观念、教与学的理论乃至整个教育体制的根本变革。任何把现代教育技术仅仅看作是一种教学手段或教学方法的看法都是极端肤浅的。正是在这个意义上，我们认为现代教育技术是整个教育改革的制高点或突破口。所以，对教师及作为未来教师的师范生来说，学习和掌握现代教育技术既非常必要也非常重要。

（一）教育技术是教学改革的制高点

教育技术应用系统方法来分析和解决人类学习问题，研究和实践教育中"如何做"的问题，并针对以计算机为核心的信息技术在教育、教学领域的运用，从设计、开发、利用、管理、评价等方面做理论和实践上的探索。以计算机为核心的信息技术的应用已成为 21 世纪教育的主流，并伴随着世界各国教育信息化的进程，已经对教育产生了深刻的影响，教育正面临着教育思想、教育体制、教育内容及形式等方面的变革。

（二）教育技术与教师专业发展

众所周知，应用现代教育技术，促进各级各类教育的改革与发展（尤其是促进基础教育的改革与发展），已经成为当今世界各国教育改革的主要趋势和国际教育界的基本共识。国际教育界之所以会有这样的共识，是因为现代教育技术的本质是利用技术手段（特别是信息技术手段）优化教育教学过程，从而达到提高教育教学效果、效益与效率的目标。效果的体现是各学科教学质量的改进；效益的体现是用较少的资金投入获取更大的产出（即培养出更多的优秀人才）；效率的体现是用较少的时间来达到教学内容和课程标准的要求。

现代教育技术所追求的这三个方面的目标，也是各级教育部门领导和学校校长们时时刻刻都在关注的目标。而确保这些目标的实现，正是现代教育技术的优势所在。但是技术是要靠人来掌握的，要让现代教育技术的上述优势得以发挥，需要靠教师去实施。这样，就对教师教育提出了更高的要求——在教师的专业技能中，提高应用教育技术的能力已经变得越来越重要。

1. 基础教育课程改革的迫切需求

基础教育新课程改革的核心是要培养学生的创新精神，让青少年生动、活泼、主动地发展，这就要求教师改变在课堂上的教学方式与行为模式，而应用教育技术正是改变教师的教学方式与行为模式的最重要手段。此外，信息技术与各学科教学的整合还是新课改成功的必要条件，而有关信息技术与课程整合的理论、方法（即如何在各科教学中进行有效的整合）则是现代教育技术研究的基本内容。所以，重视教师的教育技术能力发展，引导教师尽快提高应用教育技术的能力是基础教育课程改革的迫切需求。

2. 教育技术与创新能力的培养

21世纪为人类带来物质文明高度发达的信息社会，同时也带来一系列严重的社会与生态问题。例如，能源危机、人口压力、粮食匮乏、环境污染、生态破坏……这些都是伴随工业现代化进程的全球性问题。这些问题长期存在，越发严重，实际上已演变成为威胁人类生存的全球性危机。面对这类危机，考虑未来社会的发展，联合国"国际21世纪教育委员会"所提出的解决方案是"教育的四大支柱"。所谓"四大支柱"是指能支持现代人在信息社会有效地工作、学习和生活，并能有效地应付上述各种危机的四种最基本的学习能力，即"学会认知，学会做事，学会共同生活和学会生存"。

这四种能力并不是平等、并列的，其中有一种是作为基础能力来强调的，这就是"学会共同生活"，其余三种能力则是学会共同生活所不可缺少的基本因素。学会共同生活实际上主要指的是道德教育，要求培养学生的高尚道德精神。其余三种能力即学会认知、学会做事和学会生存，可以用一种能力来概括，这就是"创新能力"，这表明四大支柱的实质就是要培养具有高尚道德精神和创新能力的一代新人。

另外，信息社会要求新型人才应具有较高的信息素养。为了培养出能适应21世纪需要，具有全面文化基础（包括信息方面的文化基础）、创新能力和高尚道德精神的一代新人，现代教育技术具有至关重要的意义。这不仅是因为信息社会的文化基础包含信息方面的知识与能力，而信息方面知识与能力的培养显然有赖于现代化的教育技术手段，而且还因为各个学科（不管是大学、中学还是小学的学科）教学的深化改革都离不开教育技术理论的指导和以计算机为基础的教学环境的支持。如上所述，教育四大支柱的实质是要培养具有创新能力和高尚道德精神的人才，而现代教育技术则对这两方面教育目标（培养创新能力与高尚道德）的实现均有不容忽视的重要作用，其中尤其是对创新能力的培养具有决定性的意义。

3. 教育技术的运用和师生角色的转变

随着计算机多媒体和计算机网络技术在教育领域的广泛应用，人们开始探讨新时代下教师的角色问题，有的教育家认为，为了培养学生独立思考、独立工作的能力，强调学生的自主性、主体性，就要淡化教师的作用。甚至在西方出现了"教师将被取代"的说法，许多描绘信息社会前景的文章，在谈到教育领域的变化时，不乏"学生可以没有教师，自由地与机器对话"之类的观点。那么，我们究竟应该如何看待新时期师生的角色？教师是否可以完全被技术取代？

4. 教师角色的转变

教育技术的发展并不能替代教师的作用。教师永远是教育过程中的灵魂。教师是教育方针的执行者，是教育过程的设计者，是学生心灵的塑造者。为了培养学生独立思考和独立工作的能力，教师固然不能越俎代庖，但却需要加强引导和指导。学生的主动性靠谁来激发？靠教师；学生的活动由谁来设计和组织？由教师；学生的才能靠谁来发现和扶植？靠教师；学生遇到挫折靠谁来帮助？靠教师，教师的品格风貌更是学生学习的榜样。不论在什么时代，教师在培养人才中的作用都是不容忽视的。因此，教师本身素质的高低就成为教育成败的关键。教育技术的发展对教师提出了不同于以往的要求。

（1）教师要更新教育观念

首先，要具有新人才观。21 世纪将是竞争激烈的高科技时代，对人才的要求显然与过去不同。21 世纪要求年轻一代具有广阔的胸怀，丰富的知识，聪敏的智慧，开拓的精神，高尚的道德，完善的人格。这一切都不是仅在书本上可以学到的。传授知识是教育过程中不可缺少的重要环节，它是人才成长的基础，任何时候都不能放松。但它只是一个基础，还需在这个基础上发展学生的能力，培养他们的高尚的思想品质和符合时代精神的各种优秀品质。教师要认真研究新世纪人才的素质并对每个学生进行人才设计。

其次，要认识教师角色的转变。以往的教育，教师扮演的是一种家长式的角色。在未来教育中教师的角色主要表现在教师是设计者、帮助者、品质的示范者等方面。教师既是学生的长者，又是朋友，还是学生的引路人。

最后，教师要树立大教育观念。教师的眼光不能局限于课堂，而要放眼社会。在当今社会，学生获取信息的途径日趋多样，如课堂、家庭、社会等信息源。课堂学习已经无法满足当下学生的自我发展需求，而作为教师，如果不懂得应变，依然囿于课堂教学，则难以做到有的放矢，因材施教。

（2）要不断更新自己的知识和提高自己的能力

首先，教师掌握的知识应该既有一定的宽度又有一定深度。学科的发展正在向既分化又综合的方向发展。学科的这种发展趋势也要求教师掌握的知识既宽广又专深。但教育职前培训的时间是有限的，因而需要将职前培训和职后继续学习结合起来，不断更新自己的知识，提高业务水平和能力。作为教师，不论教什么专业，都需要提高人文科学的素养。因为人文科学能够帮助人们了解世界，了解自己，了解人对社会的责任，从而提升自己的文化素养、思想情操和行为风貌。教师的这种素养会潜移默化地影响学生。

其次，教师需要提高教育研究能力和合作能力。现代教育技术的发展带来了许多需要研究的新问题，特别是教育技术手段使用过程中学生的学习心理问题。技术"加盟"教育，促逼着教学系统形成了新的动态平衡。在这个新的平衡体系中，它更加关注教师的教育研究能力和合作能力。正如有学者所言："教育过程一旦凭借技术而加以灵活组织，教师之间那种封闭的状态不复存在，一个教师教一门课的现象也将消失。"现代教育技术作为一种物的纽带，把教师群体的每个成员联结起来，教师只有互相理解，默契配合，才能更好地履行教师的职责。

（3）教师需要掌握教育技术的理论和操作技能

教育技术在教学过程中的运用必然会改变教学过程的模式，会优化教学过程，较大地提高教学质量。但是它的前提条件是教师必须对教育技术有所认识，会操作和运用教学资源，并改变旧的教学方法。这种认识和操作运用不只是简单的技巧，而且包括教师的教学观念的变化。如果教师的教学观念不转变，即使有了出色的多媒体软件教材，也只能把它当作一个简单的教具和课堂教学的点缀。教师只有改变教学观念，进而改变教学方法，才能使教育技术发挥优化教学过程的作用。

因此，现代教育技术的发展对教师角色的影响，并不是使教师失去"主人"的地位而使其角色退化，而是对教师提出了更高要求，教师担负的角色职责更重。

（三）教育技术的运用对教学过程的影响

21世纪教育技术将得到广泛的应用。技术手段运用到教学过程必将引起教学领域的变革。历史上班级授课制的产生改变了过去手工业式的个别教学形式，大大提高了教育效率。但是，无论是个别教学还是集体教学，都没有摆脱教师讲学生听的局面。在这个过程中，学生的视听觉器官没有被充分调动，学生潜在的能力也未能充分发挥，从而影响到学生对客观世界的认识。教育技术在教学过程中的应用改变了这种局面。这种变革可以从以下几方面来理解。

1. 改变了学生在教学过程中认识事物的过程

传统的教学过程是由感知教材、理解教材、巩固知识和运用知识几个环节顺序连续地组成的，教育技术则把感知、理解、巩固、运用融合为一体。教育技术有形有声，不仅有较强的直观性，而且能够引导学生直接揭示事物的本质和内在的联系。心理学告诉我们，教学过程中运用的感觉器官越多，它们的作用发挥得越充分，对学习的知识就越容易理解和巩固。而且许多肉眼看不到的宏观世界和微观世界，以及一些事物的运动规律都可以借助教育技术得到，使学生容易理解和掌握事物的本质，有利于学生思维能力的培养和发展。

2. 改变了某些教学原则

传统的教学过程强调教学要由近及远，由浅入深，由具体到抽象。教育技术改变了这个顺序，它可以把远方的东西放到学生眼前，把复杂的东西变得简单，把抽象的事物化为具体。它可以把时间和空间放大，又可以把时间和空间缩小。怎样有利于学生的认识就怎样运用。

3. 改变了教学内容和教材形式

通过教育技术，可以把过去许多不容易理解的新科技内容增加到教学内容中，使教学内容现代化。通过教育技术编制的教材软件，把声音、图像和文字结合起来，增加了教材的艺术感染力。

4. 改变了教学过程中教师、学生、教材三者之间的关系

教师、学生、教材是教学过程的三个基本要素，它们互相影响，互相作用。历史上各种教育思想或教育流派都对三者的组合和各自的作用有过不同的主张。例如，有一派主张在教学过程应以教师为中心，另一派则认为应以学生为中心；一派主张应以系统的学科教材为中心，另一派则认为应以学生的经验为中心。教育技术在教学过程中的应用使教学过程的基本要素增加为四个要素。它改变了以往那种教育过程中心的论争，把教师和学生的主动性都调动起来，改变了课程教学的固有模式。教师的角色从单纯地讲授知识转变为设计教材，学生从单纯地接受知识转变为自我学习，自我发现，它有利于因材施教，个别教学。总之，教育技术在教学过程中的出现，不能简单地看作是一种教育手段和方法，它对教育过程的影响是很深刻的，必将引起教学过程的变革。对这一点，我们应该有足够的认识。

第二节　现代教育技术理论发展沿革

教育是人类实践活动的一种，依靠的物质手段主要是记录、呈现、传递信息的各种媒体，所以教育技术的发展受媒体发展的影响。伴随人类最初的社会形态的形成，教育技术就产生了。

最初的教育活动以口耳相传、简单模仿的形式进行。随着文字体系的出现，书写连同口语是重要的教育工具，媒体从语言扩大了语言和文字。印刷术的发明，使教科书得到了普遍的应用，扩大了教育规模，提高了教学效率，促进了教育的发展。随着社会和科学技术的发展，视听媒体和现代信息媒体在教学领域得到应用后，教育技术被作为一个专门领域来研究。现代科技成果和新的教育理论为教育技术发展提供了物质技术和理论基础。1963年，教育技术正式成为一门独立的学科。

一、基于国外视角下教育技术的发展历程

由于教育和信息技术发展的差异，教育技术在不同国家的发展也有差异。美国的教育技术产生最早，发展脉络最清晰完整，在世界上影响也最大，其他国家如加拿大、英国、日本等均以美国的教育技术理论模式发展为借鉴。因此，常将美国作为研究国外教育技术发展历史的典型代表。

（一）视觉教育阶段（20世纪头30年）

17世纪中期，教育家夸美纽斯的班级教学理论开始受到教育学家的关注。他认为面向班级授课，一个教师同时教几百个学生是可能的和有益的，同时强调教师进行直观教学的重要性。直观教学是通过运用真实事物标本、模型、图片等为载体传递教学信息，进行具体的教学活动。它强调教具的呈现要直观地放在学生面前且在合理的距离内，让学生先看到整体，然后再分辨各个部分，并且要设法引起和保持学生的注意。直观教学的实质是一种传授观察经验的直观技术。

19 世纪末，随着科学技术的迅速发展，电的发明与幻灯、电影以及无线电广播引入教育领域，现代的教育技术开始萌芽，成规模的、脉络清晰的教育技术实践逐步开始。

1906 年，美国宾夕法尼亚大学一家公司出版了《视觉教育》艺术，介绍照片拍摄、制作与使用幻灯片，最早使用了"视觉教育"术语。随后，越来越多的教育工作者参与对新媒体应用的研究。1920 年，无声电影开始在美国被用于教学中。1922 年，"美国视觉教育协会"成立。1923 年，美国"全国教育学会视觉教育部"成立，同时出版了一批视觉教育的专门书刊，介绍视觉教育的理论知识。这一时期，教育技术作为一种教育实践活动，主要是"视觉教育"，关注媒体的使用和对新媒体的开发利用，因而形成了教育技术的"物理学观"和"设备观"。

（二）视听教育（20 世纪 30—50 年代）

随着第二次世界大战的爆发，教育的需求骤然增加，特别是军队的训练和教育方面。录音技术、电视技术等的成熟，有声电影的发明，具有视听双重特点的媒体被引入教育领域。在这样的背景下，人们从对视觉教育、听觉教育的研究转向了对视听觉媒体的综合运用问题的深入探讨。20 世纪 30 年代，美国掀起了一场视听教育运动。与此同时，视听教育的理论研究进一步推动了视听教育的发展，其中比较有代表性的是美国教育学家爱德加·戴尔提出的"经验之塔"理论，该理论也是教育技术学历史上最重要的理论之一。

1946 年，戴尔出版《视听教育方法》一书，将各种视听教育手段与方法概括为一个"经验之塔"，提出了"做的经验""观察的经验"和"抽象的经验"的观点。他从理论上分析了视听教育的作用，强调了视听教育媒体在教育中的重要性，对视听教育做了理论上的总结。

（三）视听传播（20 世纪 50—60 年代）

教育是一种典型的文化信息传播活动。第二次世界大战以后，传播理论和早期的系统观同时影响视听教育，引发教育技术发展史上的重要变革，使视听教育演变为视听传播。

20 世纪 30 年代至 40 年代，一些学者如拉斯书尔、拉扎斯非尔德等人分别从政治心理学、社会心理学等方面研究大众传播的作用，提出了大众传播的基本理论，为美国的大众传播学奠定了基础，也为 20 世纪 60 年代教育技术学理论基础的形成与发展起到了积极、重要的作用。

1958年，美国IBM公司首次将电子计算机用于辅助教学。

1953年，美国在得克萨斯州建立了全世界第一座公共教育电视台。1960年，美国的电视机数量达到了5640万台，电视机的普及促进了电视教育的普及和发展。

20世纪50年代末，在美国心理学家斯金纳的行为主义观点的影响下，程序教学引入了课堂教学领域。20世纪60年代初，美国掀起了程序教学和教学机器的热潮。程序教学将教学内容按一定的逻辑顺序分解为具体的行为目标，设计达到这些目标的具体步骤，编制成教学程序由学习者自主学习，并通过反馈来验证这些目标是否已达到。其特点为小步骤学习，自定学习进度，积极反应，即时反馈。程序教学对教育技术领域的形成与发展产生了重大影响。

在教育理论上，美国开始着重研究多种媒体综合使用及其在学习过程中的作用。现代最伟大的教育家杜威提出了"做中学"的观点。在教学过程方面，他提出了"五步教学法"，即创造情境、明确问题、提出假设、解决问题、检验假设。杜威的教育理论和教育实践对学校填鸭式的教学模式产生了巨大的冲击。

在这样的背景下，美国教育行业提出了视听传播的概念。传播理论使教育技术观念从静止的媒体论转向动态的过程论，而系统观使教育技术观念从有形的媒体论转向无形的系统论。它将教学内容、媒体、方法、人员、环境等看成教学系统要素，根据教学需要与目标对系统进行设计。视听传播改变了传统视听教育的理论框架，使视听教材不是作为辅助手段，而是教学过程的基本要素进入教学过程。

（四）教育技术（20世纪70年代—20世纪末）

1972年美国教育传播与技术协会将其实践的领域定名为教育技术。至此，教育技术一词才作为一个学术领域的正式名称确立下来，此后又相继出现过教学技术、学习技术等。在随后的20多年里，教育技术在相关学科的发展影响下，不断地进化和丰富。在早期程序教学理论的深刻影响下，教学设计研究开始出现，并与系统理论相结合，使教学系统开发成为现代教育技术的重要内容，20世纪80年代以后，教学设计理论日趋成熟，与媒体技术的结合也更加紧密。同时，学习心理学的新发展为教育技术的理论注入了新活力，在新的心理学理论指导下，对教学设计的研究已成为当今教育技术的热点。

教育技术在研究领域和范畴上的变化，也促进了人们对"教育技术"一词的再认识。1994年美国教育传播与技术协会对此作的定义阐述，成为迄今为止最为全面、明确阐明教育技术内涵的定义，也是受认可程度最高的。总之，教育技术的理论发展与媒体技术及其他相关学科的理论发展具有紧密的关联性，通常是对探索性实践的总结、综合与升华，之后是对实践的再指导。此段时期，引入系统论、信息论、控制论等新理论，并随着微电脑、卫星传播电视、激光视盘、网络等新媒体的介入，使教育技术进入系统发展阶段。

（五）多媒体网络教育（20世纪末至今）

多媒体网络教学是在一定教学理论和思想指导下，应用多媒体和网络技术，通过师、生、媒体等多边、多向互动和对多种媒体教学信息的收集、传输、处理、共享，来实现教学目标的一种教学模式。这一时期，引入建构主义理论，并随着多媒体系统、计算机网络等新媒体的介入，使教育技术进入网络发展阶段。

二、基于国内视角下教育技术的发展

我国现代教育技术萌芽于20世纪20年代，正式起步于20世纪30年代，至今已经走过了近百年的发展历程。我国教育技术的兴起源自美国的视听教育，其发展同时也受到美国教育技术的很大影响。在此期间，我国教育技术的发展大致经历了三个阶段：电化教育萌芽阶段、电化教育发展阶段和教育技术发展阶段。

（一）电化教育萌芽阶段

1919年，国内已有人开始幻灯片教学的实验，并尝试利用电影、电视等媒体作为教学工具。

1920年，商务印书馆创办的国光电影公司拍摄了无声教育影片《女子体育》与《盲童教育》。

1922年，"南京金陵大学"用幻灯片、电影宣传棉花种植技术，是最早进行电化教育的高等学校。

1923年，陶行知在《平民教育运动与国运》中写道："第三次是在嘉兴试验，唯方法加以改良，用幻灯来做教授工具。"这是我国有关电教媒体在教学中应用的最早记录，标志着以媒体应用为标志的电化教育萌芽的开始。1936年，教育界首次提出"电化教育"这个名词。当时的"教育部"举办电化教育人员训练班，由各地选派学员参加，学员结业后，将电化教育名词推广至全国各地，之后各级教育行政部门也陆续正式使用此名词。

1936年，最早的教育技术刊物《电化教育》周刊在上海出版。1937年，商务印书馆出版了我国第一本教育技术专著《有声电影教育》。

这一时期电化教育的实施理论来源于美国教育技术思想初期中的视觉教育，主要是通过幻灯、电影等媒体为教学提供新的辅助手段。其发源地和早期主要活动地点在江苏无锡、镇江、南京以及上海等地。其特点是先有其事，才有其名，先民间，后政府，先在社会教育领域，后进入学校教育领域，再开始理论研究。

（二）电化教育发展阶段

20世纪50年代到80年代，由于原有的视觉教学概念已经不能涵盖新的视听教育实践的情况，于是视觉教学逐步发展成为视听教学。1949年，文化和旅游部科技普及局成立了电化教育处，负责全国的电化教育工作。1950年，北京建立了中央电化教育工具制作所。1960年，上海、北京、沈阳等地相继开办电视大学。1978年后，我国教育技术重新起步，教育部成立了电化教育组，后又建立了中央广播电视大学，高等院校和大部分中、小学相继配备了幻灯机、投影仪、录音机、录像机、电视机、计算机等现代化教学设备，还建起了多功能电化教室、闭路电视系统、语言实验室、微机教室，在全国建立了卫星广播电视教学系统。

1983年开始，我国先后在华南师范大学、西北师范大学、华东师范大学、北京师范大学等一大批院校设立了电化教育系，开设电化教育专业。1986年，国务院学位委员会正式批准北京师范大学等院校设立教育技术学硕士学位授予点。据不完全统计，到2005年底，全国有200多所高等院校设置了教育技术学本、专科专业，40多所高等院校具有教育技术专业硕士学位授予权。北京师范大学等5所院校具有教育技术学专业博士学位授予权，从而形成了完整的、多层次的、多方向的教育技术专业人才培养体系。随着电化教育事业的发展，我国先后创办了《电化教育研究》《中国电化教育》《外语电化教育》《中小学电教》《中国远程教育》《远距离教育》等刊物。这个时期由于我国社会发展的重大变迁，电化教育的发展实际是在起落中前进。

（三）教育技术发展阶段

受国外教育技术的影响，20 世纪 80 年代，为了方便国际学术交流，我国将"电化教育"更名为"教育技术"。20 世纪 90 年代末，多媒体技术、网络技术的发展，使我国的教育技术迅速向深层次发展，进入深入发展阶段。多媒体、远距离教学等基于计算机的信息技术媒体大量进入教育教学。教育技术理论研究重点从 20 世纪 90 年代以前的视听教育媒体的理论与应用研究，转向了对多媒体组合运用和学习过程的研究，重视教学系统设计理论、建构主义学习理论、认知学习理论对教育技术的指导，还有以计算机为基础的信息技术在教育教学中的应用研究。进入 21 世纪以来，世界各国普遍关注教育信息化在提高国民素质和增强国家创新能力方面的重要作用，纷纷采取政策规划加快教育信息化的发展。现代教育技术是当前教育的"突破口"和"制高点"，在全社会已形成共识。2012 年 3 月，国家《教育信息化十年发展规划（2011～2020）》的颁布实施，必将加快教育信息化的建设步伐，促进教育技术的发展，推动教育事业的深入发展。中华人民共和国教育部 2018 年 4 月 13 日发布《教育信息化 2.0 行动计划》，教育信息化由 1.0 升级为 2.0，要实现从专用资源向大资源转变；从提升学生信息技术应用能力、向提升信息技术素养转变；从应用融合发展，向创新融合发展转变。这对新时代的教育技术提出了更高的要求，在智能化时代，人工智能、大数据、区块链等技术迅猛发展，将深刻改变人才需求和教育形态。教育信息化 2.0 行动计划是加快实现教育现代化的有效途径。没有信息化就没有现代化，教育信息化是教育现代化的基本内涵和显著特征，是"教育现代化 2035"的重点内容和重要标志。

三、教育技术的发展趋势

随着科学技术的发展，教育技术理论研究和实践领域不断扩展。21 世纪，电子技术、计算机技术和通信技术的发展日新月异，教育技术也随之进入了信息化发展阶段，正朝着网络化、多媒体化的方向发展。

（一）教育资源的多媒体化、组织结构的非线性化

多媒体技术的应用、多媒体优化组合形成的多媒体系统的应用是教育技术

多媒体化发展的两大趋势。多媒体技术能综合处理文本、图像、视频、音频和动画等多种媒体信息，具有感官的多重刺激性和操作的实时交互性的特点，不仅能丰富师生的教学资源，还能调动学生的参与性和培养学生的探究精神。因此，多媒体技术在教育技术中占有重要位置，同时也是教育技术发展的主要趋势。同时，传统教育信息的线性组织结构，不符合人类思维、记忆网状结构的特点。因此，传统教育在一定程度上限制了学生潜能的开发和自由联想能力、创造能力等的发展，所以现代教育资源的组织结构将向着非线性化的方向发展，以求最大限度地开发人的智慧和能力。

（二）教育平台和教学形式的网络化

卫星电视网络、Internet 是教育平台网络化的两个方面。教育平台网络化，使教育体制和教学模式发生了根本变革。网络环境的教育模式不受空间、时间和地域的限制，使教育的多样化、全民化、终身化和国际化成为可能。基于网络教育平台，如人人都能得到一线教师的指导，进入世界知名学府学习，还可以在任意时间任意地点通过网络自由学习、工作和娱乐。网络环境下的教学模式，可以开展个别教学、协作型学习。它为网络教学、远程学习、虚拟实验等新的教学形式奠定了基础。

（三）现代教育技术应用模式多样化

现阶段，教育技术在教育中的应用形式主要有 4 种：基于视听媒体和计算机多媒体教学形式；基于卫星网络的远程教学形式；基于 Internet 的网络教学形式；基于计算机仿真技术的"虚拟现实"教学形式。其中，虚拟现实技术是计算机科技发展的最新领域，具有主动性、实时交互性、多感知性等特征，因此它是教育技术发展的主要趋势之一。

（四）教学资源系列化

现代教育技术进入信息化阶段以后，教育不管在观念上、模式上，还是在对象、主体上都发生了根本的变化，教育的信息化推动了教育的变革。同时，教学信息化的发展，促进教学设施、教学体系、教学资料等学习资源逐步成套化、系列化。学习者能够在特定的学习条件下，依据具体的学习目标，有效地选用相应的学习资源。学习资源系列化为社会化和终身化的教育提供了环境和保障。

四、基于教师信息素养能力视角下现代教学技术的思考

随着科学技术的飞速发展，人才培养对教育提出了越来越高的要求，加强对教师的教育技术能力培训就具有特别重要的意义。培养一大批既懂专业知识又懂现代教育技术且具有实践能力的人才，实现教育技术现代化已成为教育发展的新趋势。科技发展日新月异，知识经济时代需要的人才不仅要有渊博的专业知识，而且要有宽厚的知识基础、良好的心理素质、获取与处理信息的能力和一定的创新精神。这些人才的培养要依靠高素质的教师来完成，高素质教师的标志之一就是要具有现代教育技术和信息技术知识，并具有运用这些知识进行教学的能力。

（一）教师要具有良好的信息素养

素养一般是指人所具有的那些相对稳定的心智能力和实际操作能力及水平的基础性因素，信息素养则是指人在心智能力和实际操作能力及水平与信息的获取、处理、加工、利用等相关的上述相对稳定的基础性因素。信息素养这一概念，最早是在 1974 年由美国信息产业主席保罗·车可斯基（Paul Turkowski）提出来的。他把信息素养定义为"利用大量的信息工具及主要信息源使问题得到解答的技术和技能"。美国国家信息素养论坛在 1990 年的年度报告中提出了信息素养的标准。

（1）了解自己的信息需求。

（2）承认准确和完整的信息，是制定明智决策的基石。

（3）能在信息、需求的基础上系统阐述问题。

（4）具有识别潜在信息源的能力，能指定成功的检索策略。

（5）能检索信息源，包括能利用以计算机为基础的信息技术或其他技术。

（6）具有评价信息的能力。

（7）能为实际应用而对信息进行组织。

（8）具有将新信息结合到现存的知识体系中的能力。

（9）能采用批判性思维，利用信息解决问题。

教师要对信息、教育信息化、信息社会有基本正确的理解，认识到信息在教育信息化中的作用，关心教育信息化进程，积极投入教育信息化工作；能确认自己的信息需求，具有一定的专业信息；要认识到获取信息资源对于教育与

科研工作的重要性。教师应具有较强的信息敏感度和信息安全意识，能迅速地发现并掌握有价值的专业、科研信息，还能灵活地通过多种渠道较迅速地获取有效信息，善于识别信息的真伪，能够遵循一定的信息道德，规范自身的信息行为活动。

（二）教师应具备如下几个方面的现代教育技术素养

1. 了解基本知识

主要包括教育技术基本知识、信息技术基本知识、教学设计基本知识、软件制作基本知识。

2. 拥有信息文化

具有很强的信息获取、信息分析和信息加工的能力，这是现代教师所必须具备的信息文化基础。

3. 掌握基本技能

主要包括常规教育媒体的基本操作技能、常规信息技术的基本利用技能、信息技术与课程教学整合能力。

4. 具有现代观念

这里所指的是现代教育观念，即具有现代教学观、现代师生观、现代人才观。

5. 熟悉应用方法

主要包括听觉媒体的特点和应用方法、视觉媒体的特点和应用方法、视听媒体的特点和应用方法、计算机多媒体的特点和应用方法。教师在教学中应根据不同学科的特点选择合适的教育媒体，优化组合，使教学过程最优化。

（三）教育技术培训是提高教师信息素养的必要途径

教育信息化离不开教育技术的广泛应用，而教育技术的普及应用关键在于广大教师，广大教师是实践教育技术和推动教育信息化的重要力量。在实现教育信息化的进程中，除了基础设施的建设、管理等因素外，教师是最重要的因素，教师的教育技术水平和应用能力直接影响着教育信息化的进程。

为了实现教育信息化，必须提高教师的教育技术素养和能力；为了提高教师的教育技术素养和能力，必须开展教师教育技术培训。教育技术培训旨在通过教育技术基本理论的学习、基本技能的实际训练和优秀教案的示范研讨，促进教师教学能力的提高，增强教师应用现代教育技术的主动性和自觉性，使教学思想、教学方法、教学手段的改革取得明显进展，使学校应用教育技术的整体水平得到明显提高。

第三节　教育信息化概念及具体内容

一、教育信息化时代背景介绍

人类社会已步入 21 世纪，21 世纪的社会称为信息化社会，21 世纪的教育又称为信息化教育。信息化教育与传统教育的区别如表 1-1 所示。

表 1-1　信息化教育与传统教育的区别

	传统教育	信息化教育
教育理论	以赫尔巴特等提出的教育理论为依据	以建构主义理论、信息化教学设计理论等为主
教育目标	知识型、能力型	创造型、革新型
教师地位	教师是知识的传播者，是教育的主体	以教师为主导，学生为主体，教师是学生学习知识的帮助者、辅导者，是知识的领航员
学习环境	以学校、教室为中心	凡能提供学习环境、学习资源的地方
教学方式	按年级分阶段教学、班级统一教学、说教性的讲授	个别化学习、持续的终身学习、交互性指导
教学内容	很少改变	能即时根据科技发展、社会需要不断调整教学内容
教学过程	以"教"为主，以教学经验为主	以"学"为主，重视教学设计
教学手段	仅依靠黑板、粉笔等传统教学手段	充分利用现代信息技术开展教学
学生关系	相互竞争	相互协作、互助
学习方式	注重记忆	强调思考、理解和解决问题的能力

	传统教育	信息化教育
教学资源	以书本为主	以书本、电教教材、网络学习资源等为主
教学设计	单学科、脱离情境的孤立教学模块	带务实任务的多学科延伸模块
教学评价	针对事实性知识和离散技能的评价	基于绩效（面向过程）的评价

信息时代的教育相对于传统教育表现出以下鲜明的特点。

（1）信息时代教育的特点体现在终身持续学习目标的确定。研究结果表明，20世纪60年代以前，人们在大学里学到的知识可以使用20年，20世纪80年代以后知识的平均寿命已缩短到13年左右。因此，持续学习和终身学习能力的培养就成为新世纪教育中至关重要的问题。

（2）信息时代教育强调的是学生的学习效果，注重学习者学习之后能做什么，能具备什么样的能力，即学习效果导向问题。效果导向是指把改善教学效果放在首要地位，内容是可以改变的。因此，在教学中只有引入科学的效果导向才有可能打破传统的教学体系，吸收新鲜的教学内容，执行少而精的教学原则。

（3）在传统教学中，教师是教学的主体，是知识的传播者，而信息时代的教师应该是学生学习的"向导和辅导员"，教师的作用是及时而有效地对学生的学习过程给予帮助。学生所需要的帮助不只是简单地传递和获得信息，而是要把所获得的信息转化为自己能够运用的知识和能力。信息技术的最新成果使学生与老师能够同时获得多种最新的教学信息。例如，基于网络的远程学习，学习者只要具备上网条件，就可以与教师一起选择学习。教师的主要任务除了研究如何传输自己掌握的知识外，更多的是要持续更新和扩展自己的知识，分析和研究学习者可能发生的种种学习困难，思考和设计出有助于学习者学习的系统科学方法。

（4）传统教育偏重于记忆和考试，而信息时代教育更多地强调思考、理解和通过解决实际问题来获得知识。

（5）教育的整体结构将越来越不强调层次，而会越来越强调交叉和网络。

例如，学校与社区的结合、不同背景学校的结合、乡村与都市的结合、社区与社区的结合等。

二、教育信息化的内涵

（一）关于教育信息化的概念

教育信息化的概念是在 20 世纪 90 年代伴随着信息高速公路的兴建而提出来的。美国于 1993 年 9 月正式提出建设"国家信息基础设施"（National Information Infrastructure，NII），俗称"信息高速公路"（Information Superhighway）的计划，其核心是发展以 Internet 为核心的综合化信息服务体系和推进信息技术（Information Technology，IT）在社会各领域的广泛应用，特别是把 IT 在教育中的应用作为实施面向 21 世纪教育改革的重要途径。美国的这一举动引起世界各国的积极响应，许多国家的政府相继制订了推进本国教育信息化的计划。

所谓教育信息化，是指在国家及教育部门的统一规划和组织下，在教育系统的各个领域全面深入地应用现代信息技术（如多媒体计算机技术、网络技术、远程通信技术等），加速实现教育现代化的过程。

该定义包含了以下六层含义：

（1）教育信息化的范围：教育与教学的各个方面。

（2）教育信息化的指导思想：先进的教育思想、教育观念。

（3）教育信息化的手段：现代信息技术。

（4）教育信息化的重点：深入开发、广泛利用信息资源。

（5）教育信息化的目的：培养适应信息社会要求的创新型人才。

（6）教育信息化的性质：加速实现教育现代化的系统工程。

（二）教育信息化的基本要素及相互关系

（1）现代信息技术在教育中的广泛应用，这是教育信息化的核心任务。教育信息化的实质，就是现代信息技术在教育与教学的各个方面的广泛应用。

（2）建设教育信息资源，这是教育信息化顺利发展的关键。

（3）建设教育信息网络系统，这是教育信息化快速发展的基础。

（4）建设教育信息技术及应用的人才队伍，这是教育信息化的成功之本。

（5）形成教育信息产业，这是教育信息化健康发展的支柱。

（6）制定教育信息化政策和规划，这是教育信息化健康发展的保障。

（7）提高全民的信息素养，这是教育信息化的必然结果。

（三）教育信息化的特征

教育信息化的特征是什么？我们可以从技术层面和教育层面分别加以考查。从技术上看，教育信息化的基本特点是数字化、网络化、智能化和多媒体化。

数字化使教育信息技术系统的设备简单、性能可靠和标准统一。多媒体化使信息设备一体化、信息表征多元化、复杂现象虚拟化。网络化使信息资源可共享、活动时空限制少、人际合作易实现。

智能化使系统能够做到教学行为人性化、人机通信自然化、繁杂任务代理化。

我们把教育信息化看作是一个追求信息化教育的过程。信息化教育具有以下显著特点。

（1）教材多媒体化。就是利用多媒体，特别是超媒体技术，建立教学内容的结构化、动态化、形象化表示。已经有越来越多的教材和工具书表现出多媒体化，它们不但包含文字和图形，还能呈现声音、动画、录像以及模拟的三维景象。

（2）资源全球化。利用网络，特别是 Internet，可以使全世界的教育资源连成一个信息海洋，供广大教育用户共享。网上的教育资源有许多类型，包括教育网站、电子书刊、虚拟图书馆、虚拟软件库、新闻组等。

（3）教学个性化。利用人工智能技术构建的智能导师系统，能够根据学生的不同个性特点和需求进行教学和提供帮助。为了做到这一点，学生个性的测定，特别是认知方式的检测，将成为教育研究的重要课题。

（4）学习自主化。由于以学生为主体的教育思想日益得到认同，利用信息技术支持自主学习成为必然发展趋向。事实上，超文本／超媒体之类的电子教材已经为自主学习提供了极为便利的条件。

（5）活动合作化。通过合作方式进行学习活动也是当前国际教育的发展方向。信息技术在支持合作学习方面可以起到重要作用，其形式包括通过计算机合作（网上合作学习）、在计算机面前合作（如小组作业）、与计算机合作（计算机扮演学生同伴角色）。

（6）管理自动化。利用计算机管理教学过程的系统称为 CMI（计算机管理教学）系统，包括计算机化测试与评分、学习问题诊断、学习任务分配等功能。最近的发展趋向是在网络上建立电子学档，其中包含学生身份信息、活动记录、评价信息、电子作品等。利用电子学档可以支持教学评价的改革，实现面向学习过程的评价。

（7）环境虚拟化。教育环境虚拟化意味着教学活动可以在很大程度上脱离物理空间的限制，这是电子网络化教育的重要特征。现在已经涌现出一系列虚拟化的教育环境，如虚拟教室、虚拟实验室、虚拟校园、虚拟学社、虚拟图书馆等，由此带来的必然是虚拟教育。

（四）教育信息化的具体内容

信息技术在教育中的使用将从根本上改变教与学的理论与实践，它们将改变课程结构与表现、学习目标、学习方法、教学方法、评价手段等。在新时代的教育大变革中，现代信息技术具有至关重要的意义，这不仅是因为信息社会的文化基础包含信息方面的知识与能力，而信息知识与能力的培养显然有赖于现代化的信息技术手段，还因为各个学科教学的深化改革都离不开信息技术理论的指导和以计算机为基础的教学环境的支持。

1. 多媒体的交互性有利于激发学生的学习兴趣和认知主体作用的发挥

人机交互是计算机的显著特点，是其他媒体所没有的。多媒体计算机进一步把电视机所具有的视听合一功能与计算机的交互功能结合在一起，产生出一种新的图文并茂的、丰富多彩的人机交互方式，而且可以立即反馈。这样一种交互方式对于教学过程具有重要意义，它能有效地激发学生的学习兴趣，使学生产生强烈的学习欲望，从而形成学习动机。

2. 多媒体系统的超文本特性可实现对教学信息最有效的组织与管理

超文本（Hypertext）是按照人脑的联想思维方式，用网状结构非线性地组织管理信息的一种先进技术。如果所管理的信息不仅是文字，而且还包含图形、动画、图像、声音、视频等其他媒体信息，就成为一个超媒体系统，换句话说，超媒体就是多媒体加超文本。事实上，目前几乎所有的多媒体系统都采用超文本方式对信息进行组织与管理。因此，通常也可以对超媒体系统与多媒体系统不加区分，即把超文本看作是多媒体系统的一种固有特性。

3.计算机网络有利于实现协作式学习

传统 CAI 只是强调个别化教学。个别化教学策略对于发挥学生的主动性和进行因人而异的指导无疑是有好处的，但是随着认知学习理论研究的发展，人们发现只强调个别化是不够的。在学习高级认知能力（如对疑难问题求解或是要求对复杂问题进行分析、综合、评价）的场合，采用协作式教学策略往往能取得事半功倍的效果，因而更能奏效。

4.超文本与网络的结合有利于实现发现学习

创新能力和信息能力（包括信息获取、信息分析与信息加工能力）是信息社会所需新型人才必备的两种重要能力素质。这两种能力素质的培养需要特定的、有较高的教学环境支持，多媒体的超文本特性与网络特性结合，正好可以为这两种能力素质的培养营造最理想的环境。

Internet 是世界上最大的知识库、资源库，它拥有最丰富的信息资源，而且这些知识库和资源库都是按照符合人类联想思维特点的超文本结构组织起来的，因而特别适合于学生进行"自主发现、自主探索"式学习，这样就为学生发散性思维、创造性思维的发展和创新能力的孕育提供了肥沃的土壤。如果学生从小就有机会在 Internet 上的信息海洋中自由探索、发现，并对所获取的大量信息进行分析、评价、优选和进一步的加工，然后再根据自身的需要加以充分利用，这将使学生在信息能力方面得到最好的学习与锻炼，从而能较快地成长为既有高度创新精神，又有很强信息能力的符合 21 世纪需求的新型人才。

5.知识媒体的综合性、智能性改变着知识的传递途径

以印刷为主的传统媒介有不少优点，如持久、便携、相对便宜。书本控制了学校教育，教育主要是学习书本知识。新的媒介，尤其是数字化媒介，在许多方面不同于传统的媒介。这种不同主要表现为数字化媒介的弹性和可转换性。新的媒介（包括数字化文本、数字化图像、数字化声音、数字化录像、数字化多媒体和网络环境）不但具备传统媒介的优点，而且具有可塑性，可以从一种形式转换为另一种形式，并以多种形式展现同一概念。

6.海量数据存储与数据挖掘技术将变革教育评价

随着信息时代与知识经济的来临，关注学生创新思维和创新能力培养的教学观念正在深入一线教师的思想。今天的课堂已经发生了很大的变化，尤其是计算机网络走入学校和课堂之后，给课堂带来了新的活力。学生的发展空间拓

展了，学生有了更好的发展平台和空间。

传统的教育评价是考查学生的学习结果，记住了多少科学事实，能正确拼写多少单词。

新技术的交互能力让我们不但能评价学习结果，还能对学习过程进行评估。新技术为双向评价提供了可能，我们能运用新技术创造一个不仅能教还能学的环境。课程能跟踪学生的学习过程，了解自身的成功与失败。其结果是课程越来越巧妙，而不会变得过时。

（五）教育信息化内涵演变

以信息技术的教育应用为核心的教育信息化发展，将随着整个教育观念的发展而发生比较重大的转变。信息技术教育观念正在经历从媒体观到生命环境观的重大变化。这个变化有如下四个发展阶段。

（1）媒体观：认为信息技术是教师传递教育信息的媒体。基本观点是：没有一种万能的媒体，各种媒体应该综合应用，发挥各自的长处。

（2）认知工具观：认为信息技术是学生学习活动的认知工具。基本观点是：信息技术可以作为提高学生和教师工作效率的工具，教学中认知情景创设的工具，要充分利用信息技术作为学生高级思维训练工具，教育信息化的发展将从目前大家更多关注计算机和网络转向关注人脑和高级思维训练。

（3）资源观：认为信息技术为学生学习提供了无尽的资源。基本观点是：教育资源建设是教育信息化的关键，要充分利用全球信息资源改变学生的学习方式，教育资源的建设要从静态的"库"的建设发展到动态的"流"的平台建设。归根到底，人力资源开发是资源库建设的核心。

（4）生命环境观：认为信息技术是为学生和教师创造一个现代化的生存环境。基本观点是：我们所从事的教育技术、信息技术教育、教育信息化的发展，要从关注"物"的技术环境的思考方式上升到关注"人"的生存和全面发展的思考方式。从生命环境观来看教育信息化，将涉及教育信息化的价值观、学生观、课程教材观、教学过程观、资源建设观、教育评价观、教育技术服务观、教师教育信息化培训观等一系列问题的反思和重构。

三、教育信息化与教育改革的关系

信息技术正以惊人的速度改变着人们的工作方式、学习方式、思维方式、交往方式乃至生活方式。推动教育信息化的发展，必然引起教育领域的全面改革和发展。教育信息化对教育改革的促进作用主要表现在以下几个方面。

（一）文化思维层次裂变

信息技术的快速发展引起了教育的文化基础发生深刻变革，使人们传统教育的三大基石：阅读、写作和计算发生了裂变。

1．使阅读方式发生变革

（1）从文本阅读走向超文本阅读。

（2）从单纯的阅读文字发展到多媒体电子读物。

（3）与电子资料库对话中的高效检索式阅读。

2．使写作方式发生变革

（1）从手写走向键盘输入、鼠标输入、扫描输入、语音输入。

（2）图文并茂、声形并茂的写作方式。

（3）超文本结构的构思与写作。

（4）电子阅读与写作的一体化。

3．使计算方式发生变革

（1）数字化高速运算的数值运算。

（2）数字化文字的表示与运算。

（3）数字化多媒体的表示与运算。

当文化教育的基石发生裂变后，传统的教育体制必然要发生深刻的变化。

（二）思想观念与体制模式的理论层次的更新

信息化对传统教育思想、观念与教育体制模式带来了冲击。在人才培养观念上，要从应试教育向素质教育改革发展；在教育体制上，要从学校教育体制向终身教育体制改革发展；在教育结构上，要从以"教"为主的教学结构向以"学"为主的教学结构改革发展。

四、教育信息化的意义

教育信息化对教育和教育的发展具有重要的意义，主要表现在以下几方面。

（1）教育信息化是教育现代化的必由之路，也是教育现代化的重要内容和主要标志。教育现代化包括教育思想现代化、教育内容现代化、教育方法现代化、教育技术手段现代化、教育设施现代化、教育管理现代化等。在教育现代化的诸多要素中，哪一种现代化都离不开教育信息化，教育信息化一方面为教育现代化提供了方法、途径和前提；另一方面，在教育信息化的过程中必然会出现许多新问题，需要我们去认识、去解决，这些问题的解决，不仅会极大地丰富教育信息化的内容，同时其对教育思想、教育内容、教育方法、教育手段、教育管理等诸多方面所产生的深刻变革，将成为教育现代化研究的重要内容，也将成为实现教育现代化的主要标志。因此，没有教育的信息化，就不可能实现教育的现代化。教育信息化是实现教育现代化的重要步骤，是教育现代化的重要内容和主要标志。

（2）教育信息化有利于缩小地区间的教育差距，是实现建设学习型社会、构建终身教育体系、提高全体国民素质的有效途径。在包括现阶段在内的相当长的一段时期内，我国各类人才的培养主要依赖学校。由于各地教育规模、教育水平和经济条件的差异，使以学校教育为中心的教育体系无法从根本上消除地区间的教育差距。从现阶段来看，我国教育信息化的重点主要是学校和专门的教育机构，主要内容包括在中小学普及信息技术教育，中小学"校校通"工程和高校"数字化校园"建设以及现代远程教育等。从长远看，教育信息化的领域必然会延伸到家庭和社会的各个方面。其中，家庭教育信息化和现代远程教育的实施，将为全体国民提供更多的接受教育的机会，使受教育者的学习不受时间、空间的限制，真正实现学习型社会和终身教育的内涵 —— 人人学习、处处学习、时时学习，保障每一国民接受教育的平等性，并有利于从根本上消除由于地区之间经济发展的不平衡所产生的教育水平的差距，使全体国民的综合素质普遍提高。

（3）教育信息化有利于素质教育的实施和创新人才的培养。创新人才的基本特征是具有个性特色，善于独立思考，具有广博的知识，富有创新精神和创造能力，具有高尚的理想和道德情操，是全面发展与个性发展完满结合的人。

培养创新人才是素质教育的根本目标，教育信息化有利于素质教育的实施和创新人才的培养。

首先，教育信息化为素质教育的实施创造了良好的环境，使因材施教和个性化教学得以更好地体现。利用教育信息化的优良环境，可实现个别化教学、小组协作学习、远程实时交互的多媒体教学、在线学习、在线讨论等，使学生从过强的共性制约中解放出来，有利于发展学生个人志趣，培养其个性特色。

其次，在信息技术环境下，一方面学生可根据个人志趣与个性差异对所学的知识和学习进程在一定程度上进行自主选择；另一方面，学生可对某一专题的相关内容通过信息检索、收集和处理，实现问题解决学习和发现学习，有利于丰富学生的知识面，培养其独立思考能力和创新能力。

最后，利用教育信息化提供的网络资源可将抽象的道理形象化，通过鲜明的形象感化和对比，帮助学生识别假、恶、丑，树立真、善、美的情感，使学生将高尚的理想内化为自己的言行，直至形成良好的思想品德。

第四节　现代教育技术的理论基础

现代教育技术是教育科学体系中一门新兴的综合性学科，现代教育技术在教育教学中的应用，已随着现代教育科学和现代信息技术的发展而日益广泛和深入，人们对现代教育技术的理解和认识也在不断地加深。因而，现代教育技术的理论也在不断地完善和发展之中。

由于对现代教育技术的学科认识以及研究立场、研究取向的不同，因此关于支撑它的理论基础也会有不同的看法和认识。但我们知道，现代教育技术在发展过程中不断地汲取了其他学科的一些理论和方法。可以说，这些学科理论和方法为教育技术学科的产生奠定了理论基础。纵观现有出版的现代教育技术专著和教材，基本上都提到了学习理论、教学理论、媒体传播理论和系统科学理论。本节主要围绕这些理论进行简要阐述。

一、学习理论

现代教育技术是探讨现代化教学设备和手段如何在课堂教学中使用，并提高课堂教学效果的专门研究领域，它必须根据科学的学习理论进行学习过程和学习资源的设计、开发、利用、管理和评价，以帮助学生进行有效的学习。因此，在现代教育技术的理论体系中，学习理论一直处于核心地位，是构成现代教育技术的重要理论支撑之一。

学习理论，就是探讨人类怎样学习的理论，旨在阐明学习如何发生、有哪些规律、是什么样的过程、如何才能有效地学习等问题，它对现代教育技术的发展具有重要的指导意义。纵观学习理论的发展，行为主义、认知主义、建构主义以及人本主义学习理论为现代教育技术的形成和发展奠定了坚实的基础。下面分别从学习的条件、学习的过程和学习的结果对各种学习理论进行简要阐述。

（一）行为主义学习理论

在 20 世纪的前半个世纪，占主导地位的学习理论是行为主义理论，其理论先驱是美国心理学家桑代克（Edward Lee Thorndike）。桑代克早期主要通过动物的行为来研究动物心理，特别是研究动物的"学习"行为。通过研究，桑代克得出了一个非常重要的结论：动物的学习是经过多次的试误，由刺激情境与正确反应之间形成的联结所构成的。

在现代心理学派中树立起行为主义旗帜的是美国心理学家华生（Watson）。他提出心理学的研究应关注行为，而不是人的意识，他把有机体应付环境的一切活动统称为行为；把作为行为最基本成分的肌肉收缩和腺体分泌称之为反应；把引发有机体活动的外部或内部变化统称为刺激，由此建立起行为主义心理学的基本公式："人和动物的全部行为都可以分析为刺激和反应。"华生提出的这个刺激—反应公式成为行为主义解释学习的理论基础，他们认为学习的实质就在于形成、强化刺激与反应之间的习惯性联结。

在行为主义发展的后期，对学习理论影响最大的是斯金纳（Burrhus Frederic Skinner），他根据自己发明的一种学习装置——"斯金纳箱"，通过不断地实验，提出了操作性条件反射学说。根据这个实验，斯金纳将学习概括为：刺激—反应—强化。他认为如果一个操作发生后，接着给予一个强化刺激，那么其强度就会增加。用这种方法就可以提高这一操作再次发生的概率。

由此可见，尽管行为主义学派内部对学习的解释有不一致的看法，但总的来说，在对宏观的学习解释上仍然是一致的。行为主义学习理论对学习的条件、学习的过程和学习的结果做了如下解释。

（1）学习的条件。学习的顺利进行离不开强化，强化是学习得以进行的重要条件，即外部刺激引起学习者的反应，然后经过反馈对学习行为进行调节和强化，直到学习者形成正确的学习行为，并关注学习的外部条件。

（2）学习的过程。学习的过程是渐进的尝试错误的过程，即随着错误反应不断减少，正确反应不断增加，形成固定的"刺激—反应"之间的联结，也称为"尝试错误"，直到最后成功的过程。

（3）学习的结果。学习的结果就是形成刺激与反应的联结，即S—R间的联结，即学习就是有机体在某种情境下自发做出的某种行为，由于得到强化而提高了该行为在这种情境下发生的概率，形成了反应与情境的联系，从而获得了用这种反应应付该情境以寻求强化的行为经验。

（二）认知主义学习理论

行为主义理论将人的所有学习都简单归结为"刺激—反应"之间的联结，而不考虑人的思维、意识等内心世界，这显然存在理论缺陷，由此导致了认知主义理论的发展。认知主义源于格式塔心理学，它的核心观点是：学习并非机械的、被动的刺激—反应的联结，学习要通过有机体积极主动的内部信息加工活动，形成新的认知结构。

瑞士心理学家皮亚杰（J.P.Piaget）提出的著名的"认知结构说"认为，认识活动的目的在于取得主体对自然社会环境的适应，达到主体与环境之间的平衡，主体通过动作对客体的适应又推动认识的发展，强调认识过程中主体的能动作用，强调新知识与以前形成的知识结构相联系的过程，表明了只有学习者把外来刺激同化进原有的认知结构中去，人类学习才会发生。认知主义理论的主要代表人物有布鲁纳、奥苏贝尔、加涅等。

1.布鲁纳的认知—发现学习理论

布鲁纳是美国当代著名的认知心理学家，他反对以S—R联结和对动物的行为习得的研究结果来解释人类的学习活动，而是把研究的重点放在学生获得知识的内部认知过程和教师如何组织课堂教学，以促进学生"发现"知识的问题上。他的认知—发现学习理论是当代认知学习理论的主要派别之一。

布鲁纳的认知—发现学习理论的主要观点是：学习的结果就是形成认知结构。在布鲁纳看来，人们是根据类别或分类系统来与环境相互作用的，客观世界是由大量不可辨别的物体、事件和人物组成，人类认识客观世界时，不是去发现各类事件的分类方式，而是创建分类方式，借此以简化认识过程，适应复杂的环境；学习的过程就在于学习者主动地进行加工活动（自下而上），形成认知结构，即进行类目化的活动过程；学习的条件涉及知识的呈现方式和学习的内在动机等。

2. 奥苏贝尔的认知同化学习理论

奥苏贝尔明确区分了机械学习与有意义学习、接受学习与发现学习之间的关系，并阐明学生的学习主要是有意义的接受学习，是通过同化使知识结构不断发展的过程。他认为学习过程是自上而下的同化过程，用同化来解释有意义学习的内部心理机制。有意义学习的结果是形成良好的认知结构。进行有意义学习的条件是：学习材料本身具备逻辑意义，而且学习者具有有意义学习的心向；学习者的认知结构中必须有同化新知识的原有的适当概念。

3. 加涅的累积学习理论

加涅认为，学习的复杂程度是不一样的，既有简单的联结学习，也有复杂、高级的认知学习，并将学习按简单到复杂分为 8 种类型（信号学习、刺激反应学习、连锁学习、语言的联合、辨别学习、概念学习、规则学习和解决问题的学习）。加涅用信息加工的学习模式来说明学习的过程，如图 1-2 所示。

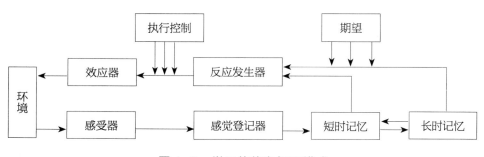

图 1-2　学习的信息加工模式

从图 1-2 中可以看出，学生从环境中接受刺激，刺激推动感受器，并转变为神经信息进入感觉登记（瞬时记忆），这时记忆储存非常短暂。被感觉登记了的信息很快进入短时记忆，短时记忆的容量和保持时间都是有限的，一旦超过了一定数量，新的信息进来就会把部分原有的信息赶走，若想保持信息，就得采取复述策略。当信息离开短时记忆进入长时记忆时，就要通过编码并储存在长时记忆中。当需要使用信息时，需经过检索提取信息。被提取出的信息可以直接通向反应发生器，从而产生反应；也可以再回到短时记忆中，对该信息的合适性做进一步的考虑，结果可能是进一步寻找信息，也可能是通过反应器做出反应。在整个过程中离不开期望和执行控制。期望是指学生希望达到的目标，即学习动机。执行控制即加涅所说的认知策略。

对学习条件的论述是加涅学习理论中最核心的内容。他认为，引起学习的条件可分为内部条件和外部条件。内部条件即学生开始学习某一任务时已有的知识和能力；外部条件是指学习的环境。加涅提出了五大类学习的结果（言语信息、智慧技能、认知策略、动作技能和态度）。

关于认知主义学习理论还有其他一些代表人物以及他们的学说，但认知主义学习理论对学习的结果、过程和条件有以下一些共性的东西。

（1）学习的条件。注重学习的内部条件，如主动性、内部动机、过去的经验、智力等。

（2）学习的过程。学习的过程是积极主动地进行复杂的信息加工活动的过程。

（3）学习的结果。学习是形成反映整体联系与关系的认知结构。

（三）建构主义学习理论

建构主义学习理论是在认知主义学习理论进一步发展的基础上产生的一种理论。其最早提出者是瑞士著名心理学家皮亚杰。他创立了发生认识论，认为儿童在与周围环境相互作用的过程中，逐步建构起关于外部世界的知识，从而使自身认知结构得到发展。在皮亚杰的理论体系中，认为认知发展受同化、顺应、平衡三个过程的影响。①同化原本是一个生物学上的概念，在这里是指个体对刺激输入的过滤或改变的过程。也就是说，个体在感受到刺激时，把它们纳入头脑原有的图式之内，使其成为自身的一部分，就像消化系统将营养物吸收一样。②顺应是指有机体调节自己内部结构，以适应特定刺激情境的过程。顺应与同化伴随而行。当个体遇到不能用原有图式来同化新的刺激时，便要对原有图式加以修改或重建，以适应环境，这就是顺应的过程。③平衡是指个体通过自我调节机制使认知发展从一种平衡状态向另一种较高的平衡状态过渡的过程。皮亚杰认为："智慧行为依赖于同化和顺应这两种机能从最初不稳定的平衡过渡到逐渐稳定的平衡。"需要注意的是，平衡状态不是绝对静止的，而是在"平衡—不平衡—新的平衡"的循环中不断得到丰富、提高和发展。在皮亚杰的理论基础上，科尔伯格、斯腾伯格和维果茨基等人做了进一步的研究。所有这些研究都使建构主义理论得到进一步的丰富和完善，为实际应用于教学过程创造了条件。

建构主义学习理论认为，学习的实质是：①学习是认知结构的改变。同化和顺应是学习者认知结构发生变化的两种方式，同化—顺应—同化—顺应……循环往复，平衡—不平衡—平衡—不平衡相互交替，人的认知水平发展就是这样一个结构变化的过程。②学习是个体主动建构自己知识的过程。学习不是由教师把知识简单地传递给学生，而是由学生自己建构知识的过程。学习不是简单的信息输入、储存和提取，而是新旧知识经验之间双向的相互作用过程。

影响学习的因素主要有：①先前知识经验的作用。学习者不是空着脑袋走进教室的，他们在开始学习之前已经存在许多先前的概念，尽管对每个学习者来说这些概念是不一样的。②真实情境的作用。建构主义强调学习情境，认为学习离不开一定的情境，知识也总是在一定的情境中才有意义。③协作与对话的作用。建构主义重视学习者之间的协作与对话，并将协作与对话建立在合作学习的平台上。建构主义学习理论认为，情境、协作、会话和意义建构是学习环境中的四大要素。

由此可见，建构主义学习理论在学习的条件、过程和结果上是做如下解释的。

（1）学习的条件。建构主义认为，学习者内部的知识经验、真实情境等因素是影响学习的重要条件。

（2）学习的过程。建构主义认为，学习是学习者主动地建构内部心理表征的过程，是学习者从不同背景、角度出发，在教师和他人的协助下，通过独特的信息加工活动，建构自己的意义的过程。建构主义强调了这个过程的独特性与双向建构性，即"建构一方面是对新信息的意义的建构，同时又包含对原有经验的改造和重组"。

（3）学习的结果。建构主义认为，学习的结果是学习者形成自己独特的认知结构。但这里的认知结构不是加涅所指的直线结构或布鲁纳等人提出的层次结构，而是围绕关键概念建构起来的网络结构的知识，既包括结构性知识，也包括非结构性知识。

（四）人本主义学习理论

人本主义心理学是20世纪50年代末诞生的，是在"科学主义"被人们信奉为时代精神而人的情感、价值和需要却被忽略的背景下产生的。人本主义的学习理论是以人本主义心理学的基本理论为基础的。人本主义相信，学习是个人潜能的充分发展，是人格的发展，是自我的发展，是人的自我实现的过程，强调无条件积极关注在个体成长过程中的重要作用。以罗杰斯为代表的人本主义心理学与行为主义心理学进行了长时间的争论，斯金纳关心外部的控制，而罗杰斯则寻找排除外部控制的途径。人本主义学习理论反对传统的无意义的学习，倡导有意义的学习，并阐述了有意义学习的原则和条件。

（1）学习的条件。罗杰斯指出，学生要实现有意义的学习，必须依靠一定的条件，这个条件就是教师要营造一种自由、民主、和谐融洽的充满着关爱与真诚的学习氛围。教师要为学生提供学习的手段和条件，促进个体自由地成长。

（2）学习的过程。人本主义学习理论认为，学习的过程就是学生在一定条件下自我挖掘其潜能，进行自我实现的过程。人本主义认为人皆有天赋的学习潜力，自幼就表现出对环境的探索，对世界事物的好奇，而且都有实现自我的需要。

（3）学习的结果。罗杰斯对于学习的结果还指出，"人本主义心理学既反对行为主义关于形成一定刺激与反应联结的观点，也不同意认知学派关于构建认知结构的主张；而是认为学习的目的和结果是使学生成为一个完善的人、一个充分起作用的人，也就是使学生整体人格得到发展"。

二、视听教育理论

视听教育理论研究如何利用视觉、听觉感官的特点和功能，提高教育信息传递的效果。它的心理学基础是以行为主义心理学为背景的视感知规律、听感知规律和"经验之塔"理论。

（一）课程的视觉化思想

到了 20 世纪后，随着科技的发展，照相、幻灯和无声电影被用于教学。美国人提出了"视觉教育"的概念，并于 1923 年由美国教育协会建立了视觉教育分会。1937 年，霍本等人在《课程的视觉化》一书中，提出了视觉教材的分类模式和选用原则，如图 1-3 所示，系统地论述了视觉教育的理论基础，提出了将各种媒体按具体或抽象程度进行分类的观点，并设计出了分类的层级模型。这个模式主要以教具为基准，按其所提供的教材的具体—抽象程度排列成示意图：从实地见习开始，它提供的教材最具体；越向上，具体性逐渐减少而抽象性逐渐增加。相对来说，言语最抽象。霍本还指出，在选用视觉教材时有四个方面值得考虑，即视觉教材本身的现实性、学生过去的经验范围和性质、教育目的和教室环境、学生智力的成熟程度。

词语
图解
地图
平面画像
幻灯
立体图形
电影
模型
实物
完全实景

抽象

具体

图 1-3　课程的视觉化

（二）戴尔的经验之塔理论

1. 经验之塔的基本思想

在众多关于视听教育的研究中，最有影响的是美国教育家戴尔（E.Dale）于 1946 年出版的《教学中的视听方法》（*Audio-Visual Methods in Teaching*）。书中研究了录音、广播等视听教学手段怎样在教学中使用，会产生怎样的教学效果等一系列问题，总结出一系列视听教学方法，提出了相关的教学理论，这就是视听教学理论。戴尔把人类获取知识的各种途径和方法概括为一个"经验之塔"来系统描述。因此，人们又将这一理论称为"经验之塔"理论。由于视听教育的效果在实践中得到了检验和肯定，所以二战以后的 10 余年时间里视听教育得到了稳步发展。

"经验之塔"是一种形象化的比喻，是视觉教具层级分类模型的发展。它由人们获得知识和技能的各种经验依照抽象程度，将人类学习的经验分为做的经验、观察的经验和抽象的经验三大类，并按抽象程度分为十个层次，包括有目的的直接经验，设计的经验，参与活动，观察示范，见习、旅行，参观展览，电影、电视，广播、录音、照片、幻灯，视觉信号以及词语符号，如图1-4 所示。

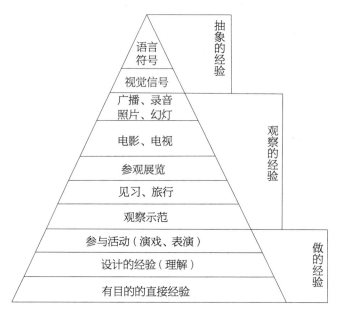

图 1-4　戴尔的"经验之塔"

"经验之塔"理论所阐述的是经验抽象程度的关系，符合人们认识事物由具体到抽象、由感性到理性、由个别到一般的认识规律。而位于塔的中部的广播、录音、照片、幻灯、电影、电视等介于做的经验与抽象经验之间，既能为学生学习提供必要的感性材料，容易理解，容易记忆，又便于借助于解说或教师的提示、概括、总结，从具体的画面上升到抽象的概念、定理，形成规律，是有效的学习手段。因此，它不仅是视听教育理论的基础，也是现代教育技术的重要理论之一。

2. "经验之塔"理论的要点

戴尔"经验之塔"理论可以概括为以下几个要点。

（1）经验之塔最底层的经验是最直接、最具体的经验，越向上越抽象。底层的经验易于理解和记忆；顶层的经验易获得概念，便于应用。

（2）教学应从具体经验入手，逐步过渡到抽象，学习间接经验要尽可能以直接经验为基础。

（3）教学不能止于直接经验，必须引导学生向抽象思维发展。因为概念是思维推理的工具，它使探求知识的智力过程大为简单化、经济化。

（4）位于塔腰部分的是替代经验，它能突破时空限制，弥补学生直接经验的不足，克服了教学中具体经验向抽象经验过渡脱节的矛盾。替代学习经验的思想是教学媒体应用于教学过程的主要理论依据。

（5）应充分重视直接经验的作用。传统教学比较重视书本知识的教学，对直接经验重视不够，应予纠正。但如果把直接经验过分看重，是否也有危险？戴尔说，危险是危险，但不会那样大。如果教育太过于具体化，那就是没有达到更普遍的充分了解，但在今日这种危险只是理论的，因为我们还没有开始做到教学应有的具体程度。这种思想对指导我国当前的基础教育改革仍具有现实意义。

以"经验之塔"为核心的视听教育理论对教育技术的发展发挥过重要作用，即使到了今天，它仍具有重要的理论指导作用。在网络时代，我们获取知识的途径方式和所要学习的内容都较以前发生了巨大变化，都已或轻或重地打上了网络的烙印，网络时代的"经验之塔"是传统经验与网络经验的融合。

三、多媒体学习理论

（一）多媒体认知过程

1. 多媒体学习的认知模型

多媒体是一种以计算机为媒体的交互式呈现方式，包括文本、声音、静态图像、动态图像、动画等元素，当电脑呈现的材料包含两种以上的上述元素时，我们就可以认为这是多媒体的呈现。依靠多媒体呈现方式所进行的学习就是多媒体学习。美国当代教育心理学家、认知心理学家理查德·E.迈耶（RichardE.Mayer）等人在双重编码理论、认知负荷理论和建构主义学习理论的基础上提出了多媒体学习的认知理论，揭示了多媒体学习的认知过程，即多媒体学习是从所呈现的文本或叙述中选择相关语词或从所呈现的画面中选择相关图像，并将所选择的文字组织成连贯清晰的语言心理表征（或者将图像组织成图像表征），进而将言语模型、图像模型与先前知识进行整合。认知过程模型如图1-5所示。

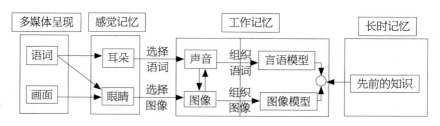

图 1-5　多媒体学习的认知模型

根据加拿大心理学家佩维奥（Paivio）提出的双重编码理论，认为视觉和言语材料在不同的加工系统中进行加工，视觉通道的输入开始于眼睛，最后产生的是图片表征，而听觉通道的输入开始于耳朵，最终产生的是言语表征。因此，迈耶针对多媒体学习理论提出以下三个基本假设。

（1）双通道假设。人们对视觉表征和听觉表征的材料分别拥有单独的信息加工通道，当信息呈现在眼睛（如图表、动画、录像或屏幕文本等）时，人们开始在视觉通道加工该信息；而当信息通过耳朵呈现时（如叙述和非言语的声音），人们用听觉通道加工信息。

（2）容量有限假设。人们的每个通道上一次加工的信息数量是有限的。当呈现图表或动画时，学习者在其工作记忆中只能同时保持几个图像，而且这些图像还只是反映了呈现材料的部分，人们通过元认知策略来对这些有限的认知资源进行分配、监控和调整。

（3）主动加工假设。人们为了对经验建立起一致的心理表征，会主动参与认知加工。这种主动的加工包括形成注意、组织新进入的信息和将新进入的信息与其他知识进行整合。主动认知加工能产生一个一致的心理表征结构，因此主动学习可以看作模型建构的过程。这个假设对多媒体设计有两个重要的启示：一是所呈现的材料应该有一致的结构，二是应该向学习者提供建立结构的引导信息。

（二）多媒体学习的认知过程

根据迈耶的观点，学习应是知识建构的过程，学习者作为信息的主动加工者和意义的主动建构者，其目标不应该停留在记忆和保持上，更重要的是形成理解和迁移。学习者的认知活动主要包括三个基本过程：选择、组织和整合。

（1）选择过程。学习者需要注意经过眼、耳进入信息加工系统的视觉与言语信息中的有关内容，从呈现的言语信息中，学习者选择重要的词语进行言语表征（即语词选择），其结果是建构命题表征或语词库，对多媒体信息中相关的语词给予注意。在多媒体学习中，多媒体呈现包括语言和图片两种，图片通过眼睛进入感觉记忆，而语言可通过眼睛（以屏幕文本的形式）或耳朵（以听觉叙述的形式）进入感觉记忆。

（2）组织过程。学习者从感觉记忆中选择相关的语言和图像进行加工，这些加工在工作记忆中进行。在工作记忆中，认知积极的学习者会建立心理联系，把语言和图像分别组织进"言语心理模型"和"视觉心理模型"。对听觉语言和视觉语言、图像的加工分别在听觉通道和视觉通道中进行，所占用的工作记忆也各不相同。

（3）整合过程。学习者会将言语和视觉心理模型与他们从长时记忆中提取的相关先前知识进行整合，把新知识整合到已有的相关认知结构中去，从而达到对知识的有意义学习。要产生有意义的学习，学习者必须完成这些认知加工的每个步骤，即选择相关的单词和图像，将它们组织进相应的言语和视觉表征，并与相应的言语和视觉表征整合。

这些认知活动，特别是在言语和视觉表征间建立联系，在学习者可以同时在记忆中保持相应的视觉和言语表征的情况下更容易发生。因此，教学信息就应该设计得能使这些重要的认知加工产生的机会最大。在多媒体信息加工过程中，这三个过程并非总以线性的顺序发生。

（三）多媒体教学原则

遵照多媒体设计的原则，恰当地表征信息，研究媒体的优化组合，才能设计出符合人类心理认知方式的网络课程。迈耶在 2009 年出版的 *Multimedia Learning* 第二版中提出了多媒体设计的 12 条原则和 2 个边界条件，如表 1-2 所示。其中，第 1-5 条属于减少外在加工的原则，第 6-8 条属于管理必要加工的原则，第 9-12 条为培养生成加工的原则。

另外，每个原则都有需要遵循的边界条件，包括学习者的个人特点和呈现的复杂性与步调。

表 1-2　迈耶多媒体教学原则（2009）

原　则	描　述
①一致性原则	当无关的语词、画面、声音、音乐等材料被排除时更能促进学生的学习
②标记原则	对重要内容的组织给予突出强调会提升学习效果
③冗余原则	学生学习由"动画＋解说"组成的呈现材料比学习由"动画＋解说＋屏幕文本"组成的呈现材料能取得更好的效果
④空间邻近原则	书页或屏幕上对应的语词与画面邻近呈现比隔开呈现能使学生学得更好
⑤时间邻近原则	对应的语词与画面同时呈现比继时呈现能使学生学得更好
⑥分割原则	多媒体教学信息按照学习者学习步调分段呈现，学习者的学习效果更好
⑦预训练原则	学习者掌握和了解学习内容的主要概念的名称和特征以后，会从多媒体中学习得更好
⑧通道原则	学生学习由"动画和解说"组成的多媒体呈现比学习由"动画和屏幕文本"组成的多媒体呈现的学习效果好
⑨多媒体原则	学生学习"语词和画面"组成的呈现比学习只有语词的呈现学习效果好
⑩个性化原则	学习者使用绘画风格的多媒体材料进行学习，效果好于使用一般说明风格的多媒体材料
⑪标准发音原则	多媒体信息中的言语使用标准口音比使用机器和外语进行解说的效果更好
⑫形象出镜原则	多媒体形式呈现信息的时候，讲解者的形象出现在屏幕上的学习效果会更好
设计原则的边界条件	
①个性差异条件	多媒体设计效果对知识水平高的学习者要强于对知识水平低的学习者，对空间能力强的学习者要好于对空间能力弱的学习者
②复杂性和步调条件	多媒体设计效果对高复杂性的学习内容要强于低复杂性的学习内容，对快节奏的呈现要好于慢节奏的呈现

遵照多媒体设计的原则，恰当地表征信息，研究媒体的优化组合，才能设计出符合人类心理认知方式的多媒体教学资源。有限容量假设理论、声音原则和图像原则说明在网络课程多媒体设计中应努力减少学习者的认知负荷，使网站的内容简洁易懂，并能准确、快速传达网站的构成内容，这就要求多媒体设计需符合视觉认知习惯，使用标准字、标准语言，同时还需考虑网络课程的可传播性。个性化原则、分割原则以及预训练原则要求多媒体设计需要体现出教学设计，内容安排合理，导航清晰明确，超链接设置得当。

四、技术哲学基础

现代教育技术随着科技发展形成了独特的教学体系和教学范式，由于教育技术一开始就受严密的逻辑科学及行为的影响，使教育技术自身打上了"机械性、逻辑性、定量化"的烙印，在教学设计上注重严密的程序操作和外部控制，使教学主体丢失了自主性。现代教育技术发展到多媒体网络教学阶段，为融入人本主义教学思想创造了条件，这就要求在开发、设计、实施、评价、组织管理的程序化时，汲取人本主义思想的合理成分，为学生的创造性学习创设科学的、人本的教学环境，促使学生有效地学习。

（一）技术主义

1.关于技术

纵观 20 世纪，技术这一术语在不断发展变化，到现在已经包括了许多种类的技术。

（1）技术作为物体。例如，工具、机器、设备、武器、用具等，指那些支持技术工作的物理设备。

（2）技术作为知识。指那些支持技术创新的知识。

（3）技术作为行动。也就是人们的行为、技能、方法、过程、程序。

（4）技术作为一个处理过程。指从需要出发，获得一种解决问题的方法。

（5）技术作为一个社会技术系统，综合地利用人力和其他物体。

技术已经渗透到社会的各个方面，极大地改变了人们的生活、工作、学习方式，改变了社会的面貌。技术的飞速发展，超出了人类所能够适应的速度，给社会带来了更为复杂的改变。因此，对于技术出现了许多不同的态度和思想观念。例如，有些人对技术极为钟爱，因此就有技术偏爱论；有些人认为技术对人类的自由构成了威胁，因此就有技术威胁论。技术主义是与技术决定论联系在一起的。

2.关于技术决定论

技术决定论认为，技术是对社会最具影响力的因素，是塑造社会的力量。技术决定论观点是关于社会变革的技术引导理论，将技术看作历史的推动者。根据技术决定论，某些特定技术的发展，传播技术或媒体技术或更广泛的技术，通常是社会变革唯一的或主要的前因，并且技术被看作社会组织模式的基本条件。

技术决定论认为，技术特别是传播技术是社会发展的基础，如书写、印刷、电视、计算机等技术"改变了社会"。最极端的看法是，整个社会的形成被看作是由技术决定的：新的技术在每个层面上改变着社会，包括社会制度、人与人之间的交互和社会中的个体。至少，大量的社会和文化现象被看作由技术形成，人的因素和社会的调节被看作第二位。传播技术领域普遍存在技术决定论的观点，认为传播技术的改变具有重要的文化影响，如麦克卢汉等认为印刷媒体使思维更有理性、更符合逻辑、更善于抽象思维。麦克卢汉将不同媒体与特定认知结果相联系，这种观点被称为媒体决定论。他将传播媒体和技术看成和语言一样，塑造和影响着人类的感知和思维。

比较适度的媒体决定论认为，媒体的使用对人们能够产生一定的影响，但更重要的是社会情境。极端的技术决定论认为，特定的传播技术是决定社会发展的一个充分条件（唯一原因），或者至少是一个必要条件。技术发展的结果是必然的或至少是有很大的可能性。更为普遍适用的技术决定论则认为，传播技术是一种促进力量，但所提供的可能性并不一定发生。

（二）人本主义

1.人本主义的基本思想

人本主义具有许多不同的意义，每一种意义构成一种人本主义，可以归纳为：①文学人本主义；②文艺复兴人本主义；③文化人本主义；④哲学人本主义。

人本主义思想一般包括对自由和自治的信念，认为人类有能力克服遗传、个人历史和环境的限制而做出有意义的个人选择，强调个体重要性以及特殊的人类需要。人本主义思想的基本要素是：①人性本善；②个体是自由的、自治的，有能力做出自己的个人选择；③人类的发展潜力是无限的；④自我观念在发展中起着重要作用；⑤个体有着自我实现的欲望；⑥现实是由每个个体定义的；⑦个体不仅对自己而且对他人负有责任。

人本主义的教育基于相类似的思想，认为教育的目的是发展自我实现的个体，人本主义的教育是一个终身的过程，其目的是发展能够快乐地过有意义的生活的个体。人本主义教育首先考虑的是：发展感情方面的能力，形成情感需求，充分表达美，增强自我导向和控制能力。人本主义教育者的本质特征是对感情的理解、尊重和接受。

2. 人本主义与教育技术

19世纪末幻灯机出现以后，先后有了电影、广播、录音技术；到了20世纪50年代，电视机、磁带录音机相继出现，教学机器的发明；20世纪六七十年代，闭路电视、计算机开始进入人类社会的诸多领域，卫星电视教育和计算机辅助教育成为开发和发展的重点；到了20世纪90年代，多媒体技术和信息处理技术的发展，多媒体教学系统成为教学开发和广泛应用的热点。近几年，计算机网络化的发展，使多媒体教学真正实现了个别化教学、程序教学。计算机网络为人们的学习创设了广阔而自由的学习环境，提供了丰富的学习资源，使教学从传统的密集型课堂教学走向了个别化、分散化、社会化和家庭化，不但突破了传统的教学形式，还拓展了教学时空的维度，为同伴教学、分组学习、合作学习、发现学习、探究学习提供了基础。学生自己选择学习方向，参与发现自己的学习资源，阐述自己的问题，决定自己的行动，自己承担选择的后果。这样学生就负责任地参与到学习过程中，容易全身心地把情感和理智投入创造性学习中，并对自己的学习结果作出评价。这基本上实现了人本主义所主张的以学生为中心的教学形式和学生自主学习、自我实现、自我评价的目的。教师的主要任务是允许学生自己学习，满足学生的好奇心和求知欲，建立一种开放平等的教学环境，实现教学手段和目的相一致。

同时，由于现代教学技术要求学生具有较高的学习策略和自主学习能力，这对教师的作用提出了新的要求。教师由传统的一味地知识传授者转变为学生学习的指导者、合作者和咨询者。教师和学生的地位不再是不平等的权威关系和依赖关系，而是师生双向参与、双向沟通、平等互助的关系，达到人本主义崇尚的人的尊严、民主、自由、平等的价值观。

（三）技术主义与人本主义之协调

持人本主义观点的教育观察家们曾经认为，教学硬件设备在课堂中的广泛使用导致一种欺骗学生的倾向，好像学生不是人而是机器。也就是说，技术的使用使教与学过程忽略了人性特点。但是，现代化的教学媒体运用得当，在某种程度上能够赋予这一过程以个性，从而使这一过程具有人性的特点，而这在以前被认为是不能达到的。

海涅克（R.Heinich）认为所谓的技术主义，其根源不在于使用了媒体。如果教师把学生看作机器，那么不管用不用教学媒体，他们都会一样地不把学生当人对待；如果教师把学生看作具有基本公民权利和意愿的人，那么不管用不用教学媒体，他们都把学生看作进行学习活动的人。也就是说，是使用媒体的方式而不是媒体本身导致了把学生当作机器来对待。

换一种说法，就是重要的不是课堂中使用了什么教学媒体，而是教师在使用媒体的过程中如何引导学生学习。处于某种压力下，高度忧虑的学生容易出错，学习的效率也比较低。很多时候，对那些高度忧虑的学生来说，充满压力的学习情境使他们很难取得成功。假设运用教学媒体进行相同序列的教学，只有在学生需要时才使用媒体，那么就可能减少环境带来的压力。这样，运用媒体就能够使教学具有人本主义色彩。

与一些教育者的观点相反，海涅克认为，技术和人本主义可以各种方式共存或各自独立存在。图1-6展示了技术和人文主义的四种组合方式。

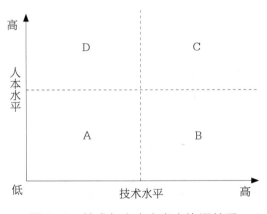

图1-6 技术与人本主义之协调关系

（1）大学里的讲座。教授和学生之间很少或根本没有交互作用——技术水平和人本水平都很低。

（2）由一系列模块组成的一门课。每一模块都是由作业目标、完成这些目标要用到的材料以及一种自我评价模式组成的——技术水平高，而人本水平低。

（3）学生根据自己的兴趣和请教教师之后选定研究的课题。在这一教学系统中，学生和教师之间的交互作用是定期的，如讨论现在的学习情况和下一步应该研究什么 —— 技术水平高，人本水平也高。

（4）一个学习小组定期见面，讨论彼此共同的阅读作业 —— 技术水平低，人本水平高。这些例子都经过了很大程度的简化，仅用来展示上面所形成的概念，但是它们可以作为分析人本主义和技术之间的关系的基础。这些例子说明，教学过程的技术和人本主义水平可以很低，同样也可以很高。

教学技术的运用并不排斥充满人本主义色彩的教与学的环境。恰恰相反，教学媒体能够有助于提供一个学习环境，在这样一个环境中学生能够积极地参与学习过程。如果教学媒体在课堂中运用得当，而且运用时具有一定的创造性，那么随心所欲打开或关上的是机器，而不是学生。

五、教育技术的后现代观

（一）教育技术的发展轨迹

教育技术的发展历史以及对教育技术的研究有两种不同的观点。

第一种是相对传统的观点，将教育技术看作如何通过技术来促进教学与学习，这一观点是在物理科学模式和行为科学模式之间艰难前行的。

物理科学模式着重的是那些对教师的教学和学生的学习有潜在影响的发明创造。历史地看，这些发明有粉笔、照相机、复印、录音、图像、电视、录像，还有当前的计算机信息技术远程通信技术和 Internet。这些只是试图改变课堂教学的发明中的一部分。行为科学是从心理学角度对同一历史的研究，这一观点不着重于硬件和软件，而是着重于利用。典型的历史时期开始于夸美纽斯将图片应用到教科书里去，或早期设立的行为主义原则的学习步骤。20 世纪的心理学理论主要有行为主义、控制论、认知主义和建构主义，同时传播理论也从个别化传播理论，逐渐发展为大众传播理论、小组传播理论。教育技术就是这些理论、概念和思想的"教育的"部分。

另一种完全不同的观点，则是沿着一条不同的轨迹看待教育技术的发展历史，这一观点是尚未成型或尚不完善的，被划为后现代一类。

设想教育技术是一种艺术形式，产生的艺术作品叫作"象本"，里面包含各种符号。这些"象本"以各种各样的形式出现，有印刷、录音、电影、录像、计算机软件及超文本等。教育技术人员的作用和电影评论家、艺术评论家或电视评论家的作用一样，介绍新的"象本"，提供评论，为听众揭示"象本"是怎样发挥作用的。

这样一种历史可以从传统的批判模式开始，吸收各种评论家的思想，带着问题去审视"象本"。面对文化的复苏，面对霸权的覆灭，就会出现多种角度、多重视点，不同的评论家会指向不同的方向，从而产生无序。但是就像凤凰涅槃一样，正是通过解构才能获得新的结构，我们似乎是重新开始了，但是这一次是在更高的层次上开始的。我们对每一种技术进行审视，一方面认识到它的进步，也认识到它的不足。现在已经认识到每一种教学信号并不是对所有的学生和所有的教师都是相同的，实用者看到的是其使用价值，建构主义者看到的是其意义，而评论家看到的是其意识上的独断。

人们似乎垂涎在一个符号无限的世界里，但其无序状态却是非常正常的，因为寻求的不是最好的一条途径，而是达到不同目标的不同途径。

这样一种教育技术的历史就是后现代主义的。教育技术在今天还不是后现代主义的，但是教育技术"时刻准备着"成为后现代主义，因为有许多其他的声音、其他的思想、其他的模型在酝酿着，跃跃欲试。当只有一种观点被人们接受，只有一种模型被用来解释所有的一切时，后现代主义就会消失。但是，在教育技术这样一个充满动态特点的领域，这种情况似乎是不可能的。

（二）后现代主义

后现代主义是一个处于不断变动中的难以把握的概念。认识到后现代主义不是一种意识形态而是一种"状态"。人们不会去做一个后现代主义者，后现代主义没有计划、不寻求转变。相反，世界能够在后现代主义的框架内被认识。后现代主义状态渗透到当代社会的所有方面。科学家写出后现代主义的科学，文学家谈论着后现代主义的文学。后现代主义还出现在建筑、艺术、社会学、哲学、教育和自然科学等广泛的领域。教育技术人员根本没有机会选择是否希望介入后现代主义现象中去，后现代主义是存在的状态。

后现代主义是什么？要把握后现代主义的含义，需要先回到现代与后现代的对立点上。后现代主义必定是"后于"现代的，那么什么是现代主义？所谓现代主义，就是最终的、最好的方法。现代主义的规定性特点有：①对科学和技术的压倒一切的信仰和信任；②推崇技术的正面效果；③认为发展是必然的，是现代思维希望的结果。

后现代主义则是对现代主义景象的怀疑，最极端的是整个地排斥现代主义观点。如果现代主义是寻求永恒真理，那么后现代主义就是对这些永恒真理的怀疑；如果现代主义是寻求知识的明确表征，那么后现代主义认为"知识的状态随着社会进入后工业时代以及文化进入后现代时代而改变着"。

这样，后现代主义的规定性特点就是对现代主义规定性特点的排斥，并代之以：①信仰多元化；②对技术的效果进行多方面审视；③审视发展是否总是必然的，从而产生一个严肃的主张。如果用其他标准审视，"技术发展"可能根本就不是发展。

（三）两个模型：给予的世界，建构的世界

为了讨论后现代主义，必须区分两个不同甚至是相反的看待教育技术的观点。第一种是传统的观点，将技术看作信息传播技术发展的一部分。第二种观点是将技术看作知识建构的一部分。

1. 给予的世界

在"知识传递"观点中，建立了关于传送者、传播信道、信号、接收者等的传播理论。

在这种观点下，教育技术的作用是如何更有效地传送教学信号，目的是以尽可能高的保真度将特定信号从发送者传送到接收者。

在教育技术领域，这种"发送者—接收者"模型的变体有教学开发、教学设计或教学系统设计，具体的模型多种多样，但其一般模型都是服从"定义—开发—评价"这样一种结构。基本步骤是首先定义教学事件，其次开发适当的方案，最后检验该方案是否有效。教育技术发展的历史实际上就是一系列更好地调整这一模型的历史。

2. 建构的世界

另一种观点以完全不同的角度看待信息的流通，认为信息传播过程所包含的不是特定信息传输，而是意义的产生。这样一种模型包含着后现代主义的观点。

在这种观点下，关注的重点从"发送者—信号—信道—接收者"模型，转移到另一个方面，也就是"作者—文字—读者"，这一转变似乎只是用词上装饰性的改变，说到底，作者就是发送者，信号就在文字中，接收者就是读者。在这里，关键的问题是最终的权威或真理落实在哪儿。传统观点，人们默认为文字的作者就是最终的权威，如果有人知道"真相"，那无疑就是作者。但是很显然，有些情况下作者的意图不可能获得，如作者已经去世，就无法问及作者某段文字是什么意思。

这样，作者的权威就由文字的权威所取代，其"真理"就落实在文字本身，新的任务是对文字的解释，所要做的是将文字的意思解释出来或翻译出来。

当代的文学理论又前进了一步，也许权威不仅是作者或落实于文字，而是阅读文字的读者。说到底，每个读者都是独特的，在阅读中每个读者都将自己的背景、兴趣、需要和理解带到文字中去。这样一种观点可以解释为什么有的读者认为某一段文字很重要，而相同一段文字在另一个读者看来，不仅无用甚至是错误的。如果让你说出最伟大的小说是哪一部，你可能认为是《战争与和平》，你的同事可能认为是《飘》。寻找"最好的小说"是毫无意义的现代主义的陷阱，这和寻求最佳教学媒体是同样难以把握的。

或许权威落实在作者、文字和读者三者之间，即用信息的建构主义模型代替了线性传输模型，这样的观点是后现代主义的。

3. 后现代主义教育技术的特点

后现代主义的特点可以归纳为五个基本点：矛盾、不连续、随意、无节制、流程短。实际上，这五个特点是与所谓好的教学设计相对立的，要使教学设计系统容忍矛盾、不连续、随意、无节制、流程短这些特点，显然不是传统的观点。但是如果细想一下，可能就有不同的结论了，开放性体现了矛盾的特点；超文本则体现了不连续、随意性特点；计算机辅助教学的多路径、反馈循环以及补救途径实质上就产生无节制；当代的教学软件允许学生根据前测结果绕过细节部分，则正是流程短的体现。Internet 提供信息数据库的访问以及各种通信工具，更是体现了这五个特点。

联系到教育，后现代主义的特点可归纳为五个，分别是针对：①权威和知识的形式；②对个体的关注；③物质基础；④看待历史的观点；⑤团体和传统的位置。

这些都能够扩展到教育技术领域内，下面的讨论就是在后现代主义框架内探讨教育技术的问题。

（1）权威的形式

权威的结构是共同参与的、对话式的、多种形式的。教育技术人员早就认识到单一的权威已经不再适用于媒体产品了。一个复杂的教学设计产品要经过试验、修正、评价等过程，是团队共同努力的成果。事实上，当前的教学设计或明或暗地都是采用团队的方法进行教学系统、程序和产品的开发，这种特征显然是后现代主义的。

（2）个体的概念

后现代主义对个体的观点是：不再成为中心的，是由文化所决定、所构造的对立的、相关的主体。这里就出现了两难：教学设计者是假设所有学习者具有相同的需要从而针对"平均"的目标受众而启动市场呢，还是不仅允许个体需要，而且也强调个体的不同？传统的教学开发是假设一个受众的平均量，然后根据这一平均量提供预先确定的材料。然而，现代的建构主义理论已经认识到有必要为每个学习者建立各自的学习安排，像超文本技术就能够满足不同的学习需要，用看起来混乱的模型代替了传统的线性课程表示模型。

（3）物质基础

后现代主义的物质基础是信息。在每一课程开发活动中，信息都是一个起点，在教学设计中，第一个步骤就是确定在开发的教学产品中要包含哪些信息。后现代主义看待信息的角度则不同，不再认为信息是最终的，而是认识到虽然信息的符号表现似乎是固定的，而实际上信息本身是流动的、多样性的、变化的。如果以这种角度看待信息，那么专利法产品或课程所包含的内容就不再显得那么生硬了，教学设计所关注的重点也就从内容转移到了过程。

（4）团体的位置

后现代主义的团体概念始于麦克卢汉的"地球村"的概念，进而扩展为一个"跨国超空间的、不同而没有敌对的、生态型的团体"。教育技术不是有正确答案的一系列问题，而是一系列问题、关系、需要和技术对策的网络。每个团体根据自己的需要和关心的问题进行开发，但是在局部的自主团体内部，技术又创造了新的跨国团体。例如，Internet 所提供的电子邮件、文件传输、远程登录等，所有这些都改变着看待团体以及看待技术的方式。

（四）后现代主义作为另一种模式：教育鉴赏

后现代主义所产生的一个主要影响是提出了进行研究的另一种模式。传统的教育技术是被当作科学看待的，这就意味着，已经接受了的实践模式，是以实证主义哲学为基础的。教育技术理论早就认识到了实证主义模式的优缺点，从而产生了从定量到定性模式的转移，而第三种实践模式，是将教育技术看作一门艺术，同时又看作科学。

批判作为一种学术方法，在艺术研究中被广为使用。建立在定量、定性、实证和系统模式上的教育和教育技术，则很难接受用艺术批判这种形式来作为学术研究的方法。然而，一些研究者逐渐对以艺术批判这种新的思维模式研究教育产生了兴趣。

1. 分析和批判

（1）可以从五个方面对课程进行分析：①在技术方面，针对课程方法和结果之间的合理性。②在对策方面，针对权力和控制。③在科学方面，是否最大可能地提高效果。④在美学方面，是否将教与学当成一门艺术。⑤在伦理方面，考察教育艺术的价值。

（2）是"课程批判"，课程批判家应该和文学批判家一样，课程批判家的作用是揭示其意义，阐明其答案。

（3）现在的课程评估者已经广泛使用教育鉴赏和教育批判这样的术语，鉴赏是欣赏的艺术，而批判是揭示的艺术。利用这样的术语描述课程材料也成为教育技术人员的一个特殊兴趣。每个人都是一个课程材料的批判者，虽然是在比较肤浅的层次。批判是对艺术作品的感觉、分析、阐释和描画。教育批判的目的是刻画、解释和评价教育材料、教育环境、课程和教学。

2. 教育批判的作用

一个鉴赏家应该清楚自己的历史，这样才不会总是"重新发明轮子"。一个能够与历史、与艺术、与文化相交流的鉴赏家才是真正意义的鉴赏家。教育批判的作用主要有以下几个方面。

（1）从内容及其形式的关系角度解释技术目标或过程。

（2）从部分和整体的角度解释技术目标或过程。

（3）提供对主题及设计的洞察力，从而在丰富性和复杂性上把握技术目标或过程。

（4）揭示评论家对教育技术过程或产品所具有的亲身体验。

（5）揭示对教育技术过程或目标进行判断的基础，还有该目标或过程对人类经验所产生的作用。

（6）综合不同途径的研究结果，形成综合的理论。

（五）后现代主义分析方法：解构

一方面，刚刚接触后现代主义的新手会试图寻找规则。而另一方面，后现代主义又是反对规则化的，如果刻板地沿用一个精确的过程，那就全然违背了后现代主义的基本观点，即不是追求创造一个最佳路径。精确地描述一个过程，实际上是提供一种"超越的意义"、一个最终的意义、一个最佳的方法，而这正是为后现代主义观点所驳斥的。因此，这里所谓的后现代主义分析方法，实际上只是参考性的建议。

后现代主义理论的主要概念之一是解构。解构的第一步是按照传统的角度确定二元对抗，前一项是正常的，后一项则相反，如好／坏、自然／技术、男／女等。解构的下一步是将这一对抗颠倒过来。也就是，经过分析与争论，表明原来常常被贬低的第二项，实际上是应该被重视的，一些代表现代主义的二元对抗，如形式／反形式、设计／机会、层次／无序、线性／非线性等，在现代主义观点看来，这些二元对抗的第一项都是稳定的术语，形式、设计、层次等都是现代主义的关键概念。解构主义对其中有些（并不是全部）反其道而行之，并且表明同样也是站得住脚的。例如，设计／机会，在现代主义看来，设计是被接受的模式，但是换个角度看，设计也意味着限制和强迫。教师要按照设计的课程计划上课，但是好的教师则抓住每一瞬间的各种机会，联系到课程中去。这就需要采用一种偶然性模型，需要利用各种随意性的能力。实际上，设计的教学常常导致乏味和沉闷的课堂氛围。

这样在详细审查下，设计被解构，人们看到在设计中，需要给无序或"反设计"一席之地。实际上，"反设计"在好的设计中总是已经存在的，在认识到设计的重要性的同时，也必须认识到反设计的必要性，以避免产生呆板的设计。最终，对抗不再存在，被确定的现代性（设计／机会）被解构了。

（六）后现代主义教学设计

从以上认识出发，后现代主义思想可以为教学设计提供一些建设性的建议，如对传播和教学的系统方法进行解构，形成一个后现代主义教学设计的方案。在这一设计方案中，通过对设计、最佳途径、技术等现代性观点的解构，从后现代主义角度提出对教学设计的建议。

（1）从后现代主义角度出发，"条条道路通罗马"，要达到某一目标，可以有许多不同的途径。因此，对于每一个教学设计问题，都应该试图寻求多种可能性。

（2）后现代主义以建构的模型看待信息的传播。因此，对于教学设计来说，必须充分认识到预期学习者的背景、兴趣、需要和理解，尽可能地满足不同的学习需要。

（3）后现代主义推崇对技术效果进行多方面审视，通过教育鉴赏和教育批判，从多方面吸取经验和教训。

（4）媒体是信息的载体。在选择媒体的时候，要考虑到所有媒体都是隐喻性的，并不总是能确切地表示所要传达的意思。

（5）对完美、绝对等现代性观点进行解构，认识到绝对一致的理解是不可能得到的。

（6）对技术进行解构，考察技术是否解决了问题，是否产生了新的问题。

（7）作计划时不仅要考虑技术问题，还要考虑需要，要认识到设计所要解决的是真实世界的问题。

（8）从建构的角度看待教学信息的传输，在教学信息的设计中，要充分考虑学习者的作用。

（9）从信仰多元的角度看待信息，寻找自己的信息和他人信息之间的矛盾。

建构主义运动正逐渐地改变着我们看待教学设计的方式。即使如此，后现代主义对于教育技术的批评，还是会让多数人觉得太过激进。但是，如果对后现代主义观点进行充分考虑的研究，可以从中获得一些值得注意的思想，这些思想作为"其他的声音"，无疑对教学设计领域的实践是非常有益的。

第二章　信息化视域下现代教学媒体理论

　　现代社会是一个信息化的社会。因为在人们的社会生活中，信息所带来的影响以及对信息的依赖程度是不可估量的。而媒体在人类彼此之间以及人类与环境之间，对信息的交流与传递一直发挥着至关重要的作用，不仅有利于人类的生存，也促进了人类社会的不断发展。从漫长的农业社会发展到工业社会，进而发展到信息社会，人类对信息的获取、存储、处理、传递和创造能力有了极大提高，随着科学技术的迅速发展，用于人类进行信息传播和交流的媒体日益丰富，也有力地推动了各个领域中媒体技术与媒体应用技术的不断丰富与发展。在教育领域中，有效而充分地利用媒体，也成为教育教学信息传播过程中不可或缺的重要环节。

第一节　现代教学媒体理论定义及分类

一、媒体与教学媒体的定义

　　媒体是英文"Media"的译名，也称"媒介"，泛指能够承载并传递信息的任何载体或工具。它是信息传播过程中，信息源与信息的接受者之间的中介物。更广义的解释，可将媒体看作是实现信息从信源传递到受信者的一切技术手段，从书本、图片、模型、报纸、杂志、广告物、电影、电视、录音机、录像机到计算机、网络、通信卫星等，它们都属于媒体范畴，人们使用媒体就是为了促进信息的传播与交流。

加拿大著名的传播学者马歇尔·麦克卢汉（Marshall Mcluhan）于1964年在《媒体通信，人体的延伸》一书中曾提出了"媒体是人的延伸"的著名观点。在他看来，印刷品是人眼的延伸、无线电是人耳的延伸、电视则是人耳和眼睛的同时延伸、传声器是嘴巴的延伸、面对面的交流则是五官的延伸。这实质上表明了各种媒体对受信者的感官刺激是不同的，也即具有了其固有的特性。麦克卢汉的观点从理论上揭示了媒体的本质特性。

当某一媒体被用于存储并传递以教学或学习为目的的信息时，则称该媒体为教学媒体。

教学媒体是在教育教学活动中，传递教育教学信息的载体或中介，是教学系统的重要组成部分，形成了教学与学习的资源环境。各种教学媒体不仅在正规教育中发挥着作用，更促进了非正规教育、终身教育的发展。教师可以根据教学目的、学生特征有效地利用不同媒体传递教学信息，促进学生的学习。

二、教学媒体的分类

随着科学技术的发展，教学媒体的种类越来越多，为了把握各种教学媒体的特性，以便合理地选择使用，有必要对其进行分类。由于出发点不同，媒体的分类方法也多种多样。下面介绍几种主要的媒体分类法。

（一）按时代的发展分类

分为传统教学媒体和现代教学媒体两类。

1. 传统教学媒体

传统教学主要使用黑板、粉笔、挂图、模型、教科书等教学媒体，现在将这些媒体统称为传统教学媒体。

2. 现代教学媒体

现代教学媒体是相对于传统教学媒体而言的，相应地将幻灯、投影、广播、录音、电影、电视、录像、光盘、视频展示台、电子白板、多媒体计算机及相关组合系统，如语言实验室、多媒体综合教室、视听阅览室、微格教学训练系统、计算机网络系统等称为现代教学媒体。现代教学媒体具有许多优势，它的开发与利用使教育方式和教学模式产生了根本性的变革，如远程教育、个别化学习、终身教育等教育方式的出现。

（二）按媒体作用于人的感官和信息流向分类

分为视觉媒体、听觉媒体、视听媒体、多媒体四大类。

1. 视觉媒体

指发出的信息主要作用于人的视觉器官的媒体，如幻灯、投影、视频展台等。

2. 听觉媒体

指发出的信息主要作用于人的听觉器官的媒体，如广播、录音、CD 等。

3. 视听媒体

指发出的信息同时作用于人的视觉器官和听觉器官的媒体，如电影、电视、摄录像、视盘等。

4. 多媒体

指发出的信息作用于人的多种感官，且具有人机交互功能的媒体，如多媒体计算机、网络型多媒体教室、多媒体语言实验室等。

（三）按媒体表现信息的形式分类

分为口语媒体、印刷媒体和电子媒体三类。

此外，按物理性能可将媒体分为光学媒体、电声媒体、电视媒体、多媒体计算机等。无论何种分类，都很难说划分得十分准确，因为如此众多的媒体，特别是近几年出现的现代教育媒体，由于其技术上的综合性和功能上的多样性，使我们无论从哪个角度进行分类，都可能形成与其他类的交叉。例如，电视媒体既是现代媒体，又是视听媒体、电子媒体。

三、教学媒体的特性

不同的教学媒体对学习者的感官刺激是不同的，每种媒体都具有其固有的特性，正确了解它们的特性，有助于人们在教育实践中扬长避短，充分发挥其作用。媒体主要有以下共同特性。

（一）固定性

指教学媒体可以记录和储存信息，以供需要时再现。信息本身是抽象的，但可以用具体的符号来表征抽象的信息，如印刷媒体是将文字符号固定在书本上；电子媒体是将语言、文字、图像转换成声、光、电、磁信号，固定在磁带或光盘上。媒体的这一特性使过去的优秀教育理论、知识财富和丰富的教育经验得以保存，需要时通过媒体再现给学生。

（二）扩散性

指教学媒体可以将各种符号形态的信息送到一定距离以外，使信息在扩大了的范围内再现。为此，加拿大传播学者马歇尔·麦克卢汉曾比喻说，信息的迅速传播已使地球极大地缩小，我们生活的地球已变成"地球村"。

（三）重复性

指教学媒体可以重复使用，如果保存得好，多次使用后其呈现信息的质量仍稳定不变。此外，教学媒体还可以制成许多复制品，在不同的地点同时使用。

（四）组合性

指若干种媒体可以组合使用，可以把不同功能的媒体结合起来，组成多种媒体系统，促进信息表达的效果，如声画同步幻灯机、交互视频系统、多媒体组合教学系统等。

（五）工具性

指教学媒体与人相比处于从属的地位，是人们存储、获取、传递信息的工具，即使功能先进的现代化媒体，也是由人创造、受人所操纵的。媒体只能扩展或代替教师的部分功能，而且适用的媒体还需要教师和设计人员去精心编制相应的教材，即使具有人工智能的多媒体计算机系统也不可能完全替代教师。

（六）能动性

指教学媒体在特定的时空条件下，可以离开人的活动独立起作用，如优秀的录像教材或计算机辅助教学课件可以代替教师上课。精心编制的教学媒体一般都比较符合教学设计原理，采用的是最佳教学方案，尤其是由经验丰富的教师参与设计、编制的教学媒体，教学效果会更好。

四、教学媒体的作用

选择适合的教学媒体进行课堂辅助教学，或者把教学媒体直接作为教学的主要手段时，会起到很好的教学效果，主要表现在以下几个方面。

（1）有利于教学标准化。课堂教学中在讲授相同的学科内容时，不同的教师水平参差不齐，经常选取不同的媒体、素材，使用不同的教学方法，课堂教学的组织也往往因人而异，对学生的学习会产生不同的影响。而使用教学媒体进行教学时，需要精心的教学设计，内容要规范、标准，这对于规范教学，进而实现标准化教学都是非常有益的。

（2）生动、有趣的教学有利于激发学生的学习兴趣。教学媒体的使用具有引起学习者注意的因素。例如，生动活泼的画面、恰当的特技效果、优美的音乐等，都会激发学生的学习兴趣，激发学习动机，促使学生积极思考。

（3）有利于提高教学质量和教学效率。大部分媒体可以在较短的时间内，向学习者呈现和传递较多的信息量，并调动学习者的各种感官，使学习者对所学知识容易接受和理解。特别是应用精心设计的教学媒体软件进行教学，可以收到更好的教学效果，这对于提高教学质量和教学效率的作用是毋庸置疑的。

（4）有利于个别化教学。个别化教学是指专门设计并选择信息以适合学生个人的能力、经验或兴趣的一种有效的学习方式，这种方式的实现更加依赖现代媒体或媒体资源。例如，多媒体计算机的使用，可以为学生的个别化学习提供方便条件，学习者可以自由决定学习内容、进度、时间和地点，非常灵活方便，这更符合因材施教的原则。

（5）有利于探索和实现不同教学模式的教学。在当今信息时代，多媒体技术、网络技术和虚拟仿真技术的应用，为信息的传递提供了高效、快捷和多元的通道。教师根据不同的学习理论，探索新的教学模式，可为学习者创建不同的学习条件和情境。例如，建构主义学习理论认为，媒体可以创建教学所需要的学习情境，通过环境与学习者的交互作用，促使学习者主动地进行意义建构。

第二节　视觉媒体、听觉媒体分类及教学功能分析

一、视觉媒体分类及教学功能简要分析

常用的视觉媒体设备包括数码相机、幻灯机、多媒体投影仪、视频展示台、教学银幕等。

（一）数码相机

数码相机也称数字相机。它拍摄记录下来的是数字化影像，可以很方便地

通过计算机进行图像加工处理、打印照片、制作多媒体幻灯片、储存备用，还可以借助数字通信网络实现即时远距离传输。

1. 数码相机基础理论知识

（1）数码相机的基本结构及工作原理

数码相机包括镜头系统、感光芯片、模／数转换系统、存储机构、液晶显示器、电源等构件。数码相机结构如图 2-1 所示。

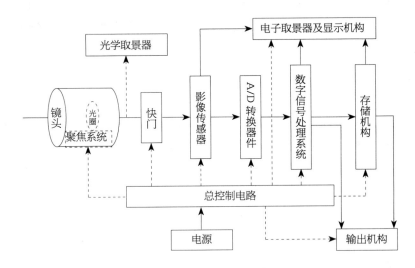

图 2-1　数码相机结构图

数码相机工作原理示意图如 2-2 所示，光学镜头将景物聚合到感光芯片（电荷耦合器 CCD）上，并将光信号转换成电信号；后经模／数转换器（A/D）转换成数字信号；再由微处理器（MPU）对信号进行压缩并转换成特定格式的图像文件，或储存或在液晶显示器上显示。在用数码相机拍照时，景物通过照相机镜头聚焦在 CCD 芯片上，CCD 芯片把影像分解成为成千上万的像素，并转换为电信号。电信号通过模／数转换器转换为二进制的影像数据，存储在照相机的存储器中。这样，即完成了一幅照片的拍摄。

1）镜头系统

镜头起成像作用，被拍摄的景物通过它成像在感光芯片 CCD 或 CMOS 上，主要包括镜头、光圈、快门、聚焦系统等。

数码相机所用的镜头分为定焦镜头和变焦镜头两大类。

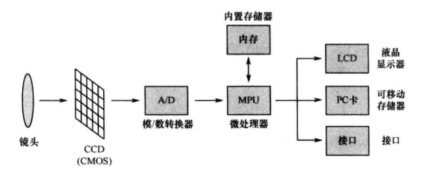

图 2-2　数码相机工作原理示意图

①定焦镜头。定焦镜头是指焦距固定不变的镜头。一般分为标准镜头、广角镜头、远摄镜头三类。

标准镜头：视角在 50° 左右，焦距与感光芯片成像区域的对角线长度接近的镜头。其特点是所摄画面影像的透视效果（近大远小）与人眼看实际景物的透视效果较为接近，符合人眼的透视标准和习惯。

广角镜头：视角大于 70° 以上，焦距长度比感光芯片成像区域的对角线长度短得多的镜头。其特点是焦距短、视角大、景深长。适合拍摄景物前后清晰度大的照片，或在较狭窄范围内拍摄较大场面的照片。

远摄镜头：视角在 40° 以下，焦距比感光芯片成像区域的对角线长度长得多的镜头。根据焦距的大小，远摄镜头又分为中焦镜头、长焦镜头和超长焦镜头。远摄镜头的特点是焦距长、视角窄、看得远、成像大。适合将远景拉近拍大，适合于拍摄不易接近的被摄物体，以及远距离拍摄。

②变焦镜头。变焦镜头的焦距可以在一定范围内调节变化，视角可随焦距的不断变大而在广角镜头的视角和远摄镜头的视角之间变化。使用变焦镜头，拍摄者站在同一位置上推拉或旋转镜头，就可以变换焦距，拍摄出大小不同的画面。

2）聚焦系统

聚焦系统的作用是改变拍摄时镜头镜片与感光芯片的距离，使被摄景物在感光芯片平面能清晰成像。数码相机的聚焦方式有自动聚焦、手动聚焦和免聚焦之分。高档数码相机往往同时具有自动聚焦系统和手动聚焦系统，中档数码相机多数只有自动聚焦系统而没有手动聚焦系统，低档数码相机一般采用免聚焦系统。

3）光圈和快门

光圈是在镜头中间由数片互叠的金属叶片组成的可调节镜头通光孔口径的装置。光圈的第一个作用是调节通光量。光圈既能开大，也能缩小。在拍摄同一个对象时，若光线强，应将光圈缩小，若光线弱，应将光圈开大。第二个作用是改变景深范围大小。光圈越大，景深越小；光圈越小，景深越大。

光圈孔径的大小通常用光圈系数表示（F系数），光圈系数是镜头焦距与光孔直径的比。如 F2.8、F4、F5.6、F8、Fll、F16、F22 等。每个系数为光圈的一个挡。光圈系数值越大，光圈口径越小，通光量越小。反之，光圈系数值越小，光圈口径越大，通光量越大。上面各光圈挡中，F2.8 最大，F22 最小。前面光圈挡的通光量是后面通光量的2倍，如 F2.8 的通光量是 F4 的2倍，F4 的通光量是 F5.6 的2倍，依此类推。

快门是控制感光片曝光时间长短的装置。照相机上通常在快门速度盘上标有一系列标记，如 1、2、4、8、15、30、60、125、250、500、1000、2000 等，它们的实际值是标定值的倒数，即 1、1/2、1/4、1/8、1/15、1/30、1/60、1/125……如果在 B 门和 1 之间用其他颜色标有 2、4、8 等，则代表整秒数。

B 门俗称"慢门"，在需要进行长时间曝光时使用。一般情况下，按下快门按钮时即开启，松开快门按钮时即关闭。若使用 B 门，要有三脚架和快门线与之配合。

（2）感光芯片

数码相机的"心脏"是感光元件。与传统相机相比，传统相机使用"胶卷"作为其记录信息的载体，而数码相机的"胶卷"就是其成像感光元件，而且是与相机一体的。感光器是数码相机的核心，也是最关键的技术部件。目前数码相机的核心成像部件有两种：一种是广泛使用的 CCD（电荷耦合）元件；另一种是 CMOS（互补金属氧化物半导体）器件。

1）感光元件工作原理

电荷耦合器件图像传感器（Charge Coupled Device，CCD），它使用一种高感光度的半导体材料制成，能把光线转变成电荷，通过模/数转换器芯片转换成数字信号，数字信号经过压缩以后由相机内部的闪速存储器或内置硬盘卡保存，因而可以轻而易举地把数据传输给计算机，并借助于计算机的处理手段，根据需要和想象来修改图像。CCD 由许多感光单位组成，通常以百万像素为单位。当 CCD 表面受到光线照射时，每个感光单位会将电荷反映在组件上，所有的感光单位所产生的信号加在一起，就构成了一幅完整的画面。

CCD 和传统底片相比，CCD 更接近于人眼对视觉的工作方式。只不过，人眼的视网膜是由负责光强度感应的杆细胞和色彩感应的锥细胞分工合作组成视觉感应系统的。CCD 经过多年的发展，大致的形状和运作方式都已经定型。CCD 主要由一个类似马赛克的网格、聚光镜片，以及垫于最底下的电子线路矩阵组成。

互补金属氧化物半导体（Complementary Metal-Oxide Semiconductor, CMOS）和 CCD 一样同为在数码相机中可记录光线变化的半导体。CMOS 的制造技术和一般计算机芯片没什么差别，主要是利用硅和锗这两种材料做成的半导体，使其在 CMOS 上共存着带 N（带正电）和 P（带负电）的半导体，这两个互补效应所产生的电流可被处理芯片记录和解读成影像。

2）两种感光元件的不同之处

由两种感光元件的工作原理可以看出，CCD 的优势在于成像质量好，但是由于制造工艺复杂，只有少数的厂商能够掌握，所以导致制造成本居高不下，特别是大型 CCD，价格非常高昂。同时，CCD 从 30 万像素开始，一直发展到现在的 800 万像素，像素的提高已经到了一个极限。

在相同分辨率下，CMOS 价格比 CCD 低，但是 CMOS 器件产生的图像质量相比 CCD 来说要低一些。到目前为止，市面上绝大多数的高端数码相机都使用 CCD 作为感应器件。

CMOS 影像传感器的优点是电源消耗量比 CCD 低，与周边电路的整合性高，可使数码相机体积大幅缩小。

3）影响感光元件的因素

对于数码相机来说，影像感光元件成像的因素主要有两个：一是感光元件的面积；二是感光元件的色彩深度。

感光元件面积越大，成像越大，相同条件下，能记录更多的图像细节，各像素间的干扰也小，成像质量越好。但随着数码相机向时尚小巧化的方向发展，感光元件的面积也只能是越来越小。

（3）模/数转换系统

模/数转换系统用于将拍摄得到的电信号进行数字化后存储。模/数转换部分的质量档次直接决定所拍摄存储影像的质量。

（4）存储器

数码相机拍摄得到的数字文件，要通过数码相机中的驱动机构存储在各种存储媒体上（将数码相机与计算机相连的拍摄除外）。数码相机所用的存储器可分为内置存储器和可移动存储器。

内置存储器安装在相机内部，用于临时存储图像，装满后要及时向计算机转移文件，否则无法继续存入图像。

可移动存储器分为 PC 卡、CF（Compact Flash）卡、SM（SmartMedia）卡、软盘、NZ 光盘、Miniature 卡等几类，装满后可取出更换，就像胶卷相机拍完可换胶卷一样，所不同的是这些存储器可以删除和反复记录图像信息，使用方便、灵活。要将存储在 PC 卡中的影像文件传送给计算机，除了将数码相机与计算机相连进行传送外，还可以将 PC 卡插入笔记本电脑直接进行下载，或将它装进 PC 卡读取器下载到计算机。

存储器是数码照相机内置的一种存储芯片，用于存储影像数据。根据照片选取的不同分辨率，存储器可以存储 8~500 幅照片，存储的文件格式是 JPEG、TIFF、BMP 等格式。存储的照片可以在液晶显示器上显示，也可以删除重拍。

（5）LCD 液晶显示器

数码相机上装置彩色液晶显示器具有三方面的作用，一是作为取景器，供拍摄者观察被摄景物和景物范围，确定画面构图和拍摄范围；二是使数码相机具有即显性，拍摄后可及时观看，对拍摄影像的质量进行判别、确认，发现不足可删除重拍；三是显示参数设置菜单，便于拍摄者根据需要正确控制调整数码相机。例如，大部分数码相机设置两种或三种 JPEG 压缩方式供拍摄者选择，有的数码相机同时还提供了非压缩的 TIFF（Tag Image File Format）格式。图像压缩比大，占用存储空间小，但图像细节被压缩算法消除较多，图像分辨率低；图像压缩比小，可保留更多的图像细节不被压缩算法消除，图像细腻，层次表现丰富，质感强，但占用存储空间大。

（6）接口

接口是数码相机连接外部设备的通道。常见数码相机的接口有串行接口、并行接口、USB 接口、AV 接口、电源输入接口等。

2. 数码相机的使用

数码相机的种类很多，在外观、功能、性能等方面差异很大，标志也不相同，所以在第一次使用时要详细阅读说明书。以下是通用的基本操作方法。

（1）安装电池

所有的数码相机都需有电源方能工作。拍摄时一般使用电池供电。不同机型使用的电池种类不同，大多数是专用电池，且不同品牌之间不能通用。电池的安装也因机而异，所以在准备阶段，要熟悉电池的更换、安装方法。

（2）安装存储卡

安装存储卡要在照相机处于关机状态下进行，并要装载到位，特别要注意卡的正反面、前后方向是否正确。

（3）应用模式的选择

数码相机一般分为拍摄、查看、连接或下载等几挡的转换开关和转盘，操作时须选择对应挡，如要拍摄必须将开关或转盘置于所需挡位。

（4）参数设置

数码相机的参数设置一般在两个区域进行。一部分参数设置是在 LCD 液晶显示屏上进行，通过旁边的操作按钮以选择菜单的方式来调整，如分辨率、感光度、时间等；另一部分参数通过机身上相应的操作键进行设置，如光圈、快门、闪光灯、调焦等。

（5）取景、构图、拍摄

按下快门后，CCD 拾取图像，接着相机会有短时的读取、处理、保存数据的过程。这时，拍摄者会从 LCD 显示屏上看到刚刚拍摄的画面效果。显示的图像消失后，可继续拍摄。因此，在拍摄两张照片之间要有几秒的间隔，也正因为数码相机的这一特点，很多机型有自动连续拍摄的功能。

（6）影像文件下载

读取数码相机图片数据有两种方式，一种是从相机中直接读取；另一种是将存储卡取出，通过读卡器读取。有些相机，在读取之前要在计算机上安装该相机的驱动程序。

（二）幻灯机

1. 幻灯机基本结构及工作原理

幻灯机的光学系统由光源、反光镜、聚光镜、放映镜头等组成。光源发出的光线经聚光镜会聚照亮幻灯片，再通过放映镜头在屏幕上形成放大、倒立的图像。

光源通常采用发光效率高、显色好、灯丝排列面积小的低压溴钨灯；反光镜的作用是将光源向后发射的光线反射回去照射幻灯片，以提高光源利用率；聚光镜由两片平凸透镜组成，用来会聚光源所产生的光，使其集中并均匀地照射幻灯片，提高成像的亮度；放映镜头由几片单透镜复合而成，它使幻灯片画面在屏幕上成像，相当于透镜成像中的凸透镜。放映镜头通过沿光轴方向前后移动来调节聚焦，使幻灯片成像准确清晰。

2. 幻灯机的操作使用

幻灯机的操作使用如下。

（1）在使用幻灯机前，要熟悉幻灯机的性能和特点，检查零部件是否齐全。

（2）将幻灯机安放在离银幕距离适当的地方，以适合学生观看为准。

（3）接通电源时，要检查电风扇是否运转，若电风扇、灯泡由两个开关分开控制，则应先开电风扇开关，后开灯泡开关。关机时操作顺序相反。

（4）装片要按教学需要的顺序将幻灯片插在片盒中，幻灯片应上下倒立、左右反放。然后将片盒上的齿条与幻灯机转动机构的齿轮啮合，再打开电源和灯泡开关，即可进行放映。

（5）换片。幻灯机的型号、种类不同，换片的方式也不同，主要有手动、键控、遥控、信控、自动换片等多种方式。

（6）调焦。

（三）多媒体投影仪

多媒体投影仪是多媒体教室中用来显示多媒体信息的设备，如图2-3所示。到目前为止，投影机主要通过三种显示技术实现，即CRT投影技术、LCD投影技术，以及近些年发展起来的DLP投影技术。

图 2-3　多媒体投影仪外观

1. 多媒体投影仪的使用方法

（1）开机

投影仪开机可用遥控器开机，或者按多媒体教室控制面板上的投影机"开"按钮，投影机指示灯闪烁说明设备处于启动状态，当指示灯不再闪烁时，方可进行下一步操作。在开机状态下严禁振动、搬移投影仪，严禁强行断电，以防止配件烧毁、炸裂。

（2）使用注意事项

1）在使用过程中，如出现意外断电却仍需启动投影仪的情况，要等投影机冷却 2~10 分钟后，才能再次启动。

2）连续使用时间不宜过长，一般控制在 4 小时以内，夏季高温环境中，使用时间应再短些。

3）使用中不要固定一个画面太长时间而不切换画面。

4）下课后不要忘记关闭多媒体投影仪。

（3）关机

关机后不能马上断开电源，要待投影仪的风扇不再转动，指示灯不再闪烁，散热完成后，让投影仪自动停机。投影仪闲置时，一定要完全切断电源。尽量减少开关机次数以延长灯泡使用寿命。

2. 投影仪使用时常见问题的解决办法

投影仪使用时常见问题的解决办法如下。

（1）投影仪连接笔记本电脑时，要正确选择笔记本电脑的显示输出控制功能。要选择笔记本液晶屏亮，外接显示设备亮的功能选项。通常只需按下笔记本电脑键盘功能键进行切换即可。通常是按下 Fn+ 功能键，不同型号的笔记本，功能键的选择不同，具体参见相应的笔记本说明书，如 TOSHIBA 笔记本是按下 Fn+F5 键。

（2）投影仪输出图像不稳定，有条纹波动，一般是因为投影仪电源信号与信号源电源信号不共地，将投影仪与信号源设备电源线插头插在同一电源接线板上即可解决问题。

（3）投影图像重影，大部分的情况是由于连接电缆性能不良所致。可更换信号线，如果不能解决问题，则要求厂家来维护。

（4）定时检查并清理通风过滤器。如果投影仪通风过滤器被灰尘堵塞，会影响投影仪内部的通风，甚至引起投影仪过热而损坏机器。

（四）视频展示台

视频展示台也称实物展示台、实物演示仪、实物投影机、实物投影仪等，如图 2-4 所示。

图 2-4　视频展示台

它是通过 CCD 影像机以光电转换技术为基础，将实物、文稿、图片、过程等信息转换为图像信号输出在投影机、监视器等显示设备上的一种演示设备。

1. 视频展示台的组成

从外观上看，一台视频展示台基本的构成包括"摄像头"和"演示平台"两部分。摄像头通过臂杆与演示平台连接，但是为了实现更好的应用，还需要一些拓展设备，如控制面板（遥控器）、辅助照明（上部和底部）、视/音频输入/输出、计算机接口等，共同构成一台完整和完善的产品。

2. 视频展示台的工作原理

由摄像头将展示台上放置的物体转换为视频信号，输入到放映设备：光源则用来照亮物体，以保证图像清晰明亮；台板起放置物品的作用；接口则用来输出各种视频信号和控制信号。

高档的数字展示台通过计算机图像捕捉适配器与计算机连接，应用相关程序软件，可将视频展示台输出的视频信号输入到计算机中进行各种处理。视频展示台上的小液晶监视器便于用户直接观察被投物体的图像，在展示过程中不用另外准备监视器。

3. 视频展示台的使用

视频展示台的一般使用步骤如下。

（1）按照室内的环境正确安置视频展示台。

（2）连接监视器、录像机、激光视盘、投影机等设备的连线。

（3）开启电源，调节灯光。

（4）放置需要的资料或图片，调准摄像头对准资料或图片。

（5）根据需要正确操作按键，若需存储画面，需按存储按键。但关机后所有存储内容会被删除。

（6）根据需要利用手动或自动调焦，使图像清晰。

（7）使用完毕后，关闭电源，盖上摄像头镜盖，遮上防尘罩。

（五）教学银幕

银幕是幻灯、电影教学中不可缺少的器材，它对放映画面的亮度、清晰度起着重要作用。

1. 教学银幕的种类和特点

教学银幕有不同的种类和规格，要根据实际情况正确选用。

（1）玻璃微珠幕：它用布做底基，比白布银幕的亮度大4倍左右，不能折叠，不能用硬物碰触银幕，不能用水擦洗，可用皮老虎吹或鸡毛掸轻轻掸去上面的灰尘。

（2）高级塑料透视幕：它用尼龙膜做底基，是高亮度银幕，使用时将银幕固定在木框上。

（3）布基白塑幕：它用白布做底基，幕面洁白，光线反射均匀柔和，可折叠，可用湿布擦洗。

（4）白塑幕：用白布制成，亮度不及以上银幕。

（5）木板幕：用三胶板或五胶板制成。

2. 教学银幕的选择与安装

教学银幕可以挂在教室的正前方，也可挂在黑板的一侧，银幕的规格应根据教室的大小、学生座位的多少来决定。一般说来，银幕的宽度以教室纵深长度的 1/8~1/6 为佳。银幕悬挂的高度以银幕的底边与坐在前排座位上的学生头部平齐为准，银幕至前排学生座位的距离不应小于银幕宽度的 1.5 倍。为了使学生看到的图形不变形，用透射式幻灯机放映时，银幕上边需要向前倾斜，使之与光束垂直。

二、听觉媒体分类及教学功能简要介绍

听觉媒体指采集、记录、播放声音的媒体，主要有话筒、调音台、功放、音箱、录音机、CD 唱机、MD 录音机及相应的带、盘等。

听觉媒体在语言及音乐学习方面能够提供标准的教学示范；与其他媒体结合可创设教学情境，如音乐伴音、朗诵、对白等，可激发学习者的情感和想象；还可辅助个别化学习，如音乐和外语听力学习。因此，听觉媒体在现代教育媒体中占有一定比例。

（一）声音传送的源头——话筒

话筒（Microphone）又称传声器，它是一种声电转换的换能器，通过声波作用到电声元件上产生电压，再转为电能。它可用于各种扩音设备中，种类繁多，电路比较简单。

1. 话筒分类

按照不同的原理性质，话筒有不同的分类方法。

（1）按换能原理分类：包括电动式（动圈式、铝带式）、电容式（直流极

化式）、压电式（晶体式、陶瓷式）、电磁式、碳粒式、半导体式等。

（2）按声场作用力分类：包括压强式、压差式、组合式、线列式等。

（3）按电信号的传输方式分类：包括有线话筒和无线话筒。

（4）按用途分类：包括测量话筒、人声话筒、乐器话筒、录音话筒等。

（5）按指向性分类：包括心型、超心型、双向（8字）型、超指向型（枪式）和无指向（全向）型等。

（6）此外还有驻极体话筒，以及最近新兴的硅微话筒、液体话筒和激光话筒。其中，驻极体话筒体积小巧，成本低廉，在电话、手机等设备中广泛使用。硅微话筒基于CMOS MEMS技术，体积更小，其一致性比驻极体电容器麦克风的一致性高4倍以上，所以MEMS话筒特别适合高性价比的麦克风阵列应用。匹配性更好的话筒可改进声波形成并降低噪声。激光话筒常用于窃听装置。

话筒通常按它转换能量的方式分类。这里按录音室对话筒最通用的分类方法，把话筒分为动圈话筒和电容话筒。

动圈话筒是由磁场中运动的导体产生电信号的话筒。其工作原理：由振膜带动线圈振动，从而使磁场中的线圈感应出电压。其特点：结构牢固，性能稳定，经久耐用，价格较低；频率特性良好，50~15000Hz频率范围内幅频特性曲线平坦；指向性好；无须直流工作电压，使用简便，噪声小。

电容话筒的振膜就是电容器的一个电极，当振膜振动时，振膜与固定的后极板间的距离跟着变化，就产生了可变电容量，这个可变电容量和话筒本身所带的前置放大器一起产生信号电压。其特点：频率特性好，在音频范围内幅频特性曲线平坦，这一点优于动圈话筒；无方向性；灵敏度高，噪声小，音色柔和；输出信号电平比较大，失真小，瞬态响应性能好，这是动圈话筒所不具有的优点；工作特性不够稳定，低频段灵敏度随着使用时间的增加而下降，寿命比较短，工作时需要直流电源，使用不太方便。

电容话筒中有前置放大器，当然就得有一个电源，由于体积关系，电源一般是放在话筒之外的。该电源称为幻象电源，它除了供给电容器振膜的极化电压外，也为前置放大器的电子管或晶体管供给必要的电压。

由于有前置放大器，所以电容话筒的灵敏度相对要高一些。在使用时，必需的附属设备有防振架（一般会随话筒赠送）、防风罩、防喷罩、优质的话筒架。如果要进行超近距离的录音工作，防喷罩是必需的。

2. 话筒的特性

话筒的特性一般包括以下三方面。

（1）话筒的指向

前面提到，话筒按指向性一般分为心型、超心型、双向（8字）型、超指向型（枪式）和无指向型（全向）等

（2）话筒的阻抗

专业录音室应使用低阻抗话筒，由于可能要用很长的电缆来连接，所以用低阻抗话筒可减少信号衰减现象。

（3）平衡线与非平衡线

平衡线由两根导线和一根屏蔽线构成；非平衡线中则只有一根导线，用屏蔽线代替第二根导线。

平衡线的优点在于，该线的两根导线拾取的噪声信号强度相等，因而两者能互相抵消；而非平衡线则把噪声信号传输到线路的下一级。如果音频信号很强或非平衡线很短，可能不会听到噪声。但话筒线一般都很长，是从录音间拉出线来，经传声盒过墙后再进入控制室的调音、录音系统的，所以必须使用平衡线，并使用匹配平衡的插头 XLR（俗称卡农头或公母头）或大三芯（6.35JK- 立体声）的 TRS。

3. 话筒的选择与使用

话筒的选择与使用要注意以下五点。

（1）话筒的选择

选择话筒要根据使用的场合和对声音质量的要求，合理选择不同方向性和频率响应特性。一般的课堂教学选用低阻抗、单向性（对正面声音有很高的灵敏度，而对其他方向尤其是后面的声音源响应很低）、对中频段响应好的动圈话筒；如果在较小且安静的空间录制采访类的内容，则应选择无指向性或双指向性的话筒；器乐演奏的拾音应优先选择电容式话筒或高质量的动圈式话筒；录制小提琴、小号等乐器演奏，则应选择高频响应好的话筒；录制交响乐或街道、大自然等外景的现场效果声，则要选择频段响应范围宽的话筒。

（2）话筒连接线

话筒与输入设备之间的连接必须用音频屏蔽线，一般话筒可采用单芯金属

屏蔽线；高质量话筒应选择双芯金属屏蔽线，双芯金属屏蔽线抗干扰能力强，可进行远距离信号传输。高阻抗话筒输出时输出信号较强、对放大器的要求较低，但传输线过长易受外界干扰引起交流声，以及使高频严重衰减，故传输线长度通常不超过 5m；低阻抗话筒输出通常借用卡农插头进行平衡连接，抗干扰能力强，连线可延长至 10~30m。

（3）话筒位置

扩音时，话筒不要靠近扬声器或对准扬声器，应放在扬声器的后面或侧面，以免引起刺耳的啸叫声；同时不宜把话筒音量开得过大。安放话筒位置时，除要考虑方向外，还要考虑与声源之间的距离，通常会议扩音和老师在固定位置讲课时，话筒的工作距离以 20~30cm 为宜。在录制播音员的解说时，一般是把距离保持在 10~20cm 之间，同时还要考虑话筒的近讲效应，即话筒与声源过近时，低频成分提升，声音变得浑厚。

（4）防振、防潮、防风

话筒在使用中应防止敲击或振动，不要用吹气或拍打的方法试音，这会损坏内部的振动薄膜；若话筒本身有防风罩（通常是海绵或皮毛制成的），在使用中要正常佩戴，以保证音质；日常存放要注意防尘、防振。

（5）正确使用无线话筒

正确安装发射器上的电池，有尾部天线的，在使用前应把天线装好；打开发射器的电源开关和接收机电源开关；

试音，调整接收机接收天线长度（一般为接收电磁波波长的 1/4 左右）和谐振频率，以得到满意的接收效果；

使用无线话筒时应注意：手不要接触天线，以避免频率的漂移；手不要握防护罩，以免声音失真。

（二）声音处理中心——调音台

调音台是整个录音流水线上介于同类拾音设备和录音设备之间的一个控制点。不管现在的调音台多么复杂，无论它是模拟调音台还是数码调音台，基本结构均可分为输入部分（信号由话筒及录音设备线路输入到调音台）、输出部分（信号由调音台输出到录音设备）和监测部分（用表头、音箱、耳机监听所有信号）三个部分。

（三）声音信号的推动器——功率放大器

功率放大器（Power Amplifier），简称功放，俗称"扩音机"。它是音响系统中最基本的设备，功能是把来自信号源（专业音响系统中则是来自调音台）的微弱电信号进行放大以驱动音箱发出声音。很多情况下，主机的额定输出功率不能胜任驱动整个音响系统的任务，这时就要在主机和播放设备之间加装功率放大器来补充所需的功率缺口，而功率放大器在整个音响系统中起到了"组织、协调"的枢纽作用，在某种程度上决定着整个系统能否提供良好的音质输出。

一套良好的音响系统，功放的作用功不可没。按照使用元器件的不同，功放可分为"胆机"（电子管功放）、"石机"（晶体管功放）和"1C功放"（集成电路功放）。近年来，由于新技术、新概念在"胆机"中的使用，使得电子管这个古老的真空器件又大放异彩。"1C功放"由于其音色比不上其他两种功放，所以在HI-FI（高保真）功放中很少看到它的影子。

功放大体上可分为"专业功放""民用功放""特殊功放"三大类。

（1）"专业功放"一般用于会议、演出、厅、堂、场、馆的扩音。设计上以输出功率大，保护电路完善，良好的散热为主。大多数"专业功放"用于高保真重放时，声音干硬不耐听。

（2）"民用功放"又可分为"HI-FI功放""AV功放""KALAOK功放"，以及把各种常用功能集于一体的"综合功放"。

①"AV功放"。"AV"（Audio Video）即音频。AV功放是专门为家庭影院而设计的，一般都具备4个以上的声道数及环绕声解码功能，且带有一个显示屏。该类功放以真实营造影片环境声效让观众体验影院效果为主要目的。

"AV功放"从诞生到现在，经历了杜比环绕—杜比定向逻辑—AC-3—DTS的进程。AV功放与普通功放的区别在于，AV功放有AV选择杜比定向逻辑解码器、AC-3、DTS解码器、五声道功率放大器，以及画龙点睛的数字声场（DSP）电路，可为各种节目提供不同的声场效果。但是由于AV功放在信号流通环节上，经过了太多而且复杂的处理电路，使声音的"纯净度"受到了过多的"染色"，所以用AV功放兼容HI-FI重放时效果不理想。这也是很多HI-FI发烧友对AV功放不屑一顾的原因。

②"Hi-Fi功放"。Hi-Fi是英文High-Fidelity的缩写，意为高保真，

是指逼真地还原音源信息，即"原汁原味"。它要求音响设备在重放过程中，对声音信号各项指标不失真地放大、处理，以还原声源的本来面貌，强调的是"原汁原味"，大多用于欣赏音乐。Hi-Fi 功放是为高保真地重现音乐的本来面目而设计的放大器，一般为两声道设计，且没有显示屏。

③"KALAOK 功放"也是近年发展起来的一种功放。它与一般功放的区别在于"KALAOK 功放"有混响器、变调器和话筒放大器。

④"特殊功放"，顾名思义，就是使用在特殊场合的功放，如警报器、车用低压功放等。

（四）声音的最终重现——音箱

音箱是将音频信号转换为声音的一种设备。它是整个音响系统的终端，其作用是把音频电能转换成相应的声能，并把它辐射到空间中。音箱由扬声器和箱体构成。

1.扬声器

扬声器在音响设备中是一个最薄弱的器件，而对于音响效果而言，它又是一个最重要的部件。扬声器有多种分类方式：按其换能方式可分为电动式、电磁式、压电式、数字式扬声器等；按振膜结构可分为单纸盆、复合纸盆、复合号筒、同轴扬声器等；按振膜开头可分为锥盆式、球顶式、平板式、带式扬声器等；按重放频可分为高频、中频、低频、超低频、全频带扬声器等；按磁路形式可分为外磁式、内磁式、双磁路式、屏蔽式扬声器等；按磁路性质可分为铁氧体磁体、钕硼磁体、铝镍钴磁体扬声器等；按振膜材料可分纸质和非纸盆扬声器等。

（1）电动式扬声器应用最广，它利用音圈与恒定磁场之间的相互作用力使振膜振动而发声的原理。电动式低音扬声器以锥盆式居多，中音扬声器多为锥盆式或球顶式，高音扬声器则以球顶式、带式、号筒式居多。

（2）锥盆式扬声器的结构简单，能量转换效率较高。它使用的振膜材料以纸浆材料为主，可掺入羊毛、蚕丝、碳纤维等材料，以增加其刚性、内阻尼及防水等性能。新一代电动式锥盆扬声器使用了非纸质振膜材料，如聚丙烯、云母碳化聚丙烯、碳纤维纺织、防弹布、硬质铝箔、CD 波纹、玻璃纤维等复合材料，性能进一步提高。

（3）球顶式扬声器有软球顶和硬球顶之分。软球顶扬声器的振膜采用蚕丝、丝绢、浸渍酚醛树脂的棉布、化纤及复合材料，其特点是重放音质柔美；硬球顶扬声器的振膜采用铝合金、钛合金、铍合金等材料，其特点是重放音质清脆。

（4）号筒式扬声器的辐射方式与锥盆式扬声器不同，它是在振膜振动后，声音经过号筒再扩散出去。其特点是电－声转换及辐射效率较高、距离远、失真小，但重放频带及指向性较窄。

（5）带式扬声器的音圈直接制作在整个振膜（铝合金聚酰亚胺薄膜等）上，音圈与振膜间直接耦合。音圈产生的交变磁场与恒磁场相互作用，使带式振膜振动而辐射出声波。其特点是响应速度快、失真小、重放音质细腻、层次感好。

2. 箱体

箱体用于消除扬声器单元的声短路，抑制其声共振，拓宽其频响范围，减少失真。音箱的箱体外形结构有书架式和落地式之分，还有立式和卧式之分。箱体内部结构有密闭式、倒相式、带通式、空纸盆式、迷宫式、对称驱动式、号筒式等多种形式，使用较多的是密闭式、倒相式和带通式。

落地式音箱属大型音箱，箱体高度在 750mm 以上，书架音箱的箱体高度在 750mm 以下，高度在 450~750mm 之间的为中型书架音箱，450mm 以下的为小型书架音箱。

家庭影院系统的前置主音箱有立式音箱、书架式音箱和落地式音箱，这要根据视听室面积大小、功放功率大小及个人爱好来确定。通常，15 平方米以下的房间，宜选用中型书架式音箱；低于 10 平方米的房间应选用小型书架式音箱；大于 15 平方米的房间，可选用中型书架式音箱或落地式音箱。前置主音箱、中置音箱和环绕音箱均以倒相式设计居多，其次是密闭式、1/4 波长加载式和迷宫式等。超重低音音箱以带通式和双腔双开口式居多，其次是倒相式和密闭式。

第三节　视听媒体分类及教学功能分析

一、常见的视听媒体

（一）电影

电影是最早出现的视听媒体。电影在认识和鉴别有关动态变化的教学内容和运动技能训练方面具有特殊的效果，是传播和形成概念、转变态度和培养情感的较好教学媒体之一。电影教学是指运用电影进行教学的一种教学方式。实际上，人们正是从电影教学的实际效果中才认识到电化教育的重大意义的。从20世纪开始，无声电影就应用于教育。20世纪20年代末，有声电影刚刚发明，16mm电影片就已经用来作为标准的教学影片了。近百年来，电影一直是一种重要的教育教学手段，并得到了广泛的应用。

（二）电视录像

电视是利用人眼的视觉特性以电信号的形式来传送活动（或静止）图像的技术。电视系统通常由摄像、传输、显像等部分组成，如图2-5所示。

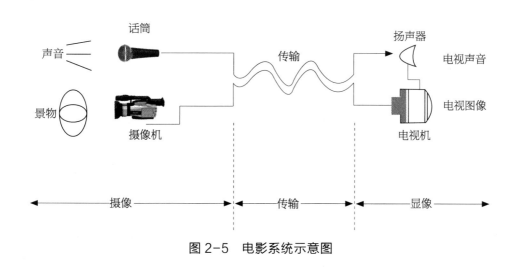

图 2-5　电影系统示意图

电视录像具有和电影相同的信息表达能力，能够呈现声音、活动、图像、画面。电视录像和电影不同的地方主要是，电视录像的制作技术和传播手段更加灵活多样。

二、其他试听媒体

（一）录像机

盒式磁带录像机，简称录像机，它是把景物的图像信号和声音同时记录在磁带上，又能从磁带上把景物的信号重放出来的装置。

录像机种类繁多，形式多样，规格也不统一。按用途分有广播用、教育用和家庭用三种；以磁带宽度分有 1/2 英寸（1.27 厘米）、3/4 英寸（1.91 厘米）、1 英寸（2.54 厘米）、2 英寸（5.08 厘米）等；按记录方式可分为模拟和数字式录像机等。教育中广泛使用 3/4 英寸（1.91 厘米）U 型（U-matic）的盒式录像机、VHS 型 1/2 英寸（1.27 厘米）录像机及 β-max 型 1/2 英寸（1.27 厘米）录像机。20 世纪 80 年代研制成摄录一体化小型摄录机，磁带宽度只有 1/4 英寸（0.64 厘米）。目前一体化小型数码摄录机在家庭、学校中的使用越来越多。U 型系列、β 型系列、VHS 型系列的共同优点是实现了彩色化、小型化、盒式化。录像机通常具有下列功能：录像、放像、正反向快速寻像、暂停静像、定时录像等。一些专业用录像机或新型家用录像机除具有上述功能外，还具有多速重放、录像节目搜寻、走带速度选择、电子编辑、多制式放像、"卡拉 OK"伴唱等功能。

（二）摄像机

摄像机是一种能将景物的图像光信号变成电信号，通过录像和电视接收装置，实现图像信号的记录和重放的电子设备。自从 1931 年第一支摄像管问世以来，摄像机的技术和应用发展迅速。在今天，随着摄像机设备的日益自动化、小型化和摄录一体化，其应用已不仅局限于电视台制作广播电视节目，而是被广泛地应用在学校、厂矿、企事业单位，甚至进入千家万户，成为宣传、科研的得力工具。

电视摄像机的核心部分是摄像管（或 CCD）。在摄像管的靶面上涂有光敏物质，光照在靶面上产生电信号，用电子扫描拾取，然后把图像或景物的光信号转变为电信号。因此，在摄像管（或 CCD）前面需要装置一个像照相机那样的镜头，使图像或景物在靶面上成像，引起光电效应。

电视摄像机的种类繁多，大概可以分为以下几类。

（1）摄像管式摄像机：有四管、三管、二管和单管四类。

（2）固体摄像机：有 CCD 和 CID 两种类型。

（3）按信号记录方式来分：有模拟机和数字机。

（4）摄录一体机。

目前在学校、厂矿、企事业单位以及家庭中应用最广的是以固体器件为光电转换器件的彩色摄录一体机。

（三）激光视盘机

激光视盘系统是由荷兰菲利普公司在 20 世纪 70 年代初开发出来的一种新型视听设备，它是仿效电唱片的形式，把图像和伴音信号记录在圆盘上。记录时，电视信号被送到激光调制器调制成激光束，通过光学系统聚焦到一张镀有一层极薄金属材料的圆盘上，通过激光束的热效应在薄膜上蚀坑或形成气泡，从而将信息记录下来成为模版，然后再压模成视盘。再现时，则是利用激光器发出的极细激光束射到盘上，提取电视信号，用视盘放像机重放，即可在标准的监视器上看到电视图像。激光视盘机又称激光影碟机，是继录像机之后又一广受消费者好评的新型电器产品。目前，常见的影碟机有 LD、VCD、SVCD、CVD 及 DVD 等。

激光视盘机与录像机同属于视听设备，但由于图像信号、伴音信号记录拾取方式不同，激光视盘系统与录像系统相比，有许多独特的优点。

（1）图像和伴音质量高。一般 VHS 型录像机的水平清晰度为 200 线左右，3/4 录像机为 250 线左右，而激光视盘系统水平清晰度可达 435 线，超过广播级录像机的水平。激光视盘系统的录音频响达 20Hz~20kHz，动态范围宽达 108dB，音质十分优美，其音质与高保真录像机相当。

（2）信号记录密度高。激光视盘的信息记录尺寸极小，一张 30 厘米直径的光盘两面最多可存 108 000 幅静止图像或两个小时的活动图像；而一盒录制了两小时活动图像的 VHS 型录像带需 150 米左右。

（3）高速检索方便。在激光视盘上录有帧号、章节号、时间码等地址码，可以在 1~2 秒钟内随意检索任何一幅图像。可进行快速、慢速、正向、逆向播放，还可以使图像静止或逐帧播放，尤其适合教学使用。

（4）使用寿命长。激光视盘是用激光反射拾取信号的，是非接触方式，没有机械磨损，能长期保持良好的图像质量。激光视盘外表有一层保护膜，信号记录层在内部，对激光视盘不需要特别的维护，甚至比普通的密纹音频唱片的维护要求还低。

近年来，影碟机不仅走进了千家万户，而且在教育领域也得到了广泛应用，特别是 VCD 机，因其碟片与计算机中的 CD-ROM 兼容，几乎成了各电教室的必配设备。

第四节　多媒体教学特点及教学模式探究

一、多媒体教学的特点和意义

（一）多媒体教学的特点

1. 教学信息的显示多媒体化

多媒体化是指教学信息显示方式包括文字、图像、图形、声音、视频图像、动画等多种形式。利用这种优势，课件为学习者创设多样化的情景，使学生获得生动形象的感性素材。一个人的认识过程首先需要有外部刺激，充分发挥多媒体教学的优势，就是要尽量提供多样化的外部刺激。

2. 教学信息组织的超文本方式

超文本技术可以把教学信息采集用超文本方式组织，形成非线性的结构，为教师提供多样化的教学方案。超文本的另一种重要作用是为学生提供多种认知途径，可以从不同的角度去认识事物。超文本不仅是一种技术，还是一种思维方式，它为教师提供多种适合不同学习对象的教学方案和学习途径。

3. 教学过程的交互性

教学过程的交互性是多媒体教学另一个突出的优势。录像也能实现多媒体显示，但它不具备交互功能。计算机则可以进行人机交互，并且具有丰富友好的交互界面。利用这种特性，可以激发学生的学习兴趣，调动参与学习的积极性，从而充分发挥学生主体的作用。

4. 教学信息的大容量存储

一张光盘可以储存 650MB 的内容，能够为学习者提供大量丰富的学习资

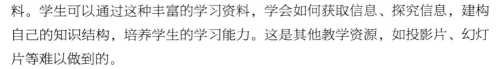

料。学生可以通过这种丰富的学习资料，学会如何获取信息、探究信息，建构自己的知识结构，培养学生的学习能力。这是其他教学资源，如投影片、幻灯片等难以做到的。

5. 教学信息传输的网络化

通过计算机网络，如多媒体计算机网络教室、校园网络和计算机远程教育网络，可为学习者提供丰富的学习资源。

6. 教学信息处理的智能化

虽然实现智能化还有一定的难度，但现在已经取得了一些突破，如具有学习模型的阅读软件、具有自动批改作文的教学软件的研究已取得很好的成果，这些现代教育技术的优势，将十分有利于因材施教，有利于学生个性的发展。

（二）多媒体教学的意义

1. 多媒体教学有利于学生左右脑的平衡发展

神经学和生理学研究发现，人的大脑的神经细胞共有 120~140 亿个，大脑两半球之间由大约两亿条神经纤维组成的胼胝体连接沟通，并以每秒传递 40 亿个神经冲动于两半球之间，使人左右脑具有协调统一的功能。统计资料表明，最有成就的科学家也不过使用了脑力的 15%。一般人则仅用了 5%~10%，也就是说尚有 90% 的潜能待开发，大脑功能用进废退。人参与解决问题越多，大脑皮层上兴奋点越多，就会变得越聪明。因此，激发学习兴趣，创造学习者参与的环境是锻炼思维、发掘大脑潜能的有效途径。

多媒体教学系统以丰富多彩的形式呈现教学信息，具有良好的交互性。研究证明大脑两半球功能高度专门化。左半球具有语言、概念、分析、计算等功能，它在阅读、写作和数学计算方面起决定作用，对控制神经系统起主导作用，是比较积极地执行任务较多的半球。

大脑右半球是"沉默"的半球，它在音乐、美术、空间和形状识别、短暂的视觉记忆方面起决定作用；在空间认知能力、对复杂关系的理解能力、整体综合能力、直觉能力和想象能力方面优于左半球。左半球是以线性方式处理信息，而右半球能平衡地处理大量信息，并能在关系很远的信息之间建立想象联系，即创造性的联系。

我国的传统教育，在教学计划、教材编排、教学方法、考试制度等方面都偏重发展学生的左半脑，使学生左脑使用过多，负担过重，易疲劳，影响学习效果。右半脑负担不足，得不到应有的发展，这就造成了大脑两半球在使用和发展上失调。为促进左右脑功能的协调发展，教学中用词语和可视空间相结合的方式呈现教学材料，在词语教学中配以音乐、图像、动画、电影等信息，交替运用大脑的两半球，会收到良好的教学效果，并且有利于培养学生的创造力。

2. 多媒体教学有利于提高学习效果

人类的学习过程是通过眼、耳、鼻、舌、身等感官，把外界信息传递到大脑，经过分析、综合从而获得知识的过程。心理学家做过人类的各种信息来源与学习和记忆的关系实验，结果表明：人对知识的获取 0.95 % 通过味觉，1.55 % 通过触觉，3.5 % 通过嗅觉，11 % 通过听觉，83 % 通过视觉。也就是说，94 % 的信息通过听觉和视觉获得。

在记忆形成的过程中：阅读占 10 %，听到的占 20 %，看到的占 30 %，看到和听到的占 50 %，交谈时自己叙述的占 70 %。

以上资料说明，视觉和听觉相结合，变被动学习为主动参与，是最有利于学习和记忆的学习模式，这正是多媒体教学的重要意义。

二、多媒体教学的模式

多媒体教学模式反映了利用计算机辅助进行教学活动的人—机交互方式和教学策略。

只有了解多媒体的各种基本教学模式后，我们才能根据教学目的、内容和学生特点，在适当的时刻选用适合的多媒体模式进行教学，从而获得更有效的教学效果。

我们可以从不同的角度出发，对多媒体的基本模式进行分类。例如，根据教学形式的不同，可以将多媒体分为操练与练习、个别辅导、辅助测验、模拟、问题求解、教学游戏、协作学习、虚拟教室、微世界等常用模式。

（一）操练与练习

1. 基本形式

操练与练习主要用来巩固和熟练某些知识和技能，通常在学生练习阶段使用，这是多媒体中常用的模式。

一个理想的操练与练习课件应当具有一定的自适应能力。计算机先让学生做几个题目，然后根据答案的正确性判断出学生已掌握该方面知识的程度。若

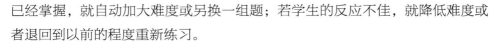

已经掌握，就自动加大难度或另换一组题；若学生的反应不佳，就降低难度或者退回到以前的程度重新练习。

2. 特点及应用

与传统的教师布置的操练与练习相比，多媒体的操练与练习有以下优点。

（1）反馈及时

学生在每做完一个题目后就能获得即时的信息反馈，而不必等待老师评判作业，因而可以及时纠正错误。同时，多媒体课件提供的操练与练习中，每个学生所需完成的题目数量，通常由软件固定给出或根据学生回答情况自动确定，这就在一定程度上保证了量的适当。多媒体的操练与练习还有一个明显的优点，就是能为学生给出个别化的反馈信息，而不仅指出答题的"对"或"错"，目前这一类能够"理解"学生错误的智能化技术正在发展之中。

（2）激励学生

在多媒体课件中，影像、图形和声音的运用，即时反馈中的鼓励信息，成绩排行榜功能的设置等，都能够增加学生做操练与练习的兴趣，以及延长他们有效持续该活动的时间。

（3）成绩保存

记录每一位学生所做练习的类型、所花的时间、获得的成绩以及所处的名次。教师可以随时通过该内容来了解学生的学习情况，这对因材施教、提高教学质量有着重要的作用。

（二）个别辅导

1. 基本形式

个别辅导是指由计算机扮演教师角色，向学生传授新的知识或技能。这种模式能较好体现多媒体个别化教学特点，经常用于学生自学或补习功课。

在该模式中，通常将教学内容划分成一些较小的教学单元，每个单元只讲授一个概念或知识点。在每个教学单元的教学中，计算机先在屏幕上讲解概念、知识或技能，然后向学生提问并检查他们的掌握情况。每隔若干个教学单元或学习结束时，计算机就针对所学过的内容进行提问，这相当于平时的单元复习或总复习检查。并且计算机会根据学生的反应，决定让学生学习新内容还是退回到原来的内容进行学习。这类似于一位有经验的教师。

2. 特点及应用

多媒体个别辅导模式的特点主要表现在以下三个方面。

（1）学生参与学习

在个别辅导模式的多媒体课件中，通常学生都有机会就所呈现的教学内容与计算机进行交互，即学生可以积极参与学习。学生在进行人－机交互的过程中，有机会尝试新的想法、验证假设、检查自己的学习情况。

（2）个别化教学

一个好的个别辅导课件，应能对呈现教学内容的进度进行有效调节，以适应每个学生的不同需求。在个别辅导课件中，存在着两种控制学习过程的方法：一是由学生本人控制课程的进度和难度；二是通过复杂的规则和学生的当前情况，由计算机决定下一步做什么。后者正是个别辅导课件的发展方向，走在前沿的是智能化个别辅导系统，该系统是以人工智能技术为基础的，有关这方面的研究属于智能计算机辅助教学的范畴。

（3）高效率

个别辅导课件主要用于在校学生的补课、成人继续教育的自学等方面，既能节省教师大量的时间，又能充分利用学生的空闲时间进行教学，从而实现高效率地教学。

（三）辅助测验

计算机辅助测验的主要内容包括：计算机辅助测验编制、联机测验、测验分析三个方面。

1. 计算机辅助测验编制

计算机辅助测验编制是指在计算机中建立题库，然后根据要求从题库中选取题目来构成一份测验试卷。

建立计算机辅助测验编制系统的关键是要建立一个大容量的题库，对于题库中的每个题目，除了题目文本、插图和答案以外，还应具有所属科目、目标、难度等属性信息。用计算机编制试卷时，应先由教师拟好说明书，提出本次测验应包含题目的类型、题目数量、难度及其他要求，再由计算机自动在题库中相应的范围内搜寻符合要求的题目。通常做法是，先采用随机数生成法产生题目代码，再找出相应的题目，然后检验该题是否满足说明书给定的要求，最后打印出试卷及标准答案。

2. 联机测验

计算机联机测验也称在线测验，指的是由计算机在屏幕上逐道显示题目，由学生输入答案，计算机当场判断并评分。

计算机联机测验系统的优势之一，在于它能够进行"适应性"测验，即测验的题目数量、难度和范围可因人而异。

3. 测验分析

计算机辅助测验分析，就是由计算机根据测验的结果对各个测验题目进行分析计算，主要包括测验项目分析、测验的信度与效度计算以及因素分析等。其中，测验项目分析是为了考查一个测验中的各道试题是否设计合理和是否选用得当，它包括三个要素，即试题的难度、区分度、迷惑答案的效率。

（四）模拟

1. 基本形式

模拟也称为仿真，就是用计算机来模仿真实自然现象或社会现象。在模拟中，首先要建立模型，这个模型是经过简化的，但是它包含了所模拟事物的所有基本要素。模拟软件一般给学生提供人 - 机交互机会来操纵模型中的某些参数，这些参数对应着所模拟事物的要素并能影响事物发展的结果。那些与学生无直接交互作用的计算机模拟软件则称为演示软件。

下面介绍几种典型的模拟类型。

（1）实验模拟

在自然科学课程的教学中，计算机模拟课件可用来构造模拟的实验环境，以便代替、补充或加强传统的实验手段。

（2）管理模拟

计算机模拟在管理领域的应用，有助于学生在管理决策方面的能力和素质的培养。随着管理现代化的发展，计算机模拟方法已经广泛应用于经济系统、城建系统、教育系统等众多的管理领域。

（3）训练模拟

由计算机控制的模拟训练器能够产生逼真的训练、操作环境，可以在节约很多训练时间和经费的前提下，达到同样的训练目的，因此已在许多专门技能的训练中得到应用。例如，我国交通部门已经采用的汽车模拟驾驶系统，可以模拟驾驶汽车过程中的各种真实感觉，借以培训汽车司机；国外采用飞机模拟系统来培训飞行员。

2. 主要特点

在教学过程中采用计算机模拟手段，存在以下几个明显的优越性。

（1）高效、安全

与实际的训练、实验过程相比，多媒体模拟在时间上有较大的伸缩性。学生可以有的放矢地集中学习所需的技能而避开不必要的琐碎细节，从而可以大大提高学习的效率。同时，通过计算机控制的多媒体设置，在视觉、听觉甚至触觉的刺激下，既能根据需要让学生"体验"到危险的存在，又不会对他们造成实际的伤害。

（2）低成本

计算机模拟成本相对都很低，如飞机或其他航天驾驶的模拟训练，能节省大量的费用。

（3）真实、有趣

计算机模拟尽管与实际环境有差别，但是学生在模拟中所做决策的思考过程则是真实的，足以迁移到真实情景中去。另外，一个好的模拟主题和情景，通常都会引起学生的兴趣，从而提高学习效率。

（五）问题求解

问题求解是指在教学中以计算机作为工具，让学生自己去解决那些与实际背景较接近的问题，其主要目的是培养学生解决问题的能力。

问题求解一般不传授新概念，只是给学生提供创造性解决问题的机会，通过解决问题的过程来应用、检验和精练已经掌握了的概念和知识。与个别辅导、操练与练习模式相比，问题求解模式更能鼓励学生个人思维和能力的发挥，对学生知识、技能的要求也相对更高。

问题求解与模拟两者在形式上有些相似，但是前者所涉及的范围更为广泛。

问题求解模式通常有两种形式。

1. 特定的问题求解

对于特定的一类问题，由教师预先编写或选定软件，学生通过不断的人－机交互来逐步求解。它是以这样一种观点为基础的：对给定的一类问题，存在一般的问题求解技能，学生可以把一个环境中所学习到的这种技能，成功地应用到另一个类似的环境中去。这些技能通常包括搜索、替代、尝试等。

2. 工具性问题求解

对于那些较为复杂的问题，鼓励学生借助通用工具软件，或选用某种熟悉的计算机语言编写程序来解决此类问题。借助于工具软件，学生就能将注意力集中在解决该具体问题所需的分析、规划、技能和程序的实现上。

工具性问题求解所涉及的工具软件主要包括：字处理软件、数据库软件、绘图软件等。

（六）教学游戏

1. 基本形式

教学游戏模式是指计算机以游戏的形式呈现内容，产生一种带有竞争性的潜在学习环境，从而激发学生积极参与，起到"寓教于乐"的作用。

多数教学游戏是为了锻炼学生的决策能力而设计的。由于一个游戏包括许多步骤，每一步又面临着多种选择，这就迫使学生尽可能地应用他们所学的知识，千方百计地寻求取胜的策略。

2. 特点

教学游戏课件是一类特殊的计算机游戏软件，它与普通游戏软件的主要区别在于，教学游戏不是单纯的娱乐活动，而是试图通过游戏的形式来达到明确、具体的教学目标。教学游戏与计算机模拟有着密切联系，它们都给学生展现一个过程，使学生通过该过程获得经验与技能。但是两者又有明显的不同，教学游戏一般给学生提供一个比较强烈的刺激环境，而模拟则是用通常的方法给学生提供一个学习环境。

（七）协作学习

计算机支持的协作学习是一种与传统的个别化多媒体截然不同的模式。个别化多媒体注重于人－机交互活动对学习的影响，而计算机支持的协作学习则强调利用计算机支持学生之间的交互活动。在计算机网络通信工具的支持下，学生们可突破地域和时间上的限制，进行互教、讨论、小组练习等协作学习。

（八）虚拟教室

虚拟教室指在计算机网络上利用多媒体通信技术构造的学习环境，允许身处异地的教师和学生互相看得见、听得见。不但可以利用实时通信功能实现传统物理教室中所能进行的大多数教学活动，还能利用异步通信功能实现前所未有的教学活动，如异步辅导、异步讨论等。

（九）微世界

上述模式对课件设计与制作起了很大作用，但也有一些专家提出了批评。他们认为，课件模式束缚了学生的思维，不利于学生创造力的培养，课件应为学生提供一个广阔、自由的学习环境。于是，便产生了一种不是模式的模式——微世界。

此类课件是利用计算机构造一种反应性的学习环境。LOGO 语言被认为是一种微世界，因为它提供的海龟作图世界，允许学习者进行观察其反应。LOGO 实际上是一种交互型的人工智能语言，初学时可从该语言提供的绘图命令入手，控制"海龟"在屏幕上的运动。"海龟"处于屏幕上任意一个位置时，学生都可以对它下一步是前进还是后退，向左转还是向右转等问题进行思考、设计、实施，如重复执行"FD30"和"RT90"命令 4 次，则可画出一个边长为 30 的正方形。在 LOGO 语言这个"微世界"里，十分有利于培养学生的思维能力和创造能力。

三、多媒体网络教室的具体应用探究

计算机网络教室又称计算机教室或多媒体网络机房，是目前国内各类学校，尤其是中小学较为普遍、应用广泛的一种网络教学系统。它是集普通的计算机机房、语音室、视听室、多媒体演示室等功能于一体，利用现代网络技术和多媒体技术将若干台多媒体计算机及相关的网络设备互连而成的小型教学网络教室。它为提高教学质量、建构协作化学习环境创造了良好的技术基础。

（一）多媒体网络教室

1. 多媒体网络教室的组成与原理

多媒体网络教室的硬件系统主要由服务器、交换机（或集线器）、教师多媒体计算机、学生多媒体计算机、视频展示台、多媒体集成控制系统、投影机、银幕及音响系统等组成。这些设备集成在一起，形成一套功能齐全的视听型多媒体计算机网络教学系统，还可接入校园网或互联网。

2. 多媒体网络教室的主要功能

多媒体网络教室的主要功能如下。

（1）实时广播教学功能

教师可以将屏幕内容或讲话声音传递给全体学生、部分学生或单个学生。实时广播包括屏幕广播和声音广播。屏幕广播不仅在一定程度上发挥了黑板的作用，而且可以插入各种精美图片、音视频动画和图像，丰富了黑板的功能，可提高课堂教学效果；声音广播则使网络教室增添了语音教学功能。

（2）示范功能

可以将指定学生的屏幕、语音及声音广播给全体、部分或个别学生进行示范。

（3）远程控制功能

教师可以根据教学需要，要求学生机远程执行某种命令，达到相应的控制效果，如对学生机进行锁定、解锁或开、关机等。

（4）学习监督功能

教师可以在教师机上观看和检查网络上全体学生、某个小组学生或个别学生的屏幕信息。监督功能不影响被监督者正在进行的操作，也不会被察觉。

（5）分组讨论功能

教师可任意指定每2~16人为一组，将全体学生分为多组进行分组讨论，教师也可加入到任何一组参加讨论。

（6）电子举手功能

学生有问题提出或需要帮助时，可以按功能键进行电子举手。

（7）在线交流功能

网上的任意用户，可以相互交流信息。交流时，在双方的屏幕上将出现交谈的窗口，显示收、发双方的信息。

（8）学籍管理功能

可对学生的姓名、学号、班级、年龄等学籍信息进行管理并显示在屏幕上。

（9）联机考试功能

教师运用此功能时，可以先指定一个正确答案，再通过屏幕或声音将试题发送给学生，学生作答，收卷后计算机立即自动批卷，教师可以很快了解学生对所学知识的掌握情况，从而对教学效果做出正确的评估。

3. 多媒体网络教室的建设

（1）设备配置及构成模式

1）无盘工作站模式。

多媒体网络教室的设备配置可以有多种形式。最简单、最经济的做法是学生机采用无盘工作站。在这种模式下，采用客户 / 服务器方式的各工作站可以共享服务器资源，并由服务器统一管理，工作站之间可以相互通信，并设置一定的使用权限，可以防止学生误删重要软件或信息。由于学生机不单独配置硬盘，所以建设成本低、经济实惠。

在无盘模式下，教师机应采用网络化的多媒体计算机，必须配备网卡、声卡、显卡、视频采集卡等板卡及光驱等设备，以使教师机能运行多媒体教学软件、采集视 / 音频信息，以及对网络中的学生进行管理与调控等。学生机的配置没有特殊要求，只需配置网卡、键盘、鼠标、显示器等即可。这种构建模式的基本特点如下。

① 教室内的所有学生机依托于网络系统连接，通常采用 Windows 2000 或 Windows XP 平台。

② 所有的学生机可以共享硬盘、打印机、扫描仪及各种应用软件。

③ 可增加一套专门设计的网络教学软件系统，或者硬件教学网络系统设备，共同组成多媒体网络教室。

2）标准模式。

与无盘模式相比，标准的多媒体网络教室在每个学生机上都配置有单独的硬盘、软驱、光驱、声卡、耳麦等部件；在教室内还安装有投影机、视频展示台、录像机、影碟机、多媒体集成控制系统、银幕及音响系统等设备；并在教师机上存放有如辅助备课资源库、学习资源库、资源开发与搜索工具等本地教学资源。

（2）系统的辅助设施建设及注意事项

多媒体网络教室对室内布局、电源及网络布线和辅助设备的安装均有一定要求。一般计算机后面有很多连线，连线一定要隐蔽，使学生不易触及，最好铺设在防静电地板下面。另外，电源布线和网络布线应分开，并加套 PVC 线槽（或线管）以确保绝缘，这样做既美观又安全，还可以有效地防止静电对设备的损坏。多媒体网络教室的设施还有桌椅、静化电源、UPS（不间断电源）、空调、白板、应用软件等。辅助设备安装中特别需要注意电源的负荷问题，要切实保证动力电源的容量（计算机按200~300W/台计算），同时还要注意整个网络教学系统良好接地，以保证网络的正常运行，避免因接地不良或没有接地而导致器件的损坏。

4.多媒体网络教室的应用

利用多媒体网络教室可以有效地完成多种教学任务，其应用形式主要有以下几种。

（1）多媒体教学

在教学过程中，通过文本、声音、动画、图像、图片等符号表达的教学信息，可以激发学生的兴趣，提高教学效率和质量。在网络教室中，可以方便地将各种媒体符号信息集成在一起，开展多媒体课堂教学。甚至可以把其他学校的直播课堂或网上学习资源直接引入课堂，极大地丰富了教学资源，有效地解决了一般教室上课信息单一、静止化的问题。

（2）课件开发

教师开发与制作多媒体教学课件经常遇到两个问题：一是资料缺乏；二是文件较大不易存储、复制和移动。在网络教室可以较好地解决这两个问题。第一，网络教室中的资源库可以为教师提供丰富的教学资源与素材，教师在开发制作多媒体课件时可以随时借鉴或调用；第二，教师可以把自己做好的课件直接存入资源库中以备上课时调用，这样既解决了磁盘装不下、不便于移动的问题，又丰富了教学资源库，为教师之间的交流共享提供了途径；第三，在网络教室里备课还有一个好处是可以实现资源的高度共享。例如，如果学校只买一套光盘，一般只能供一个老师使用，有了网络教室后，就可以将这些资源存入教师机或服务器供多人同时使用。

（3）多种形式、方便的教学活动

网络教室可以为学生学习提供一个更加开放的资源及平台，促进多种形式教学活动的开展，如基于Web环境下的探索式学习、小组协作学习和研究型学习等。

（4）网上练习与测试

教师可以通过网络教室为学生提供课堂练习或进行考试，既可避免打印、发放试卷的麻烦，又可以及时了解学生答题情况，甚至可以当场完成试卷评判，免于收、批试卷，便于把主要精力投入其他教学工作及科研上。

（二）微格教室

微格教学（Microteaching）又称微型教学，是以现代教育理论为基础，利用先进的媒体信息技术，依据反馈原理和教学评价理论，分阶段系统培训教师教学技能的活动。

微格教学的特点用一句话概括就是"训练课题微型化，技能动作规范化，记录过程声像化，观摩评价及时化"。"微"，是微型、片断及小步的意思；"格"取自"格物致知"，是推究、探讨及变革的意思，又可理解为定格或规格。微格教学主要应用于师范院校学生的教学实习和试讲，它将完整的教学过程分解成许多容易掌握的单项教学技能，采用微型课堂的形式进行教学实践。

进行微格教学的一般方法是：由受训者（人数以 10 人为宜）用 10~15 分钟的时间，对某个教学环节，如"组织教学"或"授新课"进行试讲，试讲情况由录像机记录，指导教师和受训者一起观看，共同分析优缺点，然后再作训练，直至掌握正确的教学技能。由于这一训练活动只有很少人参与，而且只训练某一教学技能，因此称为微格教学或微型教学。微格教室是进行微格教学的场所。

1.微格教室的组成及原理

微格教室一般由一个主控室、一个示范室、一个观摩室和若干个微型教室组成。它运用先进的视 / 音频技术，引入科学的管理手段，对教师技能进行培训。它通过安装在教室内的摄像头、云台及拾音器，以及设在中心控制室内的主控计算机和分控计算机，任意观察各摄像点情景，回放场景情况，进行自我评价，并可对现场的摄像头进行各种角度及距离可变的操作，达到观摩课、公开课等各种功能。因设计思想与理念的不同，有的微格教室将示范和观摩室合二为一，统称为示范观摩室或示范室，有的学校用多媒体电教室或演播厅代替。

下面以结构完整的普通微格教室为例说明其组成及原理。

（1）微型教室

一般微型教室装有话筒和摄像机，用来拾取"模拟教师"的声音和教学活动影像。若条件允许，还可配备一台摄像机来拾取"模拟学生"的学习反应情况。室内还配置有电视机，用来播放已记录的教学过程录像，供学生进行分析、评价与讨论等。

多媒体与网络型微型教室除装有一般微型教室设备外，还安装有多媒体组合系统、多媒体计算机局域网或互联网终端等，用来拾取"模拟教师"的声音，以及运用现代教学媒体开展教学活动。

（2）观摩室

观摩室是装有电视机的普通教室。控制室中经视频切换器选择后的视频信号被送到观摩室的电视机上，实时播放教学实习实况，供指导教师现场评述和较多的学生观摩分析。

（3）控制室

控制室内装有电视特技台（视频切换器）、调音台（混音器）、录/放像机、视频分配器、监视器等设备。从每间微型教室来的"模拟教师""模拟学生"教学活动的两路视频信号经电视特技台控制，一路送至录像机进行录像，另一路则可经视频分配器把教学实况信号送到观摩室，供同步评述分析。

（4）示范室

示范室、控制室及各间微型教室一起组成一个双向闭路电视传输系统。在示范室里可以选择收看任意一间微型教室教学训练活动的实况，也可以将示范教室的教学活动实况同步传输到各间微型教室。示范室还可以作为学校闭路电视台的演播室，摄制新闻、艺术、采访、知识竞赛等节目。

2. 微格教室的主要功能

（1）教学功能

1）教学模拟

微格教室可以同时开展一组或多组微格教学活动，也可同时对一个或多个学生进行模拟教学（或其他技能）训练。教师课堂教学基本技能包括课堂组织、提问、导入、讲解、媒体演示、板书、应变、反馈强化、归纳总结等技能，微格教室都应该具备训练这些技能的功能。

2）观摩示范

通过示范室，可以让全班学生集中观摩教师的示范教学。分析典型课例，观看优秀教师课堂教学录像，给受训学生（或教师）提供示范等。

3）反馈与评价

在微格教室中，教师借助摄像监视系统可以实时掌握每一组学生的训练情况，在模拟训练结束后又能及时重播，并将指导意见反馈给学生。此外，微格教学系统环境可以为学生提供多种形成性评价方式：可以是"模拟教师"通过重播自己训练的录像，肯定成绩，发现不足，进行自我纠正与评价；也可以是同组训练的"模拟学生"通过听课、一起观看重播录像，对"模拟教师"的教学情况进行讨论、分析和评价；指导教师也要对"模拟教师"的教学情况进行全面分析、评价并提出改进意见等。很显然，这些评价方式对于帮助师范院校学生提高教学技能是非常有效的。

（2）管理功能

1）实况录像与播放

在控制室内，教师可以对每个微型教室进行教学实况录像，并通过该系统重播录像节目供各微型教室观看。各教室可以播放同一节目，也可根据教学需要，播放不同的节目。

2）教学转播

在控制室可以将任意模拟教学现场转播给示范室、观摩室或其他微型教室，供师生观看。

3）控制

在控制室内，通过操作云台控制器，可以使各个微型教室内的摄像头上下左右移动，并进行调焦、变焦及光圈大小改变等操作。利用矩阵切换器和录像播放系统，可以实现各路视频、音频信号的切换、转播和录像等功能。所有操作控制均在控制台上完成。

4）监视

微格教室具有全方位的监视功能，在控制室内，可通过监视器监视各微型教室的教学活动情况。

5）对讲

在控制室，教师可以与任意微型教室进行对讲，以便学生在遇到问题时，教师能及时提供指导。

3. 微格教室的设计

微格教室的设计应能充分体现系统的先进性、开放性、实用性、易用性等特点。除能满足以上教学功能要求外，在设计过程中还应注意以下两点。

（1）应注意新旧媒体的综合使用

传统媒体发展到今天，虽然数字技术已相当成熟，但是传统媒体仍然没有被取代。这说明传统媒体有其自身的特点和优势。新的媒体，如计算机、网络，也有其自身的特点，主要表现在时空上的优势。它可以实现时空分离、异地同步等功能。因此，在微格教室的设计中应该把新旧媒体综合起来考虑。如在针对中小学准教师的培训上，黑板、投影、幻灯等还是不可或缺的。

（2）应注意教室环境的设计

传统的微格教室存在着式样单一、空间狭窄等不妥之处，这容易使受训人员的心情受到很大影响，从而在很大程度上影响受训人员的受训效果。因此，为了使受训人员在教室中能有一个宽松的环境，微格教室在整体布局上要做到宽敞舒适，在座位的安排上应做到不固定，随时组合，以便交流和营造氛围等。

第三章 基于多媒体教学课件设计的现代教育技术实践探究

第一节 多媒体教学课件的设计与素材讲解

多媒体素材是多媒体课件中常用的各种视觉和听觉材料，用以表达一定教学思想的各种元素，如用于板书的文字和文本，用于说明景物的图形和图像，用于渲染气氛的音响和效果，用于阐述物质运动原理的动画和影像等。多媒体素材通常以文件的形式存放在磁盘或光盘上。

多媒体素材可以概括为视觉、听觉和视听觉三类，根据素材的存放方式和在多媒体教学中的不同作用，又可细分为数字、文字、文本、图形、图像、声音、动画、解说、音响、配乐、视频等。

一、文本素材

文本指的是字母、数字和符号，文本文件除了换行和回车外，不包括任何格式化信息，它是 ASCI Ⅱ 码文件。在多媒体应用软件中，虽然有多种媒体可供使用，但是在有大段的内容需要表达时，文本方式使用最为广泛。尤其是在表达复杂而确切的内容时，人们总是以文字为主，其他方式为辅。另外，与其他媒体相比，文字是最容易处理、占用存储空间最少、最方便利用计算机输入和存储的媒体。文本显示是多媒体教学软件非常重要的一部分。多媒体教学软

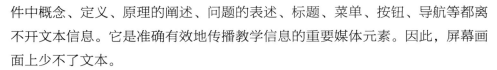

件中概念、定义、原理的阐述、问题的表述、标题、菜单、按钮、导航等都离不开文本信息。它是准确有效地传播教学信息的重要媒体元素。因此，屏幕画面上少不了文本。

1. 文本数据的获取

文本数据的获取与编辑处理相对简单一些，可采用如下方法：

（1）键盘输入。可通过键盘直接输入，一般多媒体工具软件都能提供文本输入的功能。

（2）借助字符识别技术输入。如果要利用印刷品上的文本资料，可先用扫描仪获得"图像"，再用光学字符识别（OCR）软件自动将其转换为 ASCI Ⅱ 字符，获取所需的文本。如果条件具备，还可利用手写识别或语音识别技术，将手写文稿或录音讲稿转换为文本数据。

（3）文件插入。对于由大段文字组成的文本（如课件中的说明文字），可先用字处理软件（如 Word）输入并编辑为相应的文件，然后用集成创作工具把整个文件载入多媒体教学课件中。

与键盘输入相比，可获得快捷、出错率低的版面效果。

2. 文本数据的加工

为了美化文本，可设置字符大小、字体、颜色、位置及分行、分段等信息，使文字更加漂亮。为了进一步美化版本，还可以利用字处理软件或其他软件提供的制作艺术字功能。例如，在 Word 2000 菜单中依次选择"视图——工具栏档右侧菜单中选中艺术字"，屏幕上即弹出一个"艺术字"工具栏。单击该工具栏的"插入艺术字"按钮，即显示一个"艺术字库"对话框。当选定其中的某种式样并且编辑相应的文字后，可显示相应的艺术字效果。

二、图像素材

（一）图像的基本知识

在多媒体 CA1 课件中，静止图像与图形包括照片、绘图、插图等；动态图像包括视频和动画，是连续渐变的静止图像或图形序列，沿时间轴顺次更换显示，构成运动视感的媒体。

静止图像可分为二维图像和三维图像两大类，二维图像包括图形、绘画和照片。图像信息是形状和颜色信息的集合。这些图像信息在计算机中是以矢量图和位图予以表现和存储的。

位图在技术上称为栅格图像，是由像素拼合而成的图像。像素具有特定的位置和颜色值，在处理位图图像时，是针对每个特定位置的像素做颜色的更改，如铅笔工具、橡皮工具就是像素工具，位图放大后的图形有失真现象。常见的位图文件格式有 BMP、GIF、JPEG 等。

矢量图形由矢量的数学对象定义的线条和曲线组成，是根据图像的几何特性描绘图像，相对位图来说文件比较小。矢量图形放大后的图形不失真，图像边缘都十分清晰。常见的矢量图文件格式有 AI、CDI、CDX、DXF 等。

用于静止图像数据制作的软件，统称为图像处理软件。根据静止图像的类别不同，图像软件又可分为用于绘画的绘画软件，用于绘制各种图形的绘图软件，用于对各种照片和图像进行编辑、加工的图像编辑软件及用于 3D 图形制作的 3D 图形软件。

（二）图像素材的采集

初始的静止图像，如图片、照片等可使用扫描仪、数码照相机来采集。

（1）用扫描仪对图片、幻灯片或印刷品进行扫描，可迅速获取全彩色的数字化图像。

（2）数码照相机体积小，携带方便，可脱机拍摄需要的任何照片，然后将结果输入计算机。

（3）摄像机/录像机也常用于完成采集图像数据的工作。对基于模拟信息的摄、录像设备，只要在计算机上配置了视频卡（视频捕捉卡），就能将摄像机或录像带输出的视频影像显示在屏幕上，可从中捕捉任意一幅需要的图像画面。

（4）从存储在 CD-ROM 光盘或者磁盘上的图像库中获取图像。

（5）直接从显示屏或抓图软件获取图像。

（6）对于具有一定绘画水平的用户，可通过图形图像软件自己绘制图形图像。

（三）图像数据的处理

在多媒体教学软件制作的过程中，初始采集的图像一般都比较粗糙，需要用图像处理软件进行加工处理，如消除划痕和污渍，调整色彩与反差，在照片上添加文字或更换照片的背景，对图像进行补色、镶嵌、逆光等各种图像效果的处理。或者将两幅或多幅照片合成一幅，对图像进行修饰、羽化等。

三、声音

（一）声音的基本知识

声音是指在人的听觉范围 20~20000Hz 的机械波。音调、音强和音色称为声音的三要素。

音调又称音高，与声音的频率有关，频率高则声音高，频率低则声音低。音强又称为响度，即声音的大小，取决于声波振幅的大小。而音色则是由混入基音的泛音所决定的，每个基音又都有其固有的频率和不同音强的泛音，从而使每个声音具有特殊的音色效果。

声音通常有语音、音效和音乐三种形式。语音指人们讲话的声音；音效指声音特殊效果，如雨声、铃声、机器声、动物叫声等，它可以是从自然界中录音的，也可以采用特殊方法人工模拟制作；音乐则是一种最常见的声音形式。

（二）声音文件格式和特点

在多媒体教学软件中，语言解说与背景音乐是多媒体教学软件中重要的组成部分。最常见的有 3 类声音，即 WAV 波形声音、MIDI 和 CD 音乐，而在多媒体教学软件中使用最多的是 WAV 波形声音。

WAV 波形声音文件格式是通过对声音采样生成。在软件中存储着经过模数转换后形成的千万个独立的数码组，数码数据表示了声音在不连续的时间点内的瞬时振幅。

MIDI 声音文件格式，MIDI（乐器数字接口）是一个电子音乐设备和计算机的通信标准。MIDI 数据不是声音，而是以数值形式存储的指令。一个 MIDI 文件是一系列带时间特征的指令串。实质上，它是一种音乐行为的记录，当将录制完毕的 MIDI 文件传送到 MIDI 播放设备中去时，才形成声音。MIDI 数据是依赖于设备的，MIDI 音乐文件所产生的声音取决于用于放音的 MIDI 设备。

数字化波形声音（WAV）有可靠的放音质量和潜在的高质量音频，不适合控制乐曲的所有细节。文件数据大，占用处理器较大空间。MIDI 文件数据紧密，占用处理器的空间较小。在一定条件下能产生比数码音频更好的声音。允许控制一首乐曲中最细微的部分，允许不改变音调而改变音阶。在没有控制的环境中，放音质量不可靠。使用起来比数字波形声音难度大，通常需要懂一些音乐知识。

MP3 是以 MPEG Layer3 标准压缩编码的一种音频文件格式。MPEG 编码具有很高的压缩率，通过计算可以知道，1 分钟 CD 音质（44100Hz，16Bit，2Stereo，60Second）的 WAV 文件如果未经压缩需要 10MB 左右的存储空间。MPE GLayer3 的压缩率高达 1：12。以往 1 分钟左右的 CD 音乐经过 MPEG Layer3 格式压缩编码后，可以压缩到 1MB 左右的容量，其音色和音质还可以保持基本完整而不失真。

（三）声音文件的采集

采集声音数据可使用以下几种方法：

（1）直接录音。利用声卡和相关的录音软件，可以直接录制 WAV 音频文件。为了保证录音文件的质量，除应选择高品质的声卡和音箱外，还应选用足够高的采样频率和量化精度。

在 Windows 环境中运行的"声卡 + 录音机（Sound Recorder）程序"就是最常用的录音平台之一。

（2）使用专业录音棚。在专业录音棚内录音，可明显减小环境的噪声，获得相当于 CD 唱盘的高保真音质。但这种方法的成本较高，课件制作一般很少使用。

（3）用音序器软件录制 MIDI 音乐文件。如果在声卡上配有支持 MIDI 的接口，可使用带有 MIDI 输出接口的电子琴或电子合成器等乐器，通过音序器软件来录制 MIDI 音乐文件。这种文件通常用于需要长时间音乐配音的场合。

（4）从数字音频库中选用。像数字图形、图像库一样，从存储在 CD-ROM 光盘或磁盘上数字音频库中选用。

（5）从录音盘、带进行转录。对已经录制在 CD 光盘或录音带上的音频数据，可通过适当的软件（如超级解霸）转录为数字声音文件，然后再加工处理。

（四）声音数据的加工处理

采集的声音数据需要进行编辑加工、增、删等处理，一般是通过声音处理软件。声音处理软件对声音文件具有录制、编辑、播放等功能。在声音数据编辑、加工的过程中，还涉及混声的处理、效果声的处理。如果是多声道，还涉及声道的分配、存储空间的划分等各种处理。

音频处理软件很多，如微软公司的 Sound Recorder、创新公司的 Wave

Studio、Voyetra Tecnologies 公司的 MIDI Orchestrator、Adobe 公司的 Audition 等。一般声音制作工具都能提供音效处理，许多动画和视频制作工具也支持这一特色功能。常见的音效处理方法有在声音文件中添加回声、淡出、淡入或者在左、右音箱中往返放音或交叉放音。例如，声音编辑软件中声音素材制作与处理可以在"左声道"（即仅使用左音箱）、"右声道""从左到右"（从左音箱切换到右音箱）、"从右到左""淡出"（即播放时声音逐渐减小）、"淡入"（即播放时声音逐渐增大）等选项中选择所需的音效。近年来，比较流行的如 Adobe Audition、Gold Wave 等音频素材处理软件。Adobe Audition 原名为 Cool Edit Pro，被 Adobe 公司收购后，改名为 Adobe Audition。以其为例，除支持录制 WAV 文件外，其编辑功能包括波形的剪切、粘贴或混合，声音频率调节（升、降调），强度增、减以及淡出（逐渐增强）、淡入（逐渐减弱）等，并能产生"回声"等乐效处理。

四、动画

与静止的图形图像相比，动画更容易吸引人们的注意。最早的动画是卡通片，网页是动画应用的又一新领域。

（一）动画的基本概念

动画，顾名思义就是动起来的画，主要是利用人眼的暂留特性，通过快速播放某一系列的静止图像，使人得到一种视觉的动态效果。当播放速度达到 30 帧 /s 以上时，人们就无法辨别出一张张的静止图像。由此可见，动画的制作与静止图像的制作具有很大的关系。计算机动画是以计算机生成系列连续的静止图像，并通过对这一系列的静止图像进行连接生成动画的计算机技术。根据动画的基本原理，动画用于展示动态的过程，这一过程是在一系列连续的画面快速放映时呈现出来的。计算机可以生成许多栩栩如生的动画，甚至是一般的摄像技术都无法达到的效果。目前从制作形式上，可以把动画分为二维动画（又叫平面动画）和三维动画。

二维动画是通过静止图像序列连续变化的呈现而形成的动画。二维动画根据生成原理的不同，又可以分为位图动画（即平时所说的 GIF 动画）和矢量动画（比较典型的是 Flash 动画）。

对于一些简单而短小的动画，可采用手工描绘的方式制作。二维动画是基于绘画软件、绘图软件制作的静止图像数据而制作的动画。常见的二维动画文件格式有：FLC、SWF 和 GIF。FLC 是 Flash 源文件存放格式；SWF 是 Flash 动画文件格式；GIF 格式也是常见的二维动画格式。

三维动画把动画扩展到三维空间内，实质是在二维内模拟三维。通常利用三维动画工具制作自然逼真的动画，与二维动画制作不同，制作三维动画时，对象模型的制作较为困难，为了生成所需的动画，其计算量非常大。三维动画制作过程中，可使用透明原理，利用阴影的手法，对呈现的动画进行反复修改，进行放大、缩小等各种处理，以得到满意的效果。三维动画是基于 3D 图形软件制作的动画。

二维动画、三维动画各有所长，制作多媒体教学课件时，应根据教学的实际需要进行选择。

（二）动画制作方式

根据制作方式的不同，常见的动画可分为帧动画和造型动画两大类。帧动画是由一幅幅连续的画面组成的图形或图像序列，它主要模拟传统卡通片的制作方法。而造型动画则是以运动对象为主体，可独立于帧画面而改变自己的位置与形象，动画中可以含有音乐和同步的配音。访问网站时，常见一些造型精美的运动物体在主页中往复漫游，就属于这类动画。无论采用哪一种方式，当使用工具制作动画时，首先都要定义一幅或若干幅关键帧（例如，起始帧和终了帧）。然后在各个关键帧之间，由用户逐帧绘制或工具自动生成"内插"的动画帧。一个小型的造型动画段，只需要很短的时间就可以迅速生成全部的动画帧。

由于动画数据占用的空间大，加上放映时需要较高的计算速度和数据传输速率，对计算机或网络硬件的要求都比较高。所以在制作动画特别是网络动画时，其幅面一般不宜做得太大，只要能达到吸引观众注意力的目的就可以了。

（三）动画制作工具

动画制作工具既大量用于制作动画片和网页，也经常用来制作网络广告与电视屏幕广告。

根据动画的分类，对于平面动画中的 GIF 动画制作软件有：Animation Studio、AXA2D 等。

Autodesk 公司的 Animator Studio（用于二维动画）和 3D Studio Max（用于三维动画），都是知名度很高的动画素材制作工具。而

Macromedia 公司的 Director 则是一种兼具"动画制作"和"系统集成"的多媒体创作工具。它既能集成图像、图形、文本、声音等多种媒体素材，又着重加强了二维动画的制作功能。平面动画中的矢量动画制作软件常用的是 Flash，随着互联网的兴起，Macromedia 公司在推出网页编辑工具 Dream Weaver 之后，又在 1996 年相继推出了用于网页动画制作的交互式矢量动画制作软件，俗称"闪客（Flash）"软件。由于采用了基于矢量的图形系统，占用的存储空间还不到位图的几千分之一，特别适合于网络应用。

三维动画制作软件有很多。在工程方面有 MicroStation、3D Studio Max 等，可建立精确的模型，并使用各自的灯光、渲染等手段，使模型真正运动起来。3D Studio Max 是 Autodesk 公司的拳头产品。在制作三维动画软件中，它的通用性最好，功能最强大，使用范围相当广泛，在课件设计中大都采用 3D Studio Max 进行三维动画制作。另外，在三维动画中还有主要用于人体的 Poser，用于字体的 Cool 3D 等软件。

在教学中，往往需要利用动画来模拟事物的变化过程，说明科学原理，尤其是二维动画，在教学中应用较多。在许多领域中，利用计算机动画来表现事物甚至比电影的效果更好。因此，较完善的多媒体教学软件都应配有动画以加强教学效果。

五、视频

（一）视频基本知识

视频与动画一样，由连续的画面组成，只是画面是自然景物的动态图像。视频一般分为模拟视频和数字视频，电视、录像带是模拟视频信息。当图像以 24 帧 /s 以上的速度播放时，由于人眼的视觉暂留特性，我们看到的就是连续的视频。多媒体素材中的视频指数字化的活动图像。VCD 光盘存储的就是经过量化采样压缩生成的数字视频信息。视频信号采集卡是将模拟视频信号在转换过程中压缩成数字视频，并以文件形式存入计算机硬盘的设备。

将视频采集卡的视音频输入端与视音频信号的输出端（如摄像机、录像机、影碟机等）连接之后，就可以采集捕捉到的视频图像和音频信息。

视频文件是由一组连续播放的数字图像和一段随连续图像同时播放的数字伴音共同组成的多媒体文件。其中的每一幅图像称为一帧，随视频同时播放的数字伴音简称为"伴音"。在计算机上将压缩后的视频文件播放出来，仍然要保持原模拟电视的分辨率、颜色和播放速度，这个过程称为解压缩或视频解码。如果对数字电视进行压缩和对压缩的文件进行解码所需的计算时间相同，这种压缩编码方式称为对称压缩编码；反之称为不对称压缩编码。通常，视频压缩所需时间大于解压缩所需时间，采用的是不对称压缩编码。

由于视频中包含声音信息，因此在对视频进行压缩时，也要对其中的声音信息进行编码和压缩。完整的视频压缩格式，应当包括对视频和伴音的压缩和协调处理。

（二）视频文件格式和特点

常见的视频文件格式有 AVI、VOB、DVD、DAT、VCD、Mpeg、RM 和 MOV 等。

AVI（Audio Video Interleave）是 Microsoft 公司开发的一种伴音与视频交叉记录的视频文件格式。在 AVI 文件中，伴音与视频数据交织存储，播放时可以获得连续的信息。这种视频文件格式灵活，与硬件无关，可以在 PC 机和 Microsoft Windows 环境下使用。VOB、DVD 和 DAT、VCD 是视频文件存储格式。Mpeg 是编码视频文件。RM 实时声音（Real Audio）和实时视频（Real Video）是在计算机网络应用中发展起来的多媒体技术，它可以为使用者提供实时的声音和视频效果。Real 采用的是实时流（Streaming）技术，它把文件分成许多小块，像工厂里的流水线一样下载。用户在采用这种技术的网页上欣赏音乐或视频，可以一边下载一边用 Real 播放器收听或收看，不用等整个文件下载完才收听或收看。Real 格式的多媒体文件又称为实媒体（Real Media）或流格式文件，其扩展名是：.RM、.RA 或 .RAM。在多媒体网页的制作中，已成为一种重要的多媒体文件格式。如果要在网页中使用类似 Real 格式文件那样的"流式播放"技术，不仅要求浏览器的支持，还需要使用支持流式播放的网页服务器。MOV 是 Apple 公司为在 Macintosh 微机上应用视频而推出的文件格式。同时，Apple 公司也推出了为 MOV 视频文件格式应用而设计的 Quick Time 软件。这种软件有在 Macintosh 和 PC 机上使用的两个版本，因此，在多媒体 PC 机上也可以使用 MOV 视频文件格式。Quick Time 软件和 MOV 视频文件格式已经非常成熟，应用范围非常广泛。

（三）视频数据的采集和处理

视频采集途径不像图形、图像有多种方法，主要是从以下两条途径获得。

（1）从 CD-ROM 数字化图形、图像素材库获得。光盘数字化视频素材库虽然不多，但 VCD 电影、卡拉 OK 已经十分普遍，可以从中节选一些作为素材。

（2）通过数字摄像机可以直接获取数字视频图像数据。另外，利用视频卡捕获视频。摄像机、录像机与视频卡相连，可以拍摄现场的视频图像，得到连续的帧图像。采集视频数字信息的一般步骤为：由摄像机、录像机、电视接收机或 ID 激光视盘等传统影像设备获得的模拟信息，首先被送往多媒体计算机的视频卡，然后由视频卡将模拟的视频信息转变为计算机能直接处理的数字信息。视频卡又称视频捕捉卡，通常在视频处理软件的支持下工作。由于视频信息中不仅包含影像信息，而且同时含有多种同步信号，在处理过程中首先要把它们分开，待转换为数字信号后再重新将它们合成，所以视频卡及视频处理软件比声音和声音处理软件更复杂，成本也更高。

采集的视频图像数据，需要进行编辑、加工。例如，从图片库获取的视频图像，或拍摄的视频图像，并非都能用于多媒体教学，还应根据教学要求，对它们进行剪接，选取其中的有用部分，剪掉不必要的部分。有时根据教学要求，还需要将多种情景、多个镜头连在一起，构成一个完整的教学内容，需要对这些情景、镜头进行连接。考虑到特殊呈现效果的需要，往往要对图像进行一些特技处理。为了有效地表现视频图像中的某些内容，还要对图像进行某种说明和注释，需要在图像中叠加一些字幕，所有这些都是通过视频制作工具来完成的。

Microsoft 的 Video for Windows、Adobe 公司的 Premiere、Apple 公司的 Quick Time、Creative 公司的 Video Blaster 及会声会影都是常见的视频制作工具。这些工具一般都包括视频捕获与视频编辑两大功能。

第二节 交互性多媒体课件的制作流程

Flash MX 是 Macromedia 公司推出的网络动画制作工具。在众多网页动画制作软件中，它以其强大的矢量动画制作和灵活的交互功能，成为多媒体网页动画制作软件的主流。

其生成的动画文件格式 SWF 已经成为当前网络动画的标准格式。用该软件制作多媒体 CA1 课件，可以充分表现动静结合的特点，实现动态演示的功能。同时，使用该软件制作的动画课件具有良好的兼容性，能够很方便地被Authorware、PowerPoint 和 Dreamweaver 等工具制作的课件所调用，因此其在课件制作中的使用越来越普遍。

一、Flash MX2004 使用基础

（一）Flash MX2004 *工作窗口的构成*

单击 Windows 的"开始"按钮，在打开的菜单中执行"程序"→"Macromedia"→"Macromedia Flash MX2004"命令，即可打开如图3-1所示的 Flash MX2004 工作窗口。

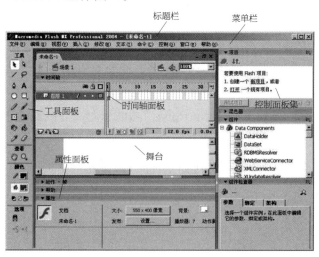

图 3-1 Flash MX2004 工作窗口

下面简要介绍 Flash MX2004 窗口界面元素及功能。

标题栏：和其他 Windows 应用程序相同，Flash MX2004 的标题栏位于工作窗口的最上面，是由控制按钮、窗口标识与窗口按钮三部分组成的。

菜单栏：位于标题栏下方，它包括"文件""编辑""视图""插入""修改""文本""命令""控制""窗口"和"帮助"共十个菜单，涵盖了动画制作、设置和管理等所有命令。

主工具栏：该栏将一些常用的命令以图标按钮的形式组织在一起，以方便用户的快速访问，只需单击"主工具栏"上的按钮，即可执行其所对应的操作。

工具箱：在默认情况下，工具箱位于 Flash MX2004 窗口的左边框处，其中包括十多种工具。利用这些工具，可以绘制、选择和修改图形，给图形填充颜色，或改变舞台的视图。

时间轴面板：时间轴的主要组件是图层、帧和播放头。Flash MX2004 通过图层和帧组织动画中的内容，时间轴用于组织和控制在一定时间内播放的层数和帧数。

舞台：是进行动画创作的区域，它是设置场景、编辑各个帧内容的主要场所。用户可在此区域中输入文字、绘制图形、插入图片或其他媒体文件等，从而创建自己的动画。

属性面板：位于舞台的下方，使用属性面板可以方便地访问舞台或时间轴上当前选项的最常用属性，从而简化文档的创建过程。属性面板的内容取决于当前选定的内容。

控制面板集：由多个控制面板组成，使用控制面板可以帮助用户预览、组织和改变文档中的元素，利用面板中的可用选项可以改变和控制元件、实例、颜色、文字、帧和其他元素的特征。

（二）时间轴的构成与操作

"时间轴"控制面板如图 3-2 所示，它用于管理 Flash 文档中的图层和帧。Flash 由一个或多个层组成，每个层都包含一个显示在舞台中的不同图像，层就像堆叠在一起的多张透明胶片。与电影胶片一样，Flash 文档也将时长分为帧。文档中的层列在时间轴左侧的列中，每个层中包含的帧显示在该层名称右侧的一行中。时间轴顶部的时间轴标题指示帧编号，播放头指示在舞台中当前显示的帧。时间轴状态显示在时间轴的底部，它指示所选的帧编号、当前帧频以及到当前帧为止的运行时间。

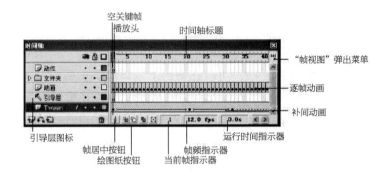

图 3-2　时间轴控制面板

1. 图层操作

当创建了一个新的 Flash 文档之后，它就包含一个层。可以添加更多的层，以便在文档中组织插图、动画和其他元素。

添加图层：添加图层有两种办法，一是单击时间轴底部的"插入图层"按钮，二是执行"插入"—"时间轴"—"图层"命令。

重命名图层：单击时间轴中层的名称，在时间轴中单击要选择的层的一个帧，或者在舞台中选择要选择的层上的一个对象都可以选择一个层。双击层的名称，然后输入新名称，可以为图层重命名。

显示／隐藏图层：单击层名称右侧的"显示／隐藏图层"列，可以在显示和隐藏图层之间转换。当图层处于隐藏状态时，该图层的内容不显示在舞台上。

锁定图层：单击层名称右侧的"锁定"列，可以锁定图层。当图层处于锁定状态时，该图层不能进行编辑操作，再次单击"锁定"列，可以解锁该图层。

复制图层：单击图层名称选择整个层，执行"编辑"—"时间轴"—"复制帧"命令，将相关内容复制到剪贴板中。单击"添加图层"按钮创建一个新层，单击该新层，然后执行"编辑"→"时间轴"→"粘贴制帧"命令，将相关内容复制到新图层中。

删除图层：单击时间轴中的"删除图层"按钮或是右击该图层的名称，在弹出的快捷菜单中选择"删除图层"命令。

2. 帧的处理

每一个图层是由一个或多个帧构成的，帧可以看成是具有一定时长的图层片段，实际操作时分为帧（普通帧）、空白关键帧和关键帧。

关键帧是文档中可以创建和修改舞台内容的帧。新建一个图层时，系统会为该图层添加一个空白关键帧，可以在舞台上为该帧添加相应的内容，该帧自动转换为关键帧。帧用来延续关键帧的内容或扩充关键帧之间的内容。Flash可以在关键帧之间创建补间或自动填充帧，从而生成流畅的动画。使用关键帧不用画出每个帧就可以生成动画，动画的创建变得更容易。

3. 移动播放头

播放头以红色标记，指示了当前显示在舞台中的帧。要定位到时间轴中的某一帧，只需在时间轴中单击该帧，或将播放头拖到该帧即可。要使当前帧显示在时间轴的中心，可以单击时间轴底部的"帧居中"按钮。

（三）场景的使用

在当前界面中，用于放置动画内容的整个区域称为"场景"，它是对影片中各对象进行编辑修改的场所。但最终动画仅显示舞台中的内容，舞台之外的灰色区域则称为"工作区"。

当制作一个比较复杂的动画课件时，可能需要多个场景，对于包含多个场景的 Flash 影片，系统将按照"场景"面板中列表顺序依次播放各场景。各场景中的帧按照播放顺序连续编号。例如，第一个场景的帧编号是 1~20，则第二个场景开始帧的编号将是 21。如果要在每个场景后停止、暂停影片，让用户以非线性的方式播放影片，可以选择动作进行控制。要新建一个场景，可以执行"插入"—"场景"命令，系统默认的场景名称按其建立的顺序，依次为"场景 1""场景 2""场景 3"等。要查看或编辑某场景，可以执行"视图"—"转到"命令，然后选择指定场景。也可以单击时间轴控制面板上方编辑栏右侧的"编辑场景"按钮，然后从弹出的下拉列表中选择所需场景。

执行"窗口"—"设计面板"—"场景"命令，可以显示"场景"控制面板。

通过单击该控制面板下方的各按钮，可以重制、添加和删除场景。要改变场景名称，可以在场景控制面板中双击要更名的场景，并输入新的场景名称。通过在场景控制面板中上、下拖动场景名称，可以改变文档中场景的顺序。

（四）工具箱的使用

执行"窗口"—"工具"命令，可以显示或隐藏 Flash 的工具箱。利用工具箱中的工具，可以绘制、选择和修改图形，给图形填充颜色，或改变舞台的视图等。工具箱中的工具被分成四个部分。

"工具"选区：包含了绘图、填充、选取、变形和擦除工具。

"查看"选区：包含了"缩放"和"手形"工具，用于调整画面显示。

"颜色"选区：用于设置笔触颜色和填充颜色。

"选项"选区：显示了工具属性或与当前工具相关的工具选项。

工具箱的构成及工具的名称如图 3-3 所示。要选择工具箱中的工具，只需单击要选择的工具图标即可。如果选择可见工具后面弹出菜单中的工具，可单击可见工具，然后从弹出的菜单中选择另一工具。

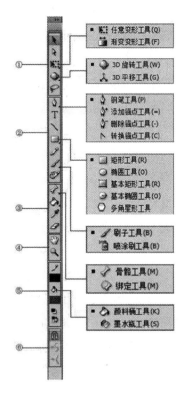

图 3-3　工具箱的构成

选择工具箱，可以创建各种图形、图像和文本对象，这是课件制作过程中必不可少的。

以铅笔绘图为例，可用铅笔绘制一般图形，步骤如下。

（1）选择铅笔工具。

（2）选择"窗口"→"属性"并在"属性"检查器中选择笔触颜色、线条粗细和样式。请参阅选择"属性"检查器中的"笔触颜色"和"填充颜色"控件。

（3）在工具栏的"选项"下选择一种绘画模式。

选择"伸直"可以绘制直线，并将接近三角形、椭圆形、圆形、矩形和正方形的形状转换为这些常见的几何形状。

选择"平滑"可以绘制平滑曲线。

选择"墨水"可以绘制不用修改的手画线条。

（4）用铅笔工具在舞台上拖动进行绘画。按住 Shift 键拖动可将线条限制为垂直或水平方向。

每个工具的具体功能虽然易用，但种类繁多，操作者应在使用过程中仔细体会。

（五）外部文件的导入

Flash 可以识别多种格式的矢量图形和位图图像，可以通过将其导入到当前文档的舞台中或文档库中来选择它们，也可以选择剪贴板将位图粘贴到当前文档的舞台中，所有被直接导入的位图都被自动增加到该文档的库中。可以选择如下方法导入外部图形和图像。

执行"文件"—"导入"—"导入到舞台"命令，直接将外部图形或图像导入到当前文档中。

同时，这些文件将被自动放入到当前文档库中。

执行"文件"—"导入"—"导入到库"命令，直接将外部图形或图像导入到当前文档的库中，然后根据需要随时将其增加到文档中。

（六）元件介绍

元件是 Flash MX2004 中创建的可以重复使用的图形、按钮或影片剪辑，每个元件都可以有自己的时间轴、场景和完整的图层。实例是元件在舞台中的具体应用，利用同一个元件可以创建出若干个不同颜色、大小和功能的实例。

当元件被修改时，场景中的实例也会随之更新。元件不仅可重复使用，操作方便，还可以明显减小文件尺寸。

Flash 中常用的元件有图形、按钮和影片剪辑三种类型。其特点如下。

图形元件：用于制作静态图像，以及附属于主影片时间轴的可重用的动画片段。图形元件在操作上与影片的时间轴同步。

按钮元件：用于创建响应鼠标单击、滑过或其他动作的交互按钮。制作按钮时，须首先定义各种按钮状态对应的图形，然后根据需要为按钮的实例分配动作。

影片剪辑元件：用来制作可重复使用的、独立于主影片时间轴的动画片段。影片剪辑中可以包括交互式控制、声音甚至其他影片剪辑实例。也可以把影片剪辑实例放在按钮元件的时间轴中，创建动画按钮。

Flash 使用"库"面板管理元件：无论何时启动 Flash，系统都会自动创建一个附属于动画文件的永久库。当用户创建新元件时，系统会自动将所创建的元件添加到库中。当使用这些元件时，只需要将它们从"库"面板中拖动到舞台中即可。

（七）动作面板

在 Flash MX2004 中，可以使用动作脚本语言为影片增加交互性，对动画进行更灵活地控制。动作是在播放 SWF 文件时指示 SWF 文件执行某些任务的语句。"动作"面板是动作脚本语言的编辑工具，选择"动作"面板可以创建和编辑对象或帧的动作。例如，可以选择"动作"面板为某一帧增加一个STOP 语句，当影片播放到该帧时会停止播放，如图 3-4 所示。

为按钮添加 ON（release）{Go To And Play（"场景 1"，1）; } 语句，可以控制影片的播放。

图 3-4　动作面板

当选择时间轴上的帧、图层中的按钮或影片剪辑实例时，可以激活"动作"面板。根据所选的内容，"动作"面板标题也会变为"动作按钮""动作影片剪辑""动作帧"等不同形式。

动作脚本为制作作品提供了更强大的支持，它可以控制动画流程，让用户更方便地设计场景之间、帧之间的关系；还可以提供强大的编程功能，使作品功能更加强大和丰富多样。

二、动画的制作

（一）Flash 动画的类型

Flash 动画可分为"逐帧"动画和"补间"动画两类。"补间"动画又分为运动补间和形状补间两种。

"逐帧"动画是制作好每一帧画面，然后生成动画效果。传统的动画都是这样制作的，在"逐帧"动画中，每一帧都是关键帧，Flash 存储每一个完整帧的值。

"补间"动画则是制作好若干关键帧的画面，由 Flash 通过计算生成中间的帧，使画面从一个关键帧渐变到另一个关键帧。

对于运动补间动画来说，在一个时间点定义一个实例、组，或定义文本块的位置、大小、旋转等属性，然后在另一个时间点改变这些属性。Flash 会在两个时间点之间插入帧的值以创建动画。

在形状补间动画中，在一个时间点绘制一个形状，然后在另一个时间点更改该形状或绘制另一个形状。Flash 会在两个时间点之间插入中间形状来创建动画。

通过补间形状，可以创建类似于形变的效果，使一个形状看起来随着时间变成另一个形状。Flash 也可以补间形状的位置、大小和颜色。

补间动画是创建随时间移动或更改动画的一种有效方法，并且最大限度地减小所生成文件的大小。在补间动画中，Flash 只保存在帧之间更改的值。

（二）Flash 动画的创建

以一个简单引导路径动画加以说明。

（1）新建一个空白"Flash 文档"，在默认"图层 1"中用工具箱中的椭圆工具、铅笔工具以及线条工具绘制出图形，利用色彩进行填充形成一只瓢虫形象。

（2）整体选中瓢虫图形，单击 F8 键，使图形转化为"图形"元件，命名为"瓢虫"。

（3）在"图层1"上新建一个引导图层，默认名称为"引导层：图层1"，在其中绘制一条曲线。

（4）在"引导层：图层1"中37帧（自定义帧数）处右击选择"插入帧"，并在"图层1"中对应帧处插入关键帧，把瓢虫图形元件由曲线初始位置移动到终点位置。

（5）在"图层1"中第1帧处单击，此时展开"属性面板"，在"补间"选项中选择"动作"。

（6）此时会发现"图层1"中发生了变化，第1帧与第37帧之间用箭头连上，说明这两帧之间产生了动作补间动画，选择"任意变形工具"调整第1帧和第37帧中的瓢虫元件方向，使动画效果更好。

三、课件制作

在Flash中有多种制作课件的方法，这里我们介绍两种最基本的课件制作方法供读者学习：一是利用Flash自带模板，快捷学习制作课件的方法；二是利用Flash组件制作菜单结构课件控制体。

（一）利用Flash模板创建课件

单击"文件"—"新建"子菜单，会弹出新建文档面板，切换到"模板"选项面板。Flash提供了"幻灯片演示文稿""广告""测验"等8类模板，其中"幻灯片演示文稿""测验""演示文稿"三类模板可作为常用课件模板应用。这里以"幻灯片演示文稿"模板为例，简要介绍制作普通课件的过程。

（1）选择"幻灯片演示文稿"类别中"经典幻灯片演示文稿"模板样式。之所以称之为"幻灯片演示文稿"，是因为其布局、内容填充及展示方式是以"屏幕"为基本元素，即类似于PowerPoint中的幻灯片方式。

（2）下面需要做的是如何把"屏幕"中每屏内容更改为所需要表达的内容。选择左侧的一个"屏幕"，双击其名称可更改为想要的名称。在所需加入幻灯片处右击，在弹出的快捷菜单中选择"插入屏幕"命令，即可插入一屏。

（3）选择一个"屏幕"，在场景中编辑内容元素，更改为需要的效果。

（4）根据需要添加其他"屏幕"，并更改其他页面内容。

（5）上述课件中的导航方式只有底部两个翻页图形按钮，为增强课件整体性，操作者可以自己创建新的导航方式，新建图形按钮作为需要链接内容的跳板，或者直接把需要做链接的文字、图形元素直接转化为按钮元件，并为其添加动作脚本，可把项目图标或项目内容标题作为元件处理。

选择"Flash 基础知识"，单击 F8 键，把其转化为图形元件。选择其同时扩展开"动作"面板，为其输入跳转脚本语句，其中 surveyResults 屏幕用户可自行设计内容及更改屏幕名称，程序中名称相应改掉即可。

（二）Flash 组件制作菜单结构课件控制体

Flash 提供了系列组件供用户使用，组件是带有参数的影片剪辑，这些参数使用户可以修改组件的外观和行为。组件可以提供创建者能想到的多种功能。组件既可以是简单的用户界面控件（如单击按钮或复选框），也可以包含内容（如滚动窗格）；组件还可以是不可视的（如 FocusManager，它用于控制应用程序中接收焦点的对象）。这里，我们用组件面板中的"MenuBar"工具来创建课件中常见的导航控制结构体。

（1）新建一个空白 Flash 文档。依次创建"背景层""菜单层""课件层"和"菜单脚本"四个图层。

（2）导入一个课件图片背景至"背景层"，根据自己需要把活动时间轴延长至若干帧（主要是用来承载不同的课件内容体），这里定义为 7 帧。单击第1 帧处，扩展动作面板，在动作脚本中输入"stop（）；"语句，使影片在播放时于第 1 帧处停止。

（3）从组件面板中把"MenuBar"工具拖动"菜单层"，并把其充满整个屏幕宽度，同样在第 7 帧右击"插入帧"。

（4）在"课件层"中分别从第 2 帧开始创建"空白关键帧"至第 7 帧，每一帧可以承载一个课件内容体的"影片剪辑"。这样，就可以满足下面所要操作的导航控制了。并分别把 2~7 帧的属性面板中的名称改为 2~7。

（5）在菜单脚本中设计菜单生成和控制导航脚本，同样在第 7 帧右击"插入帧"，表示其有效范围。

（6）上述操作完毕后，我们就可创建"PowerPoint"和"Flash"两个有效菜单项，且其各自有三个扩展 2 级菜单，分别对应内容到 2~7 帧中的内容体。

第三节 演示型多媒体课件的制作流程

一、PowerPoint 2003 基础

（一）PowerPoint 软件概述

PowerPoint 2003 是 Microsoft Office 2003 系列软件包中的一个重要组件。它可在 Microsoft Windows 系统下运行，是一个专门用于编制电子文稿和幻灯片的软件。它是一种用来表达观点、演示成果、传达信息的强有力的工具。PowerPoint 首先引入了"演示文稿"，当需要向人们展示一个计划，作一个汇报，或者进行电子教学等工作时，最好的办法就是制作一些带有文字、图表、图像以及动画的幻灯片，用于阐述论点或讲解内容，而利用 PowerPoint 就能够轻松地完成这些工作。在计算机应用基础里我们已经初步学习过 PowerPoint 的相关知识，在这里我们再来学习一些管理幻灯片的技巧。

PowerPoint 提供了多种视图方式，窗口的左下部有一排按钮，分别为普通视图、幻灯片浏览视图、从当前幻灯片开始放映。

1. 普通视图

幻灯片视图每次只能显示一张幻灯片，演示文稿窗口所占的区域较大，能够方便地建立和编辑幻灯片中的对象。

2. 幻灯片浏览视图

在幻灯片浏览视图下，演示文稿以一系列缩小了的幻灯片形式按行依次排列，我们可以同时观看多张幻灯片，单击需要调整的幻灯片，当其具有黑色边框时，即可对其进行调整，按 Delete 键便可将其删除。或者单击幻灯片之间的某处，当出现光标插入点时，即可插入新幻灯片。

3. 从当前幻灯片开始放映

这种视图方式可以将演示文稿从当前窗口显示的幻灯片开始，按照预先设计好的方式进行播放。在放映过程中按下 Esc 键，便可返回到演示文稿窗口。

（二）演示文稿和幻灯片创建

1.创建新演示文稿

在 PowerPoint 中，可以通过多种方法创建新演示文稿。

方法 1：单击常用工具栏中的按钮。

方法 2：选择"文件"菜单中的"新建"选项，在窗口右边出现的如图 3-5 所示"新建演示文稿"对话框中，单击"空演示文稿"，就可以创建一个新的不包含任何内容和格式的空白演示文稿。

方法 3：在图 3-5 所示"新建演示文稿"对话框中，首先单击"根据设计模板"，然后在"应用设计模板"对话框中单击已选择好的模板，就可以创建一个已预先规划好版式、配色方案的演示文稿，只需要填入已设计好的文字和图片即可。

方法 4：在图 3-5 所示的"新建演示文稿"对话框中，单击"根据内容提示向导"，此时出现如图 3-6 所示的"内容提示向导"对话框。根据对话框中的提示操作，就可以建立一个已预先规划好内容呈现方式的新演示文稿。

图 3-5　"新建演示文稿"对话框

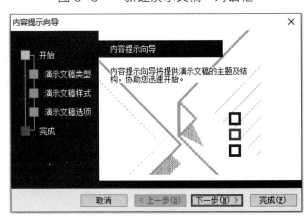

图 3-6　"内容提示向导"对话框

方法5：按Ctrl+N快捷键快速创建新演示文稿。

2.演示文稿和幻灯片的区别

一个演示文稿就是一个文件，而一个演示文稿中可以包含很多幅幻灯片。幻灯片是演示文稿的组成元素，可以在幻灯片中插入文字、图片、音频、视频、动画等各种元素，并可以对文字及内容设置不同的动画形式，还可以设置幻灯片的切换方式，每张幻灯片都可以看作一个单独的部分，放映时在一个单独的屏幕上显示。

3.插入新的幻灯片

可用三种方法插入新幻灯片。

方法1：按Ctrl+M快捷键插入一张新幻灯片。

方法2：单击常用工具栏中的"新幻灯片（N）"按钮。

方法3：选择"插入"菜单下的"新幻灯片"选项。

二、幻灯片版式和设计模板

（一）选择版式

版式是指幻灯片内容的排列方式。版式由占位符（占位符是一种带有虚线或阴影线边缘的框，绝大部分幻灯片版式中都有这种框。在这些框内可以放置标题及正文，或者是图表、表格、图片等对象）组成，而占位符可放置文字（如标题和项目符号列表）和幻灯片内容（如表格、图表、图片、形状和剪贴画）。

选择"格式"菜单下的"幻灯片版式"选项，窗口右边出现"幻灯片版式"对话框，对话框中提供了多种版式，将鼠标指针放置在其中一个版式上，此版式的左下方会出现这种版式的名称，单击选择好的版式，此版式便应用到幻灯片上了。每种版式规定了文本、图片、图表、对象等在幻灯片上的位置和格式，可以根据需要自行调整。

（二）设计模板

幻灯片的设计模板是包含演示文稿样式的文件，包括项目符号和字体的类型和大小、占位符大小和位置、背景设计和填充、配色方案以及幻灯片母版和可选的标题母版。

选择"格式"菜单下的"幻灯片设计"选项，或在"格式"工具栏中单击

"设计（S）"按钮，在窗口右边出现的"幻灯片设计"对话框中单击顶部的"设计模板"。

此时可以在对话框中进行下列操作：

单击所需模板的缩略图，可对所有幻灯片（和幻灯片母版）应用设计模板。

若要将模板应用于单个幻灯片，将鼠标指针指向模板缩略图并单击箭头，在出现的菜单中选择"应用于选定幻灯片"。

若要将模板应用于多个选中的幻灯片，先在窗口左边的"幻灯片"对话框中选择缩略图，然后在"幻灯片设计"对话框中单击模板。

（三）更改演示文稿中的幻灯片方向

在默认情况下，演示文稿中的幻灯片都是横向放置的，可以通过下面的方法将幻灯片设置为纵向版式。

选择"文件"菜单下的"页面设置"选项，在出现的"页面设置"对话框中，在方向栏中选择幻灯片"纵向"，单击"确定"按钮回到演示文稿窗口，可以发现演示文稿中的幻灯片都已变为纵向版式。

（四）修改幻灯片母版

幻灯片母版是存储关于模板信息的设计模板的一个元素，这些模板信息包括字形、占位符大小和位置、背景设计和配色方案。

使用幻灯片母版可以同步更改所有幻灯片的文本和对象。例如，在母版上放入一张图片，那么应用这一母版的所有幻灯片的同一位置，都将显示这张图片。

修改幻灯片的母版，须将视图方式切换到"幻灯片母版"视图中才能进行修改。

修改幻灯片母版的方法如下。

选择"视图"菜单栏下的"母版"选项，在出现的菜单中选择"幻灯片母版"，即可进入幻灯片母版视图，在此视图方式下，可以像更改幻灯片一样更改幻灯片母版。但要记住，母版上的文本只用于样式，实际的文本（如标题和列表）应在普通视图的幻灯片上输入，而页眉和页脚应在"页眉和页脚"对话框中输入。

注意：在更改幻灯片母版之前，对单张幻灯片进行的更改将被保留。

在完成幻灯片母版的设置后，单击如图3-7所示"幻灯片母版视图"工具栏中的"关闭母版视图"即可切换到普通视图，观看所做的设置。

图 3-7　幻灯片母版视图

（五）演示文稿的配色方案

你可以通过调整一个设计模板的配色方案来使其变得与众不同。

配色方案由幻灯片设计中使用的 8 种颜色（用于背景、文本和线条、阴影、标题文本、填充、强调和超链接）组成。演示文稿的配色方案由应用的设计模板确定。设计模板包含默认配色方案以及可选的其他配色方案，这些方案都是为该模板设计的。PowerPoint 中的默认或"空白"演示文稿也包含配色方案。

选择"格式"菜单下的"幻灯片设计"选项，或在"格式"工具栏中单击按钮"设计"，在窗口右边出现的"幻灯片设计"对话框中单击"配色方案"。

使用配色方案的方法和使用设计模板的方式相似，可以将配色方案应用于一个幻灯片、选定幻灯片或所有幻灯片。"应用配色方案"中所显示的配色方案是当前所使用的模板中预先设计好的，也可以修改这些配色方案，使演示文稿与众不同或更适合自己的主题。选中要更改的配色方案，单击"应用配色方案"对话框下方的"编辑配色方案"，如图 3-8 所示，在出现的"配色方案颜色"对话框中修改幻灯片中各个元素的颜色。更改颜色时，可以从颜色选项的整个范围内选择。

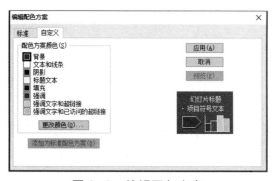

图 3-8　编辑配色方案

修改配色方案后，修改结果会成为一个新方案，它将作为演示文稿文件的一部分，以便以后再应用。

三、文字、图片和公式的插入

(一)输入文字

PowerPoint对普通文字的编辑操作是通过文本框实现的。空白的幻灯片上不能直接输入文字。要输入文字,必须先在幻灯片中加入文本框。

PowerPoint中的文本框主要有3种状态:一般状态、编辑状态和选定状态。在一般状态下时,不能对文字进行编辑操作。单击一般状态下的文字,文字周围出现由斜线组成的带8个点的虚线框,表示进入编辑状态,可以对文字进行修改、设置格式等操作。在编辑状态下再单击文字周围的边框,就进入选定状态,文字周围的边框线会变成较细的网纹,这时可以删除、移动、复制整个文本框以及设定文本框中文字的整体格式。

(二)将自己喜欢的图片设置为幻灯片背景

单调的文稿背景和文字会降低文稿的感染力,为幻灯片加上你喜欢的、生动美丽的图片背景,可以更好地吸引学生的注意力,增强演示的效果。

选择"格式"菜单下的"背景"选项,打开"背景"对话框,在"背景填充"之下,单击图像下面选择栏里的下拉箭头,在弹出的选择菜单中单击"填充效果",如图3-9所示。在出现的"填充效果"对话框中选择"图片"选项卡,单击"浏览图片"查找喜欢的图片,然后单击"插入",最后单击"确定"。

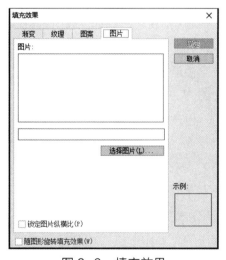

图3-9 填充效果

此时回到"背景"对话框，对话框中"应用"与"全部应用"的区别在于，"应用"只改变当前这张幻灯片的背景，而"全部应用"是改变演示文稿中所有幻灯片的背景，也可以先单击"预览"按钮观看一下效果。

幻灯片要保持整体风格的一致性，不要使用过多或差别太大的背景。

（三）在幻灯片中插入图片

添加和幻灯片主题相关的图形、图片，会更吸引人，也更具有说服力。

单击幻灯片中需要插入图片的位置，然后选择"插入"菜单下的"图片"选项，在出现的菜单中选择"剪贴画"或"来自文件"，按照屏幕提示的步骤进行，便可以在幻灯片中插入图片。

如果要改动插入的图片位置，首先单击它，当图片四周出现 8 个控点，在图片上按住鼠标左键将其拖动到合适的位置。同样，按住鼠标左键拖动控点，可以改变图片的大小。若想删除该图片，按键盘上的 Delete 键即可。

（四）改变幻灯片中剪贴画的颜色

在演示文稿中插入剪贴画后，若觉得颜色搭配不合适，可以点击"图片"工具栏中的图片重新着色按钮进行改动。但这种方法只能将画中所有相同的颜色同时改动。有一种方法可以改变这种情况：选中剪贴画，单击鼠标右键，在出现的菜单中选择"组合"，再单击"取消组合"，这时会出现一个对话框"这是一个输入的对象？"；单击"确定"，会看到一个选定变成多个选定，在选定外空白处单击一下，选中需要改变的那一部分对象（有些可以再分解），单击绘图工具栏中的填充按钮，选择所需颜色。这样，就可以灵活地改变剪贴画颜色了。

（五）为演示文稿添加透明背景

第一步：新建一份空白的 PowerPoint 演示文稿，或打开一份要为其添加背景的已完成的演示文稿。

第二步：如果要为一份空白演示文稿中的所有幻灯片添加背景，首先选择"视图"菜单下的"母版"选项，在弹出的菜单中单击"幻灯片母版"，然后在幻灯片母版上执行下面的步骤。若只是为单张幻灯片添加背景，则只需要选择一张幻灯片，然后执行下面的步骤。

第三步：选择希望用作幻灯片背景的徽标或剪贴画。选择"插入"菜单下的"图片"图像，在弹出的菜单中单击"剪贴画"或"来自文件"选择项作为背景的图片。

第四步：在幻灯片上右键单击选择的图片，在弹出的菜单中选择"设置图片格式"。

第五步：在"图片"选项卡上，单击"颜色"框旁边的向下箭头，选择"冲蚀"，再单击"确定"。

第六步：在徽标或剪贴画仍处于选中状态的情况下，单击鼠标右键，选择"另存为图片"，保存图像。

第七步：从幻灯片中删除原始图像。

第八步：用刚才保存的透明图像来替换该原始图像。选择"格式"菜单下的"背景"选项，在出现的"背景"对话框中，单击"背景填充"下的框中箭头，选择"填充效果"，然后在"图片"选项卡上，单击"选择图片"，选择刚才保存的图片，单击"插入"，然后单击"确定"，再单击"应用"。

此时，透明图像即可作为背景添加到母版幻灯片中，演示文稿中的每张应用此母版的幻灯片上都将显示新背景。如果选择的是单张幻灯片，则背景将添加到所选幻灯片上。

（六）特殊符号的使用

制作幻灯片中，有时需要用到特殊符号，我们可以利用符号栏解决这类问题。例如，新建幻灯片，在幻灯片中输入"春来了，春姑娘的脚步近了……"。

第一步：根据以前学习的方法建立标题幻灯片，输入标题"春"及内容"春来了，春姑娘的脚步近了……"。

第二步：单击菜单中"视图"。

第三步：在下拉菜单中选择"工具栏"命令。

第四步：在"工具栏"菜单中单击选择"符号栏"选项。

第五步：单击两次"…"，即可在幻灯片中输入省略号。

四、声音、视频和动画的插入

（一）给幻灯片添加影片和声音

为了使幻灯片更加活泼、生动，还可以插入影片和声音。选择"插入"菜单下"影片和声音"选项，在弹出的菜单中单击"文件中的声音"。打开"插入声音"对话框，找到想插入的声音文件，单击"确定"按钮。这时，系统提示"是否需要在幻灯片放映时自动播放声音"，单击"是"按钮确认。插入的声音在放映幻灯片时会自动播放，如果想在放映之前先听一下，可以双击一下小喇叭图标试听。

还可以把自己的声音添加到文稿里面。插入的声音可以是 Office 的剪辑库中提供的现成文件，也可以是自己创建的。需要有一个连接好的麦克风，然后选择"插入"菜单下"影片和声音"选项，在弹出的菜单中单击"录制声音"，在弹出的"录音"对话框中录制自己的声音，然后单击"确定"按钮，就可以将自己的声音加入演示文稿。

插入影片和插入声音操作是非常相似的。选择"插入"菜单下"影片和声音"选项，在弹出的菜单中单击"文件中的影片"，打开"插入影片"对话框，选择你想插入的电影文件，单击"确定"按钮。系统提示"是否需要在幻灯片放映时自动播放影片"，单击"是"按钮确认；最后双击播放。要使声音在幻灯片播放时一直连续播放，可以选中已在演示文稿中插入的声音文件，点击鼠标右键，在出现的菜单中选择"编辑声音对象"，在弹出的"声音选项"中选择"循环播放"。

（二）在幻灯片里插入 Flash 动画

在幻灯片里插入 Flash 动画可以有两种方法。

方法 1：利用控件。这种方法是将 Flash 作为一个控件插入到幻灯片中去，该方式的特点是它的窗口大小固定，设定的方框大小就是在放映时动画窗口的大小，容易控制。

首先在幻灯片中单击需要插入动画的位置，然后选择"视图"菜单下的"工具栏"选项。

在弹出的菜单中选择"控件工具箱"，打开"控件工具箱"，单击"其他控件"按钮。在下拉菜单选择"Shockwave Flash Object"，出现"十"字光标，将该光标移动到 PowerPoint 的编辑区域中，画出适合大小的矩形区域，也就是播放动画的区域框。双击矩形区域，出现 VB 界面，点击窗口左边的属性对话框中"自定义"旁边的三点，弹出"属性页"对话框。在"影片URL"中输入 Flash 动画的完整地址（可以是网络地址也可以是本地地址），单击"确定"按钮，即可将 Flash 动画插入幻灯片中。

方法 2：插入对象。采用这种方式，在播放幻灯片时会弹出一个播放窗口，可以根据需要在播放的过程中调整窗口的大小。但是播放完了以后要点击"关闭"按钮来关闭窗口。首先在幻灯片中单击需要插入动画的位置，然后选择"插入"菜单下的"对象"选项。

在弹出"插入对象"对话框中，选择"由文件创建"，单击"浏览"按钮，选择需要插入的 Flash 动画文件，单击"确定"按钮返回。这时，在幻灯片中就出现了一个 Flash 文件的图标，我们可以更改图标的大小或者移动它的位置，然后在这个图标上单击鼠标右键，选择"动作设置"。在弹出的窗口中选择"单击鼠标"或"鼠标移动"，再点击"对象动作"，在下拉菜单中选择"激活内容"，最后单击"确定"按钮，完成插入动画。

五、交互式演示文稿的实现

（一）为演示文稿中的元素设置动画效果

选中需要设置动画的对象，选择"幻灯片放映"菜单下的"自定义动画"，在窗口右边出现的"自定义动画"对话框中，单击"添加效果"，在弹出的下拉列表中，选择要添加的动画效果。

文本框也是图形的一种，可以作为长方形来设置动画。动画效果还可以应用到文本框里的文字，只要选中文字即可。文字的动画效果可以设置成批出现文字的效果，也可以设置为一组一组或一个字一个字飞入的效果。

（二）设置幻灯片的切换效果

为了增强演示文稿的放映效果，可以为每张幻灯片设置切换方式。

首先选中需要设置切换方式的幻灯片。选择"幻灯片放映"菜单下的"幻灯片切换"命令，在窗口右边打开的"幻灯片切换"对话框中选择切换方式，并根据需要设置好"速度""声音""换片方式"等选项。

如果需要将此切换方式应用于整个演示文稿，只需在对话框中，单击"应用于所有幻灯片"按钮即可。

（三）插入超链接

选中需要插入超链接的对象，单击鼠标右键，在弹出的菜单中选择"超链接"，在出现的对话框中继续设置即可。

（四）插入动作按钮

首先选择需要放置动作按钮的幻灯片，选择"幻灯片放映"菜单下的"动作按钮"，在弹出的菜单中选择所需的按钮。出现"十"字光标，将该光标移动到幻灯片的编辑区域中，画出适合大小的矩形区域，也就是动作按钮的区域框。画好之后，在弹出的"动作设置"对话框中进行设置即可。

如果需要同一个按钮出现在演示文稿中的每一张幻灯片的相同位置上，在母版视图下插入动作按钮即可。

六、演示文稿的播放

（一）改变演示文稿中的幻灯片播放顺序

可以在"幻灯片浏览"视图中修改幻灯片的次序，也可以使用自定义放映来决定要播放哪些幻灯片和以什么次序播放。

自定义放映，就是将一个演示文稿中的幻灯片进行不同次序的播放，将不同的播放方式加以命名，然后根据需要，选中其中的自定义放映名进行放映。

进行自定义放映的操作方法如下：

选择"幻灯片放映"菜单下的"自定义放映"选项，在弹出"自定义放映"对话框中单击"新建"按钮。此时弹出"定义自定义放映"对话框，在该对话框的左边列出了演示文稿中所有幻灯片的标题，从中选择要添加到自定义放映的幻灯片（可以用 Shift 键实现连续选择，Ctrl 键实现不连续选择），单击"添加"按钮，这时选定的幻灯片就出现在右边框中。可以通过右侧的上下箭头，调整右边框中的幻灯片顺序。如果右边框中有选错的幻灯片，选中此幻灯片，单击"删除"按钮，就可以从自定义放映中删除，但它仍然在演示文稿中。

幻灯片选取并调整完毕之后，在"幻灯片放映名称"框中输入名称，单击"确定"按钮，回到"自定义放映"对话框，如果要预览自定义放映，单击"放映"按钮；如果要添加或删除自定义放映中的幻灯片，单击"编辑"按钮，重新进入"设置自定义放映"对话框；如果要删除整个自定义放映，可以在"自定义放映"对话框中，选择要删除的自定义名称，然后单击"删除"按钮。

（二）让演示文稿自动播放

选择"幻灯片放映"菜单下的"排练计时"，进入幻灯片计时状态。在屏幕左上角出现一个排练计时器，可以通过"暂停""重复"按钮，设置当前幻灯片放映时间。如果认为时间不合适，可以选择"重复"，以重新为当前幻灯片计时。

在计时状态下，进行排练演示，演示结束，到达幻灯片末尾时，单击"是"

接受排练时间，单击"否"重新开始。

此时再进行放映时，演示文稿便可以根据排练时间进行自动放映。

（三）在放映时可以将屏幕作为黑板使用

在放映状态下，单击鼠标右键，在弹出的快捷菜单里的"指针选项"中，选择"绘图笔"和"绘图笔颜色"，便可用彩色线条将重点部分勾画出来，引起观众注意。要擦除彩色线条可按键盘上的 E 键。

（四）让演示文稿中的音视频在其他计算机上也正常播放

因为音视频对象在插入幻灯片的时候是以链接方式插入的，播放时需要音视频对象对应文件的支持，不能改变演示文稿和音视频文件存放的相对路径。如果不能在其他的电脑上正常播放演示文稿，可能是因为没有把音视频文件和演示文稿一起拷贝到要播放的机器上，或者是因为改变了二者之间的相对路径。怎样解决这个问题呢？可以在制作演示文稿时，将演示文稿和音视频文件存放在同一目录下一起拷贝，就不会出现这种问题了。

（五）在没有安装 PowerPoint 的计算机上播放演示文稿

在编辑好演示文稿之后，选择"文件"菜单下的"打包成 CD"选项，打开"打包成 CD"对话框，单击"复制到文件夹"按钮，在弹出的对话框中选择要存放打包文件的地址以及输入演示文稿的名字之后，单击"确定"按钮。

将已打包好的文件夹拷贝到要运行演示文稿的计算机上，双击文件夹中的 ppview32.exe 文件，再单击要运行的演示文稿即可。

第四章　基于现代远程教育视角下现代教育技术实践探究

随着网络的普及，原来以广播电视为依托的远程教育也转向了网络传递，以开放性和多媒体化为教学特色，充分体现出其巨大的发展潜力和发展前景。目前，世界上已有一百多个国家开展了远程教育，视频公开课、网络开放大学成为教育界热议的话题，这表明现代远程教育无疑已成为国际教育发展的重要趋势。我国早期的远程教育主要是以广播电视为主，包括中央广播电视大学和44所省级电大、690多所市级电大、1600多所县级电大以及13 000多个教学点，共同组成了一个遍及全国城乡的统筹规划、分级办学、分级管理的远程教育系统。远程教育，以突显自主式、交互式、协同式的个性化学习的独特优势，在素质教育的推进过程中起着不可低估的重要作用，成为现代远程教育的主力军和提高国民素质的新亮点。

随着互联网和信息技术的普及发展，远程教育融入了新观念和新理论，人们倾向于选择网络进行学习，向网络索取信息和资源。现代远程教育作为构建终身学习型社会所必需的工具，受到了前所未有的重视，随之出现了MOOC（慕课）、移动学习等新的概念。远程教育者们更加关注远程学习的质量和效果，重视现代远程教育在搭建学习者深造平台、共建终身教育体系、推进信息化社会发展等方面的重要作用。本节主要介绍现代远程教育的概念、特点、发展历程以及发展趋势，并介绍当前流行的MOOC和移动学习。

第一节 远程教育概念及发展

一、现代远程教育的概念

埃德加·富尔说：人类发展的目的在于使人日臻完善；使其人格丰富多彩，表达方式复杂多样；使他作为一个人，作为一个家庭和社会的成员，作为一个公民和生产者、技术发明者和有创造性的理想家，承担各种不同的责任。我们再也不能刻苦地一劳永逸地获取知识了，而需要终身学习如何去建立一个不断演进的知识体系——"学会生存"。通过埃德加·富尔的话，我们可以体会到在当今社会终身学习的必要性和重要性，而要达成终身学习的目标，就需要以现代远程教育作为主要的教学方式。"什么是远程教育"是我们在运用和发展现代远程教育之前要清楚了解的问题。

"远程教育"从术语上讲，源于英文"distance education"。20世纪70年代末，受英国开放大学的影响，远程教育的概念开始引入我国，将其翻译成"远距离教育""遥距教育"和"隔空教育"，后来演变成"远距教育"。20世纪90年代后期，我国出现了"远程教育"作为新型教育形态称谓的趋势。

由于不同人对远程教育的不同理解，加上远程教育本身是一种发展变化的活动，因此不断发展的远程教育使不同时期具有了不同的称谓和含义或相同的名称不同的含义。远程教育从本质上讲是一种教的行为和学的行为的准时空分离的新型教育形式，是指使用电视、互联网等传播媒体的教学模式，它突破了时空的界限，有别于传统需要住校舍安坐于教室的教学模式。远程教育是师生凭借媒体所进行的一种不同于学校面对面教育的教育，是随着科学技术的发展，为了满足那些无法进入学校又想接受教育的人们的需求而产生的教育形式。总之，远程教育概念应包含教师和学生在时空上相对分离，对各种教育技术和媒体资源的开发和应用，由各类院校或组织机构组织实施教育，以及自学为主、助学为辅、通过双向通信实现教与学的行为的联系、交互和整合等四项基本要素。

通过分析上述观点，我们可以看到，早期远程教育其实跟我们所说的函授教育在形式上较为相近。随着科学技术的不断发展，更多的新媒体、新技术被运用在远程教育中，使得远程教育具有更强的时代性，衍生出新的远程教育形式，即现代远程教育。

现代远程教育是利用多媒体技术、网络技术等现代信息技术手段开展起来的新型教育形式，是将信息技术与现代教育思想有机结合的一种新型教育方式。它集面授、电视、网络于一身，融合了图形图像、声音视频等各种要素，通过通信媒体媒介实现师生的异地交互，创造一个师生可以自由交流的虚拟课堂环境，更好地完成远距离、跨时空的课堂教学任务，实现了优质教学资源的共享，从而达到培养人才的目的。在科技高度发达的今天，现代教育已成为人们进行继续教育，提高自身知识水平的新型教育方式，为教育大众化和终身化开辟了广阔的前景。

二、现代远程教育的特征

远程教育区别于传统课堂教育的不同之处是学习者不需要在指定的地点和指定的时间上课，学习者通过不同媒体的帮助完成相应课程的学习。这样的学习方式给予了学习者自由的学习空间，更适合已脱离学校的成人教育，是继续学习的一种主要形式，为终身教育的实现提供了可行性手段。作为一种得到全球认可的教育形式，远程教育所具有的特点应该是十分明显的。当然，对于其特点的分析完全可以见仁见智，也可以从不同的技术或应用层面以及不同的角度和需要来分析。通过特点分析，可以更好地发挥其特点优势，使远程教育真正能实现提高人类教育水平之目的。作为一种新的教育形式，现代远程教育具有如下特征。

（一）学习方式自由灵活和自主性

现代远程教育以多媒体技术和网络技术作为主要手段，借此实现课程的远距离传播，突破了学习时间和空间的限制。学习者不受职业和地域的限制，可以自主选择课程的学习，教师和学生不用面对面也可以进行相互交流。任何人在任何时间都可以根据自己的需要接收教育信息，实现实时和非实时的学习。现代远程教育的这个特点，使教育机构可以根据受教育者的需要和特点开发灵活多样的课程，提供及时优质的培训服务，为终身学习提供支持，有利于学习型社会的形成，具有传统教育不可比拟的优势。

现代远程教育遵从"以人为本"的教育理念，用以学习者为中心的自主学习方式取代了以教师为中心、教材为中心、课堂为中心的传统教育方式，使学习者摆脱多年来在传统教育模式下所形成的对教师的过分依赖，实现由被动学习到主动学习的转变，有利于培养其独立探索精神和开拓创新意识。

（二）学习资源高度共享

现代远程教育的一个重要特点就是可以实现资源共享。现阶段，我国的教育资源相对匮乏，教育资源共享已经成为当前学习的基本要求。现代远程教育利用网络通信媒体为学习者提供了丰富的信息，这些信息放到资源库中可以供不同地域的不同学习者随时学习，做到"一课多用"，降低了教学成本，提高了教育资源的利用率，同时满足了学习者自主学习选择信息的需要。现代远程教育可以实现优秀师资、高质量教学课件和各类媒体资料等教学资源共享，基于 Internet 的远程教育系统平台的部署和实施为提高教育水平和教育资源的优化配置提供了有效的途径。

（三）多维双向性

所谓多维双向性是指基于网络的远程教育在技术上是可以在同一时间里实现多个维度的信息双向交流和传递。正如人们也将 Internet 的 3W 称作"万维网"的概念是一样的。多维双向性的特点反映在远程教育上就是指教与学活动可以在同一时刻里实现"教师与教师、教师与学生、教师与教学资源、学生与学生、学生与学习资源以及资源与资源"等之间的信息相互交流和传递。这一特点不仅可以使某一学科的多名（或理论上的无数名）优秀教师同时在网上传授（包括研讨）同一门专业课程（或专题）成为可能，无数名学生也可以同时共享这些优秀教师的讲授和观点，包括此时此刻学生与教师、学生与学生、学生与资源之间的交流也成为可能。从技术上讲，就是在同一时刻可实现一对一、一对多、多对一、多对多的概念。尽管其他教育形式同样可以实现双向性交流，但通常只能以一对一（或有限的一对多）的形式为主。

远程教育的多维双向性的特点使教与学的交流范围在较高程度上可实现最大化。从某种意义上讲，交流的范围越大，人们获得的信息和知识就会相对地更充分和更全面。虽然计算机网络在技术上已完全具备了信息交流的多维双向性的功能，但在远程教育的实际应用中真正充分发挥和挖掘多维双向性的作用和功能并不是轻而易举之事。就目前而言，我国大多数远程教育的系统和平台，在设计上还没有完全实现上述多维双向性的功能。所以，作为从事远程教育研究和开发的专业人员，首先要了解和意识到多维双向性功能的存在，然后才能在具体研究和开发过程中考虑如何将这一特点充分地结合到远程教育的实际应用中去。

（四）实时性与时空性

远程教育的实时性通常被认为是实时地转播教学的内容，也可简称为教与学活动的"现场直播"。这一特点基本上已得到人们的认可，因为网络技术的性能已完全可以满足实时性的要求。但是，从严格的意义上讲，"现场直播"并非现代远程教育显著的特点之一，因为传统意义上的远程教育（广播、电视等）也完全可以实现"现场直播"的功能。现代远程教育的实时性更重要的特点是体现在"最新教育内容"的"及时"传播方面。这不但是因为计算机网络具备了实时传播的技术条件，而且现代社会要求当今教育应该是将最新的知识（包括科学技术和社会发展的最新信息）及时向全人类传播。知识经济时代新知识和新科技层出不穷，知识更新要求远比人们想象得要快得多。远程教育具有对新知识的实时传播能力，正好符合和满足社会对人们知识不断更新的这一要求。世界发达国家的许多著名大学和学术机构正是充分利用现代远程教育的方式来及时向全世界传播或公布他们的最新研究成果和在不同学科领域的进展。

而在我国，许多著名大学（尤其是已开展网络远程教育的六十多所大学）在这方面是有很大差距的。各个学校在网上开设的课程大同小异，许多教学内容几乎就是将"书本或黑板"搬上网络，而绝大多数课程似乎任何一所普通大学都有能力开设。这从某种意义上已失去了现代远程教育应该体现出来的对新知识实时传播的特点和优势。所以说，现代远程教育的"实时性"不仅应该反映在"现场直播"功能上（这最多只是一种"硬件"的功能和特点），更重要的是应该体现出如何实时地传播"最新的知识和科技发展"（这才是远程教育实时性的真正特点所在，与"现场直播"相对应，它似乎是一种"软"的功能特点）。

与实时性特点相关（或对应）的特点是时空性。一般而言，时空性通常被人们认为是学习者对学习时间和空间选择的任意性。毫无疑问，时空性给学习者带来的益处是明显和重要的。这不仅为学习者自由选择学习的时间和地点提供了可能，更重要的是使学习更加适合学习者的个性化（原有基础、兴趣爱好、内容选择、时间长度安排、学习进度控制等）。时空性特点对教学者（教师）同样起着很重要的作用，教学者对教学时间和空间的选择同样需要更多的任意性。实时性和时空性特点的结合为人们在最早时间将最新的成果传播和共享提供了可能。开展远程教育的院校只有在充分发挥出实时性和时空性的真正优势时，教育和学习才能实现"及时、最新、符合个性、学习自主、学有所用、提高效率"等目标。

（五）交互性

人们将交互性视为现代远程教育与传统远程教育的主要差别之一。从严格意义上说，交互性是一种互动性（相互、主动、交流），简单说是指双方（主要是指教师与学生、学生与学生、学生与学习资源）进行的一种主动交流。交流得越主动，个人获得的收获可能就越大。所以，学习上的"交互性"不仅发生于"双方"，更重要的是要体现"主动"。远程教育的特点之一正是为这种主动的交互或互动提供了最大的可能性。这种可能性是指"学生主动交互"的可能性。从另外一个角度讲，学生主动交互也表示为学习者在学习过程中所具有的控制程度。目前，远程教育系统提供了丰富的交互手段，如 E-mail、电子白板、留言板、聊天室、论坛、可视电话、视频会议等，这些交互手段可以使教师和学习者、学习者和学习者之间进行充分地交流，学习者既可以向教师答疑解惑，也可以同其他学习者交流探讨，实现探究式、发现式学习，从而达到共同提高。

虽然传统的课堂是教师与学生同在一个空间，为面对面的交互提供了可能，但实际上"当教学在一个大教室中进行时根本无法进行师生交流"。道理很简单，一个教师是无法同时与众多学生进行交流的。即使有交流，也是非常有限，而学生往往是一种被动地回答提问。此外，从心理学角度讲，学生面对面地与教师交流往往会存在一定程度上的心理障碍，不仅会担心提问或回答有误，也会担心自己在众多同学面前出丑。这种心理上的障碍造成的实际结果是虽然课堂在"物理上"没有距离，但学习者"心理上"是有实际距离的。远程教育可以使学习者的"心理距离"变近。正是心理距离的变近，学习者的学习才能更为自主和主动，与他人之间的主动交互也才能成为可能。尽管远程教育具备了交互性的特点功能（异步或同步方式），但真正意义上的学生主动交互是不会自动发生的。尤其是目前多数的"书本或黑板搬家"式的远程教育课程，不仅无法引发学习者主动交互的动机，甚至使学习者的学习兴趣荡然无存。所以，为了真正发挥出远程教育交互性（学生主动交互）的特点，开展远程教育的院校不仅要进一步更新教育理念，更要从课程结构形式和内容安排上（包括如何体现本校的学科特色和教学内容的最新性等）下功夫。

（六）可控性

远程教育的可控性特点往往会被人们忽略，这是因为传统的远程教育由于"距离""单向传播"等原因使人们通常认为远程教育是不可控的。实际上，远程教育与其他形式的教育一样，都必须对教与学的过程和质量给予必要的控制和监控。基于网络的远程教育具备了"双向、实时和时空、交互"的特点，这为可控性的实现奠定了技术基础。

三、远程教育的发展历程与发展趋势

在当今的国际背景下，世界经济、技术的国际化对教育的国际化产生了巨大的推动作用。技术手段的不断发展，使教育国际化成为可能，教育范围的不断扩展也给教育带来了更为强大的生命力。借此契机，以教育技术手段为主要依托的现代远程教育也在教育国际化的发展中显示出其深远的影响力和极具生命力的发展趋势。

（一）现代远程教育的产生背景

1.现代远程教育产生的时代背景

随着收音机、电视机尤其是计算机的发明和普遍应用，人类的教育形式发生了巨大的改变。通过利用各种传播媒体，人们在家里就可以学到学校课堂教育的内容，这样的学习和教育方式打破了地域的壁垒，催生了一种新的教育形式即远程教育。尤其在互联网得到广泛应用后，多媒体技术和网络通信技术的综合运用，使现代远程教育的优势得到淋漓尽致的发挥，可以说教育正经历着一场轰轰烈烈的巨大变革。

2.现代远程教育产生的技术背景

进入 20 世纪 80 年代后，人类的知识总量在以指数级数的速度急剧增长，知识更新的周期也在迅速缩短。人们在学校里学到的知识已远不能满足要求，必须继续不断地深入学习才能获得更大的发展机会。因此，怎样利用技术手段拓展教育的范围、延续教育的生命力已然成为整个社会都在思考的问题。

在以知识经济为代表的信息化社会，人们将更多的技术手段应用到教育教学的过程中。例如，目前的网络技术已为教育资源的自治与共享（如通过HTTP 和 HTML）、学习活动的合作（如通过各种通信工具）提供了基本的技术条件。

除了上述提及的多媒体和网络技术，卫星数字通信技术的发展和运用同样推进了教育形式的变化。卫星数字通信以其时空自由、资源共享、系统开放、便于协作等优点成为支持现代远程教育传播的新型技术手段。

（二）现代远程教育的发展历程

远程教育的发生和发展始终都与信息技术、教育技术的发展紧密联系在一起，并形成一系列历史发展阶段。追溯远程教育研究发展的起源，我们可以将目光放到英国的开放大学。20 世纪七八十年代，远程教育在许多国家的教育系统中已经作为教育的独立组成部分脱颖而出，成为一个相对独立的系统。迄今为止，我国远程教育经历了函授教育、广播电视教育以及以多媒体、网络技术为核心的现代远程教育三个发展阶段。

第一代远程教育：函授教育。远程教育发源于 19 世纪中叶的英国。当时，由于产业革命促进了社会经济的迅速发展，英国原有的高等教育不能适应形势的需求，1849 年伦敦大学首创校外学位制度，促进了函授教育的发展。

在我国，早期函授教育是随着近代中国印刷业和邮政业的发展产生的。1953 年，中国人民大学和东北师范大学开始举办函授教育，此后逐渐扩大到理、工、农、医各类高等学校，在 20 世纪 70 年代后期曾经达到高潮。函授教育是以印刷课程材料为学习资源，以邮政传递书写作业和批改评价为主要手段的教育，主要代表是独立设置的函授学校和传统大学开展的函授教育、校外教育。

第二代远程教育：广播电视教育。进入 20 世纪以来，随着视听技术的广泛应用，视听教育在成人教育和学校教育中迅速发展起来，并导致远程教育从单一的函授教学形态向多种媒体教学的形态转化。广播电视教育所依赖的媒体即广播和电视，利用微波技术、卫星技术、录音、录像等技术进行教育和教学。1969 年，英国开放大学的建立标志着世界上第一所第二代远程教育大学的诞生。进入 70 年代以来，在英国开放大学创新精神的鼓舞下，一批自治的多种媒体教学的开放远程大学在西欧、北美、亚洲、中南美洲、中东等地兴起，成为 20 世纪后期世界远程教育发展的主流。同时，独立的函授院校以及传统大学举办的函授部在新的历史条件下有了新的发展，包括开始采用新的教育技术和视听媒体作为辅助教学手段。

20 世纪 80 年代第二代远程教育在我国兴起。它是在邮政通信和印刷技术基础上，利用广播电视、录音、录像、电话、电传等多种大众传播媒体开展的远程教育，其主要形式是广播电视教育。我国的这一远程教育方式和中央电视大学在世界上享有盛名。这一时期远程教育技术主要用于从老师到学生的信息传递，远程教育技术（如打印机、收音机和电视）的特征是单向传输。这种传递模式没能起到学生之间沟通的作用，仅实现了师生之间有限的交流。这种传输技术还受到时间的限制。20 世纪 80 年代中期，远程教育开始使用个人计算机技术，不久，又出现了双向视频会议系统。

第三代远程教育：现代远程教育。现代远程教育起源于 20 世纪 80 年代的继续教育，是通信技术发展的产物。1988 年在挪威首都奥斯陆召开的世界教育会议将远程教育研究问题设为会议主题，之后随着技术的不断进步和人们对远程教育认识的加深，现代远程教育的范围从高等教育逐步扩展到了中小学教育领域和企业的职工教育，从学历教育拓展到非学历教育培训和社区教育，与终身教育体系紧密相连。

现代远程教育集面授、电视、网络教育的优势于一身，融文本、图片、音频、视频为一体，在不同的时间和空间下，创造一个师生可以交流的虚拟课堂环境，从而实现在远距离中推行教学计划、实施教学环节，达到"传道、授业、解惑"的目的。

1998 年，我国首次批准清华大学、湖南大学、浙江大学、北京邮电大学 4 所高校开展现代远程教育试点工作。1999 年，教育部在《面向 21 世纪教育振兴行动计划》中提出实施"现代远程教育工程"的计划，到目前为止现代远程教育已覆盖全国 31 个省市、自治区和直辖市，试点高校已增至 68 所，学生注册人数已增至数百万人。随着"现代远程教育工程"的实施，国家对现代远程教育不断投入，现已初步建成计算机和卫星网络相结合并覆盖全国城乡的现代远程教育网，标志着网络学习环境逐步走向成熟。

第三代远程教育技术同以前相比，教员可以传送大量更加复杂的信息给学生，使学生之间、师生之间可以通过电子邮件、聊天室和电子公告牌进行交流。计算机辅助教学，计算机模拟以及其他通过计算机磁盘、光盘和因特网等途径的电子资源，进一步体现出这一代远程教育的特征。

（三）现代远程教育的发展趋势

伴随着社会的不断进步，新技术对教育的影响越来越深刻，知识经济时代人们对教育的要求也变得越来越严苛，现代远程教育作为一种利用信息技术发展教育的新型教育方式，其发展趋势备受人们的关注。

1. 从学历教育向构建终身学习体系转化

现代远程教育发展初期的重点是高等教育的学历教育，主要是为那些错过接受高等教育的学习者提供学习和提高的机会。而产生这一现象的根本原因是社会对于高等教育、高学历人才的巨大需求。随着社会需求的不断变化，现代远程教育在学历教育方面也开始向着多层次化发展，从本科教育发展到硕士、专升本、专科等不同层次的学历教育。远程学历教育的成功促使现代远程教育向着远程非学历教育方向不断扩展，同时现代远程教育的研究视野逐步从对远程教育的单纯研究扩展到构建终身教育体系领域的研究。

可以说，现代远程教育已逐步从教育的边缘模式发展为教育的主流模式，互联网时代的现代远程教育已不再作为一种替补式的教育形式存在，而是服务大众的终身教育需求，为人们提供更多、更自由的学习机会，向着构建终身教育体系方向转化。

2. 技术应用向实用化、智能化方向发展

现代远程教育是建立在现代教育技术平台之上并以高新技术为支撑的新型教育模式，其离不开信息技术的支持。每一次信息技术的重大突破都能推动现代远程教育上一个新的台阶，因此现代远程教育的发展必须持续跟踪信息技术发展的前沿。

但是，在技术运用时我们应当意识到并不是越新的技术越好，应注意学习者的感受和意见，学习者在选择媒体时是自由的，不同的学习者会选择不同的媒体。因此，在开发远程教育系统时要注意不偏废常规媒体，重视多种媒体的综合应用。智能化要求重视知识媒体的研究、开发与应用，将其有效地整合到现代远程教育资源的建设与教学应用中，组织引导学习者学会应用知识媒体促进自己的学习。如何利用技术手段满足远程教学的实际需求，帮助其完善教学组织的管理使其能更适应学习者的要求，从而达到提高教学质量的目的，已成为现代远程教育研究的一个重要方向。

3. 个性化学习与协作式学习的平衡发展

现代远程教育区别于传统教育的一个主要特点，就是学习者在媒体和网络环境的支持下可以根据自身的实际情况自行选择课程进行学习，个性化特点突出。学习者对于原有知识的掌握程度只有自己最清楚，因此能够很好地把握课程的进度，可以实行很好的自我调控，从而提高学习的效率和效果。但是，个性化学习并不意味着"与世隔绝"的独立学习，学习者要在消化课程内容的同时通过网络与处在不同空间的学习者或教师进行交流，结成协作学习伙伴，相互探讨，发展批判性和创造性的思维。

这种师生间、生生间、教与学过程间的"准分离"状态决定了现代远程教育在学习的过程中有着多元化趋同的趋势，即我们常说的"求同存异"，使用这种分离状态的个性化学习和在此基础上形成的协作式学习正应人们的需求脱颖而出。

4. 全球化趋势明显增强

当下，现代远程教育已形成了全球化趋势。在这一趋势下，现代远程教育的院校合作和国际竞争在不断地加强。远程教育最根本的特点就是实现空间上的远距离教育，这为远程教育的全球化奠定了坚实的基础。随着世界各国联系的加深和全球知识经济一体化的发展，现代远程教育系统的全球化发展越来越蓬勃。

第二节　现代远程教育系统结构及设计

远程教育利用计算机网络技术的支持打破了时间和空间的限制，实现了资源共享，具有开放、轻松学习等特点，使计算机网络的所有用户可以访问远程系统，并通过教育资源，实现学习成果。目前，已经开发了许多计算机远程教育系统。然而，由于计算机技术、认知科学和教育事业的发展的制约，当前实现远程教育的技术远远落后于教育理论的发展。近年来，许多著名学者和专家对远程教育系统设计的理论进行了深入研究，认为远程教育系统的设计，是指在对社会环境、市场、教育需求、学生、课程和资源等状况进行调查和分析研究的基础上做出决策,决定采用哪种类型的远程教育系统。

一、远程教育系统的结构

任何系统的构成都是由若干相互联系、相互作用的要素和子系统所构成的,现代远程教育系统也不例外,下面我们对现代远程教育系统的主要构成加以分析。

(一)教学系统

现代远程教育系统最基本的系统构成是教学系统。教学系统包括教师授课系统和教学资源库系统。

1. 教师授课系统

传统的课堂教学是教师和学生共处同一空间,由教师根据事先准备好的课程设计和流程进行教学,学生根据教师的讲授进行线性学习,教师占主导地位。而现代远程教育系统则是教师利用各种教学辅助设备完成课程教学,然后通过视频、音频录制等辅助设备将教师的课堂讲授记录下来,存储在现代远程教育系统的资源库中,供学生自行获取。教师授课系统是现代远程教育系统的一个主要组成部分,但教师并不占主导地位。教师授课常用到的视频、音频录制设备有录像机、视音频编辑器,教学辅助设备有电子白板、文件放映机、大屏幕投影、计算机、录放音设备等。

2. 教学资源库系统

教学资源库系统是以计算机服务器为主要载体用以存储教师的授课内容、多媒体 CAI 课件、网络教学软件、VCD(DVD)教材等素材,从而达到集中教学资源的目的。现代远程教育系统通过运用网络技术,建立一个分布式、海量的教育资源库,为远程教育的用户提供一个高效数据共享、有效管理的虚拟教学信息空间。资源库主要提供教学资源存储服务、资源检索查询服务和资源调用服务。

现代远程教育资源库的建设对硬件环境的依赖程度较高,针对不同的远程教育方式,所使用的资源载体也不一样,致使资源制作的形式表现出多样化的特征。为了保证优质教学资源在更大范围内更好地共享,要求在资源库建设过程中采取较高质量的设备和较为先进的技术。

（二）通信系统

现代远程教育实现的关键系统是通信系统。只有依靠通信系统的信号传输，才能实现教育的远程化传播。

在现代远程教育系统中，通信系统的主要任务是高速度、高质量、准确、可靠地传递和交换各种形式的教学信息，简单地说就是起连接作用。通过通信系统的连接，教学组织可以完成教学系统中教学内容的传达，学生可以接收教学内容，完成课程的学习。

通信系统的主要技术有广播电视传播技术、互联网技术、卫星通信技术、光纤通信技术等。其中，互联网技术的普遍应用是信息技术在现代远程教育系统中应用的重要体现。

现代远程教育系统利用先进的传播媒介和通信技术，突破了传统教学模式的单向、局部传播的限制，从以教师为中心的灌输式教育转向以学习者为中心的主动选择式学习，充分发挥了学习者的主观能动性，提高了教学效果。

（三）交互（反馈）系统

交互（反馈）系统是提升现代远程教育系统教学效果的重要工具。在一个完整的教育过程中，提高教学、学习效果的重要环节就是反馈，通过反馈教师能了解学生对知识的掌握情况，学生通过教师的反馈知道自己的欠缺之处。在开放的教育系统中，正反馈和负反馈都有助于系统的不断完善。师生通过相互的交流和反馈不断完善自己的教学和学习行为，及时纠正偏差，以提高教学效果。

在现代远程教育系统中，常见的交互是通过智能答疑、网上聊天室、BBS、E-mail、语音交流等具体形式完成的。

（四）学习系统

学习系统是现代远程教育的重要组成部分，主要是指现代远程教育的接收端。很多人在谈到现代远程教育系统时常忽略了学习者，学习者是整个现代远程教育系统转化过程中的最活跃因素，如果没有学习者，现代远程教育系统的建设就变得没有任何意义。学习系统主要包括接收课程信息的设备和学习者。常用的接收设备有计算机、电视机等，学习者根据需要自行选择接收设备进行学习。

二、远程教育系统的设计

远程教育系统是一个进行教育资源综合管理的平台，能够支持教师和学生在网上交流，是实现网上教学开放、互动的平台。远程教育系统采用统一的身份认证和授权管理，学生、教师和管理人员使用统一的接口进行系统登录，以便确定用户的访问权限和用户界面，给访问的学生、教师和系统管理员提供个性化的服务。该系统以学生作为主要使用对象，以教师作为主导教学方式，在网络环境下进行教学活动，建立自学和互动协作学习相结合的教学体系。

（一）远程教育系统的需求分析

1. 功能分析

学校老师的功能：能够很容易地从事教学，进行课程安排的生成和发布，上传课件，对学生提出的疑问进行回复（实时和非实时），查询学生的基本信息，实时和非实时地了解学生动态，撰写和发表论文，登记和考勤，对学生工作提出的观点进行回答，登记分数，制作课件，公布作业答案和成绩考评。

学生的功能：登记，查看信息。参加网络远程教学的学生，在学习中能够实现在线直接交流或者通过论坛进行讨论，在线提交自己的课程论文和作业，方便地下载课程相关的资源。

管理员的功能：系统的管理员对于新注册用户进行审核处理，实现教师和学生账号的内容管理，方便从事教学的老师进行课程设置等。

2. 性能需求

远程教育系统是以网络为依托的，能够便捷地实现教学管理和在线业务，使教师和学生完成正常教学和学习。其中，远程教育系统的可扩展性、可靠性以及易用性作为最重要的几个因素需要重点进行考虑。

可扩展性：所谓可扩展性就是指系统能够满足功能的可持续增长，可以适应用户的需求和复杂的系统动力学模型的网络业务需求。提高网络教学系统的功能是一个循序渐进的过程，需要与管理、技术开发和不断改进、用户的要求以及教学相适应。因此，可扩展性尤为重要。

可靠性：可靠性是指系统能否完成规定功能的能力。一般故障率高的系统，就认为其可靠性低。系统的设计必须与硬件和软件支持环境相协调，以确保操作时系统的可靠性。

易用性：易用性是指系统对用户友好，用户使用简单，操作方便。

（二）远程教育系统的设计原则

1. 整体性原则

远程教育是一个系统，系统的最大特点在于整体的功能大于各部分之和，研究或设计任何系统首先要从整体出发。要使网络教育管理系统能够很好地发挥作用，就不能只是将教育环节的各个过程要素简单集合，而必须围绕质量目标进行统筹规划，以全局观念来协调各要素之间的关系，使系统从整体上达到最优，这样才能起到质量控制的作用；反之，如果各要素互不协调，就会作用力与反作用力抵消，使系统的整体功能小于各部分功能之和。因此，远程教育机构要在系统运作中追求整体最优而不是局部最优。

2. 发展性原则

网络教育系统是一个高度开放的系统，它与外界环境不断地交换资源、技术等要素。系统要素间的联系随着时间的不断变化，经过有效地组织、管理、协调达到平衡状态，但随着系统的运动变化，又会出现新的不平衡。一个设计完善的系统应该能够促进远程教育机构的可持续发展，其持续的改进要根据情况的变化和学生的需求及时调整目标和策略，从而实现更高的质量标准和学生满意度，这是建立质量保证机制的关键和要求。

3. 全员参与原则

网络教育的质量与网络教育系统中所涉及的每个人都有关系，要提高质量，离不开教师、学生、技术人员以及管理人员等各个角色的参与。因此，需要网络教育机构中所有部门各层次人员都参与到质量控制中来，并在远程教育质量标准和质量管理上达成共识。只有当教育质量观深入人心，每个人都具有强烈的质量意识并积极参与各项质量管理活动，才能保证网络教育的最终质量。

三、现代远程教育系统关键技术探究

与传统教育相比，现代远程教育是一种全新的教育模式，它可以突破时间和空间的限制，帮助人们随时随地学习，让更多的学习者共享优质教育资源。现代远程教育的开放性、交互性、自主性等特点和异步性、实时性、大容量等优势的彰显完全依托于现代教育技术手段的应用。

（一）数据库技术

数据库技术是现代远程教育系统的一个核心技术，是通过计算机辅助管理数据的方法实现数据的组织和存储，高效获取和处理数据。在现代远程教育系统中应用得较多的是关系数据库和多媒体数据库。

关系数据库是建立在关系数据库模型基础上的数据库，借助于集合代数等概念和方法来处理数据库中的数据。在现代远程教育系统中，关系数据库主要用于对学习者、教学活动的管理工作，如学生的报名、课程安排、教师和学生的管理、课程查询、身份认证等。

多媒体数据库是数据库技术与多媒体技术结合的产物。多媒体数据库从多媒体数据与信息本身的特性出发，充分考虑多媒体数据的存储、组织、使用和管理，实现多媒体数据之间的交叉调用和融合，同时实现多媒体数据与人之间的交互。多媒体数据库主要用于多媒体教学资源的管理，如包含有文本、图像、声音、动画、视频等信息的管理，便于教师查找素材，方便学习者选择多媒体教学资源进行自主学习。

Web 服务属于一种新的 Web 应用程序，它是自包含、自描述和模块化的应用程序并且可以通过 Web 来发布、定位和调用。Web 服务主要是由 IT 公司，如 IBM、Microsoft、HP 及 SUN 等，在 Internet 上定义或规范的一个开放的、面向 Web 应用的标准。虽然如此，但数据集成作为整个企业应用集成的底层，不仅可以对业务流程的集成做出有力的支持，而且对于新型应用快速有效地加入整个集成平台中，形成新的整体应用有很大帮助。Web 服务技术是利用现有的网络技术基础，通过新的协议和标准构成的发展。Web 服务相关的协议和标准主要包括 SOAP、WSDL、UDDI 等。

（二）现代通信技术

区别于过去的以广播电视为主要传播手段的远程教育，现代远程教育使用的是双向交互式通信媒体，是建立在网络技术、多媒体技术、双向电子通信技术的基础上的，是以交互性、网络化、实时性、综合性和适应性为基本特征的。其传播方式主要基于当今世界三大通信网络，即计算机网络、卫星通信网络和电信网络。

（三）计算机网络技术

计算机网络技术是通信技术与计算机技术相结合的产物。计算机网络是用物理链路将各个孤立的工作站按照一定的网络协议连接在一起，组成数据链路，从而达到通信和资源共享的目的。

基于计算机网络的远程教学的实现方法是教师或教育组织将教学内容以超文本的方式进行组织，然后将其存储在网络服务器上，通过网络传输，学生下载到学习端的计算机上，浏览教学信息，达到学习的目的。

常见的数据高速传输网络方式有光纤分布式数据接口（FDDI）网、异步传输模式（ATM）网、交换式以太网和高速以太网。

（四）卫星通信技术

卫星通信技术是一种利用人造地球卫星作为中继站来转发无线电波而进行的两个或多个地球站之间的通信的技术手段。卫星通信系统由通信卫星和经该卫星连通的地球站两部分组成。静止通信卫星，也称同步卫星，是目前全球卫星通信系统中最常用的星体，这种通信卫星被发射到赤道上空 35 860 千米的高度上，其运转方向与地球自转方向一致，运转周期正好等于地球的自转周期（24 小时），从而与地球始终保持同步运行状态。

（五）电信网络技术

电信网络是电信系统的公共设施，电信网络是由各种通信设备构成的使各级通信点相互连接的通信系统，它能够为两个或两个以上指定的点提供链接，以便在各点之间建立电信业务。利用电信网络，可以实现点对点传播的要求，电信网络也是现代远程教育系统信息传播的一大重要途径。

目前，随着技术的不断发展和人们需求的不断提高，三网融合已成为通信领域的发展趋势。

第三节　现代远程教育类型及教学实践

一、基于互联网的远程教育

利用互联网不受时间和空间的限制，学习者可以很方便地共享全世界各地的教育信息和有关的学习资料，也可以将本地的教育信息和资料上传，供其他人学习和讨论。互联网给学习者提供了主动参与操作的机会，提供了自主式、协同式和交互式的学习方式，使学习者能主动发现知识、探索知识，从而掌握知识。因此，互联网给远程教育提供了一个很好的条件。

基于互联网的远程教育模式主要有以下几种。

（一）讲授式教学模式

基于互联网的讲授型远程教学模式是传统讲授教学模式在时间和空间上的延伸，是以单向传输为主的教学形式。它的最大特点是冲出课堂，走向社会，可以向更广的区域、更多的人传授知识。和传统讲授式不同的是，它可以以多媒体方式呈现教学内容，从而更形象、生动和逼真。按照是否在同一时间向不同地域的学习者传送教学信息，又可分为同步讲授型和异步讲授型两种模式。

（1）同步讲授型。这是一种在同一时间以同步广播的形式向各地的学习者讲授知识的模式。它冲出了课堂或者理解为是一个没有地域限制的大课堂，教师传授知识更多的是以多媒体的形式（如文字、图形、动画、声音、图像等）呈现教学内容。因此，更形象、生动、逼真，给学习者多种感官刺激，提高了学习效率。

（2）异步讲授型。异步讲授型是指教学活动不是在同一时间进行，学习者可以根据自己的实际情况和需要，在任何时候、任何地点都可以方便地接受教师的讲解，具有很大的灵活性，特别适于个别化学习。其缺点是难以实现和老师面对面实时交互，缺乏情感交流。

（二）个别化教学模式

认知建构主义学习理论认为，学习是建构内部心理表征的过程，强调学习者内部认知结构与外部的刺激情境发生相互作用。学习者是信息加工的主体，是意义的主动建构者。个别化教学模式是基于认知建构主义学习理论的一种科学的学习模式。基于互联网的个别化教学模式主要有以下几种。

（1）基于 www 服务的教学模式。这种模式常常是教师将教学内容编制成超文本标记语言 HTML 或 Java 语言文件，存放在 Web 服务器上，学习者根据自己的时间安排和需要，通过 www 浏览的方式访问远程服务器，选择自己需要的内容进行学习。学习者也可以浏览其他教学信息，达到学习目的。基于这种教学模式，学习者可以在任何时间、任何地点获取教学信息，每个人都可以得到一流教师的指导。它是开放教育的一种重要的教学模式。

（2）基于 E-mail 的教学模式。学习者通过网络利用电子邮件形式，提交作业或向教师提出问题，教师通过 E-mail 或 BBS 回答学习者的问题，布置作业、发布信息等。学习者也可以利用 E-mail 的形式，在网上进行探索和讨论，也是协同学习所利用的主要形式。通过互联网利用 E-mail 形式可以将教师与学习者、学习者与学习者紧密联系起来。

（3）文件传送（FTP）。教师将教学内容以 CAI 软件形式存放在网络服务器上。学生学习时，利用 Internet 的 FTP 服务，将 CAI 软件下载到本地计算机上，然后学习者在本地计算机上进行个别化学习，也可以选择并获得名牌大学的教学资源进行个别化学习。这种方式在目前我国互联网带宽窄的情况下有着重要的意义。

（4）远程登录（Telnet）。通过 Internet 的 Telnet 服务，学习者可以在网络型 CAI 教室远程登录，获得良好的学习情境，或登录到一些实验室进行远程仿真实验，也可以登录到各大图书馆或教学资源中心，检索和阅读学习资料。基于互联网的个别化学习是目前我国远程教育的一种重要学习模式，因为它可以不受带宽的限制，易于在网上实现。

（三）交互式学习模式

认知建构主义学习理论的奠基人、瑞典心理学家让·皮亚杰（Jean Piaget）认为，知识既不是客观的东西（经验论），也不是主观的东西（活力论），而是个体在与环境交互作用的过程中逐渐建构的结果。因此，决定学习的因素既不是外部因素，也不是内部因素，而是个体与环境的相互作用。可见，交互是学习的关键。基于互联网的交互式学习，有实时和非实时两种交互式模式。

（1）实时交互式学习模式。目前，基于互联网的实时交互式学习方式是教师将教学内容编制成网络型 CAI 教学软件，学习时在网上运行这种软件，学习者根据自己的需要，在网上进行交互式学习。为了达到这种在网上实时交互的目的，需要用可跨越平台运行的 CAI 教学软件，采用 Java 语言编制内嵌于 Web 页面的 CAI 教学软件。由于这种 CAI 教学软件可以跨越所有平台运行，可供更多的学习者在网上进行实时交互式学习，提高了利用率，经济性好。

（2）非实时交互式学习模式。非实时交互式学习模式的形式很多，这里仅举出典型的几种。

第一种是通过电子邮件（E-mail）或电子公告牌系统（BBS），教师将教学信息编制成超文本标记语言（HTML）文件，存放于 Web 服务器上，学习者通过浏览页面来进行学习。学习者有问题时，以 E-mail 的方式在网上提出询问，教师也通过 E-mail 的形式解答学生的问题。如果是共同性的问题，教师可以通过 BBS 解答。第二种是通过文件传输服务（FTP）。学习者可以利用这种服务技术，将网上的多媒体 CAI 教学软件下载到计算机上，进行个别化交互学习。也可以利用 FTP 服务同时提供远程登录（Telnet）服务，建立模拟实验室，通过互联网远程登录到实验室或工作站，进行仿真实验。

（四）协同、讨论学习模式

利用 CAI 教学软件进行个别化交互式学习模式，有利于发挥认知主体的主动性。但是，个别化学习理解问题的深度和广度受自身条件的限制，特别是遇到困难时，就像"山重水复疑无路"。如果有一个群体，大家互相启发、探讨，有利于对知识的理解、探索和掌握，就能达到"柳暗花明又一村"的效果。因此，通过 CAI 的个别化学习对较初级认知能力的学习目标比较有效，而对于高级认知能力的学习目标，采用协作型学习模式则更为有效。所以，在CAI 发展了个别化教学模式之后，在远程教育领域又出现了向协作化方向发展的趋势。协同学习环境是基于计算机支持的协同工作技术 CSCW（computer supported cooperative work）实现的，该技术为基于 Internet 的协作学习模式提供了便利条件，它具有群体用户多点之间的对称交互方式，实现远距离互动，使异地学习者克服空间和时间上的障碍，共同进行协作学习。协同学习也可以采用借助电信通信网络的视频会议系统实现。

二、基于卫星电视的远程教育

卫星电视网是全国规模最大、覆盖面最广、服务人口最多的信息传输网络。由于是宽带传输，传播信息量大，从而使传播的内容直观、形象和逼真，可将教学情境清晰地展现在学习者的面前，如同身临其境，面对面聆听一流专家教授的讲课，是一种较理想的公共教育媒体，为教育大众化、教育民主化提供了良好的条件。

三、基于电信通信网的远程教育

电信通信网是进行远程教育的三大网之一。随着现代信息技术的发展，计算机与通信技术融合，出现了多媒体通信技术，这是一种将文字、图形、图像、声音、动画等多种媒体，通过计算机进行数字化加工、处理，与通信技术相结合的新型通信技术。它为远程教育信息的传输提供了良好的条件。基于电信通信网的数字模式主要有单向讲授、个别化交互式学习及协同讨论式学习等3种。

（一）单向讲授模式

基于电信通信网的讲授教学模式，实际上是通信网上一种点到多点的单项信息交换系统。有实时和非实时两种教学模式。实时讲授模式是一种直播式的现场教学模式。教师在直播室内，面对"课堂"内的学生进行现场教学，同时将现场教学的实况传输到各地的学习中心，学习者在异地聆听教师的讲课。非实时讲授模式是由远程教育中心将事先录制好的教学内容或教学软件，以点对多点的广播方式讲授教学内容；也可以由异地学习中心下载到计算机上，或记录在录像带上，供学习者自由选定时间学习。

（二）个别化交互式学习模式

基于电信通信网的个别化交互式学习方式，利用了点对点的单向或双向信息交换系统。学习者采取拨号上网的方式，通过人机界面检索、浏览教学信息或资料，或将教学内容、教学软件下载到计算机上，然后再进行个别化交互式学习。

（三）协同讨论式学习模式

基于电信通信网的协同讨论式学习模式的典型是视频会议系统。视频会议系统是一种多点通信和信息交换系统。它提供了教师—学习者、学习者—学习者之间"面对面"的实时交互学习情境。视频会议系统可以实现动态视频图像的实时传送和音频信息的实时交流，也可以达到文档和窗口应用软件的共享及数据的共享与交换。

四、基于有线电视网的远程教育

目前，我国约有3亿台电视机遍布在广大的城市、乡村和边远山区，有线电视在城市已经普及，一些省、市、自治区的有线电视联网正在形成，为利用电视媒体进行远程教育提供了良好的氛围。原国家教委、广电部已经发出了"关于联合实施现代远程教育网工程的通知"，该工程通过有线电视通道和有线电视综合宽带信息网传输，采用点对面、点对点视频点播和交互式计算机网上教学等多种形式，开展学历和非学历教育。基于有线电视网进行远程教育的模式有如下几种。

（一）单向广播讲授模式

这是一种传统的教学模式，和无线电视播放教育节目相同。由于数字压缩技术和数字调制技术的进步，使原来可传送一套模拟电视的频道（8 MHz）的带宽，可以传送 6 套经 MPEG-1 压缩编码及 QPSK 调制方式的节目，若采用 64 QAM 调制方式，则每 8 MHz 带宽可传送 20 套以上的教学电视节目。这样，就可以利用尽量少的频带资源同时播出多门课程，增大效费比。由于有线电视广播是宽带传输，因此图像的质量好。

（二）单向数据广播模式

通过数据广播频道，或利用电视广播的消隐期进行数据广播，为学习者提供文本、图形、图像、声音、动画等多媒体信息，包括教学信息、多媒体 CAI 课件及其他学习资料。由于有线电视数据广播是宽带传输（488 Mbps），数据传输率高，单位时间内传输的信息量大，在以前需用一个小时传输的信息，在 CATV 网上只需几分钟。

（三）视频点播

视频点播也称为交互电视，这是一种双向选择式播放的电视节目，学习者通过多媒体计算机终端和 CATV 网络将要求播放的信息传送到电视播放中心，选择所需的电视节目。学习者能够根据自己的时间安排、学习需要主动地选择所学的内容，体现了一定的交互性。视频点播需要有更多的频带资源，设备也相当复杂和昂贵，现在仅在经济发达地区进行实验。

（四）个别化交互式学习

学习者通过数据广播或点到点通信服务，下载教学内容、多媒体课件、图文检索、收录活动图像等，供方便时学习使用。综上所述，由于 CATV 网有宽带传输到户的特点，最适于讲授型的单向广播和交互式的视频点播或准视频点播。

前面分析了基于不同网络的教学模式，而对于同一种教学模式也可以通过不同的网络来实施。如何合理选用网络或网络组合，既能很好地支持远程教育模式，又能充分利用频带资源，是一个技术途径优化问题。为了很好地满足不同远程教育模式的要求，需要各种不同网络相互取长补短，优化组合并适时链接，构成一个由"互联网、卫星电视网、电信通信网、有线电视网和邮政发行网"集成的综合远程教育网络。在这个网络中通过科学分工，使它们"各尽所能"。单向广播讲授型教学模式以卫星电视网和有线电视网最为合适，因为它们是宽带传输，图像清晰，形象逼真。对于要求覆盖地域大的网络（如面对全国的远程教育），应采用卫星电视网，虽然投入大，但服务范围广，也会有较高的性价比。

第五章　信息化视域下网络教育资源在现代教育技术理论与实践中的应用研究

第一节　网络教育资源与信息检索技术

网络教育中的教学与学习都依赖于网络教育资源。在信息爆炸的今天，网络拥有着极其丰富的各类信息和资源，这些资源能否成为教育资源，主要取决于其是否具有教育性，能否促进教育教学。

一、教育资源的含义

教育资源是指教育系统中支持整个教育过程达到一定的教育目的，实现一定的教育教学功能的各种资源。用技术主义的观点来看，任何教育活动都是信息传递活动，教育的过程就是信息交互的过程。因此，信息资源是教育系统最根本的资源。

从广义上说，教育资源通常包括物质资源（即教育系统中运用的各种设备、媒体、器材、工具等）、人力资源（即教育系统中的教学科研人员、教学管理人员、教学支持人员及学生等）、信息资源（指在教育系统中传递的各种信息，主要包括教学内容以及伴随教学内容产生的其他信息）。

二、网络教育资源的概念

一般而言，我们将网络资源中与教育相关的部分称为网络教育资源。我们所说的网络教育资源包括网络环境资源、网络信息资源与网络人力资源。网络环境资源是指构成网络教育空间的各种物理器件，如计算机设备、网络设备、通信设备等，以及形成网络正常运行空间的各类系统软件、应用软件；网络信息资源则是指在网络上蕴藏着的各种形式的与教育相关的知识、资料、情报、消息等的集合；网络人力资源则通常包括具备开发、建设或应用各种网络教育资源能力的个体，如网络硬件结构设计维修人员、网络系统开发人员、网络系统安全维护人员、教育网页开发人员、网络用户等。

在这三部分资源中，网络信息资源是核心，因为其他两部分资源是为信息资源的建立、传播和利用而服务的。不同于以往以书籍、报刊、磁带、磁盘、胶片、广播、电视等为物质载体的传统教育信息资源，网络教育信息资源是一种以网络为承载、传输媒介的新型信息资源，是从网上获取的，所以我们也将基于网络的教育信息资源称为网络教育资源。

三、网络教育资源的分类

根据全国信息技术标准化技术委员会教育技术分技术委员会颁布的《教育信息化技术标准》，网络教学资源包括以下几种类型：媒体素材、题库、案例、课件（网络课件）、网络课程、专题学习网站，如图 5-1 所示。

图 5-1　网络教育资源的类型

媒体素材指传播教学信息的基本材料单元，包括文本、图形（图像）、音频、视频、动画等。题库是按一定的教育测量理论，在计算机系统中实现的某个学科题目的集合，是在数学模型基础上建立起来的教育测量工具。

案例指有现实指导意义和教学意义的代表性的事件或现象。

课件是对一个或几个知识点实施相对完整教学的辅助教学软件。

网络课程是通过网络表现的某门学科的教学内容及实施的教学活动的总和，包括两个组成部分：按一定的教学目标、教学策略组织起来的教学内容和网络教学支撑环境。

专题学习网站是围绕某一专题的教学（学习）网站，一般包括如下几方面的功能：①本专题结构化的知识展示；②扩展性的学习资源；③交流讨论答疑空间；④自我评测系统。

四、网络教育资源的评价标准

对网络教育资源进行评价，关键是要确立评价的标准体系。目前，世界上有很多标准化（学术）组织都正在致力于基于网络的教育资源标准化的研究，并起草了一些相应规范，其中影响较大的有美国高等教育协会的非营利机构EDUCAUSE 下的一个项目组 lMS（Instructional Management System）的学习资源元数据规范、IEEEL.TSC 的 LOM 模型及 Ocle Dublin Core 的 Dublin Core 元数据标准等。这些标准的推广使用，从源头上保证了网络资源的规范。

我国教育部门对网络教育技术标准化建设工作也极为重视。2000 年 11月，教育部组织国内 8 所重点高校的有关专家开展网络教育技术标准研制工作，并成立了教育部教育信息化技术标准委员会（Chinese e-Learning Technology Standardization Committee），简称 CEL.TSC。该委员会通过跟踪国际标准研究工作和引进相关国际标准，根据我国教育实际情况修订与创建各项标准，最终形成一个具有中国特色的现代远程教育技术标准体系。其中，直接与网络教育资源的评价相关的标准有《教育资源建设技术规范》和《网络课程评价规范》。

《教育资源建设技术规范》（CELTS-31）中将评价标准分为通用标准和分类标准。通用标准主要考察该资源的科学性、教学性、技术性、规范性，在此框架内再做进一步的细分；分类标准则从媒体素材（包括文本类素材、图形（图像）类素材、音频类素材、视频类素材、动画类素材）、题库、课件与网络课件、案例、文献资料、常见问题解答、资源目录索引、网络课程等各个方面对教育资源的特性做了具体的规定。

在网络教育资源建设技术规范的改进版本《教育资源建设技术规范》（CELTS-41）中，主要从用户和管理者两方面对教育资源建设进行规定，对教育资源的评价则没有具体规定，参照的评价标准是《网络课程评价规范》（CELTS-22）。

《网络课程评价规范》（CELTS-22）提出了网络课程评价的一般性规范，它定义了课程内容、教学设计、界面设计和技术四个维度的特性，每个维度下包含具体的评价指标，以最小的重叠描述了网络课程的质量特性。

五、网络信息资源检索技术

网络信息资源检索是指利用电子计算机及其网络来处理和查找信息的现代化信息检索方式，也叫计算机信息检索、数字化资源检索。具体来说，网络信息资源检索是以计算机检索为手段、数字化信息为基础的信息存储与检索方式。它在手工检索基础上演变而来，而且在不断地发展。计算机信息检索已从单机检索、联机检索发展到现在的网络检索，并正向着智能化的方向发展。随着计算机技术的普及，通信及网络技术的发展，现代信息检索技术已不再是图书情报专业人员所特有的专长，而是人人都应掌握的一种基本技能。网络信息资源检索主要包括 Internet 网络信息资源的检索和数据库信息检索。

（一）Internet 网络信息资源的检索

对于网络信息资源，可以根据资料的特点采用下面几种方法进行检索。

1. 直接浏览

（1）网址查询

如果用户要访问已知地址的信息资源，可以在浏览器地址栏中输入已知的网站或网页地址，直接进行浏览，这是一种最常见、最有效的信息资源的获取方式。网络信息资源的用户大多有自己侧重的研究领域或喜爱的主题，会有意识地积累一些与此相关的网址，用户可以充分利用浏览器中的收藏夹功能，保存和管理浏览过的感兴趣的网站或网页，也可以通过创建书签或热链将一些常用的、优秀的站点地址记录下来，组织成目录以备今后之需，另外可以通过与他人的交流获取相关的网址。同时，目前在一些刊物上有专门介绍某些专业网络资源的文章，也可供我们参考使用。该方法有些类似于传统环境下的资料索引收集工作，能否有效地采用这种方法，关键在于用户平时是否能多渠道地收集相关网址。

（2）偶然发现

这是在网络上发现、检索信息的原始方法，即在日常的网络阅读、漫游过程中，意外发现一些有用信息。这种方式的目的性不是很强，其不可预见性、偶然性使检索过程具有某种探索宝藏的意味，也许会充满乐趣，但也可能一无所获。

（3）顺"链"而行

这是指用户在阅读超文本文档时，利用文档中的链接从一个网页转向另一相关网页。这种方法有些类似于传统文献检索中的"追溯检索"，即根据文献后所附的参考文献目录去追溯相关文献，一轮一轮地不断扩大检索范围。这种方法可以在很短的时间内获得大量相关信息，但也有可能在"顺链而行"中偏离了检索目标，或迷失于网络信息空间中，而且找到合适的检索起点也不容易。

2. 通过网络资源指南来查找信息

专业人员利用自身对网络信息资源的产生、传递和利用机制的广泛了解，对网络信息资源分布状况的熟悉，以及对各种网络信息资源的采集、组织、评价、过滤、控制、检索等手段的全面把握，开发了可供浏览和检索的网络资源主题指南。专业性的网络资源指南更多，几乎每一个学科专业、重要课题、研究领域的网络资源指南都可以在因特网上找到。这类网络资源指南类似于传统的文献检索工具——书目之书目或专题书目。这类资源通常是由专业人员在对网络信息资源进行鉴别、选择、评价、组织的基础上编制而成，对于有目的的网络信息检索具有重要的指导、导引作用。局限性在于由于其管理、维护跟不上网络信息的增长速度，导致其收录范围不够全面，新颖性、及时性可能不够强，且用户要受标引者分类思想的控制。

3. 利用搜索引擎进行信息检索

这是一种较为常规的、普遍的网络信息检索方式。搜索引擎是给用户提供关键词、词组或自然语言检索的工具。用户提出检索要求，搜索引擎代替用户在数据库中进行检索，并将检索结果提供给用户。它一般支持布尔检索、词组检索、截词检索、字段检索等功能。利用搜索引擎进行检索的优点是省时省力、简单方便、检索速度快、检索范围广，能及时获取新增信息。其缺点在于由于采用计算机软件自动进行信息的加工处理，且检索软件的智能性不是很高，造成检索的准确性不是很理想，与人们的检索需求及对检索效率的期望有一定差距。目前声望较高的搜索引擎有百度、Google 等。

网络信息检索技术，应用比较广的有以下几种。

（1）分类目录检索

分类目录检索多用于目录搜索引擎。用户无须输入任何文字，只要根据目录搜索引擎提供的主题分类目录，层层点击进入，便会查找到用户所需的网络信息资源。

（2）关键词检索

关键词检索是搜索引擎提供的最基本功能。当用户想快速查找所需的网络资源，或者无法确定所要搜索的网络资源的类别时，用户可以使用关键词检索方法。用户只需在搜索引擎的提问框中输入合适的提问关键词，按回车键之后，搜索引擎便会将与该提问关键词匹配的结果反馈给用户。大多数的搜索引擎以模糊检索实现关键词检索功能。例如，以"热点新闻"作为关键词检索，搜索结果会包括热点新闻、热点、新闻的内容，但 Google 例外。

（3）目录与关键词检索相结合

目前很多搜索引擎都开始使用该技术，典型代表有搜狐、Yahoo！等。

（4）布尔逻辑检索

即在网络信息检索过程中，尤其是利用搜索引擎进行检索时，为提高查准率，可以使用逻辑"与"或逻辑"否"；为提高查全率，可以使用逻辑"或"等。

1）逻辑"与"的使用。逻辑"与"是一种具有概念交叉或概念限定关系的组配。只有当"与"的提问关键词全部出现时，所检索到的结果才算符合条件。例如，检索式 A AND B（A&B），表示检索记录中必须同时含有检索词 A 和 B 的文献为命中文献。利用它可以缩小检索范围，增强检索的专指性，可提高检索信息的查准率。

2）逻辑"或"的使用。逻辑"或"（+、OR）是一种具有概念并列关系的组配。表示只要有"或"的提问关键词中有任何一个出现，所检索到的结果均算符合条件。例如，检索式 A OR B（A+B），表示检索记录中凡含有 A 或 B，或同时含有 A 和 B 的，均为命中文献。利用它可以扩大检索范围，能提高检索信息的查全率。

3）逻辑"否"的使用。逻辑"否"（－、NOT）是一种具有概念排除关系的组配。表示搜索结果中不应含有"NOT"后面的提问关键词。例如，检索式ANOTB（A–B），表示检索记录中含有检索词 A 但不能含有检索词 B 的文献为命中文献。利用它可以排除不需要的概念，能提高检索信息的查准率，但也容易将相关的信息剔除，影响检索信息的查全率。

注意，每个搜索引擎可以使用的布尔运算符是不同的，有的只允许使用大写的运算符，有的大小写通用，有的可支持符号操作，有的不支持或支持其中的一个等。不同的逻辑运算符的运算次序，在不同的检索系统中有不同的规定。在有括号的情况下，括号内的逻辑运算先执行。检索时需事先了解检索系统的规定，避免逻辑运算次序处理不当而造成错误的检索结果，而且同一个布尔逻辑提问式，不同的运算次序会有不同的检索结果。

（5）词组检索

词组检索也称为短语检索或字符串检索。它是将一个词组或短语用双引号括起来作为一个独立运算单元，进行严格匹配，以提高检索准确度的一种方法。几乎所有的搜索引擎都支持词组搜索。例如，以"热点新闻"作为提问关键词检索时，检索结果则仅反馈有关"热点新闻"的内容。

（6）加 / 减号检索

加 / 减号检索是搜索引擎支持的常规功能，即在检索词前置"+"/"–"号，其作用相当于布尔逻辑"与"/"非"运算。例如，"热点 + 问题"相当于"热点 AND 问题"；"热点 – 问题"相当于"热点 NOT 问题"。

（7）截词检索

截词是指在检索词的合适位置进行截断，然后使用截词符进行处理。其特点是可节省输入的字符，又可预防漏检，提高查全率。在搜索引擎中，截词检索多为前方一致检索。截词符多采用通配符"？"或者"*"，可以用它代表多个字符。例如，"热点 *"可以代表热点问题、热点报道、热点新闻等。有的搜索引擎支持任意位置的通配符检索。注意，有的数据库有其本身特定的通配符号，需要阅读其"帮助"得到准确的符号。截词检索一般有以下几种。

1）后截词。从检索性质上，这是满足前方一致的检索，分为有限后截词和无限后截词。有限后截词主要用于词的单、复数，动词的词尾变化等，截词符是"？"，截几个词就在词根后加几个，如"system？"可以代表 system、systems 等；无限后截词主要用于同根词，词根后加一个"*"，表示无限截词符号，如"comput*"可以代表 compute、computer、computing、computation 等。

2）中截词。中截词也称屏蔽词，一般来说，仅允许有限截词，主要用于英、美拼写不同的词和单复数拼写不同的词，中截词符号为"？"，如"worm？n"可以代表 worman、wornon 等。

3）前截词。前截词又称左截词、后方一致，允许检索词的前端有若干变化形式，截词符一般为"*"，如"*physics"可以代表 physics、astrophysics、metaphysics、geophysics 等。

（8）字段检索

字段检索是一种用于限定提问关键词在数据库记录中出现的区域，控制检索结果的相关性，提高检索效果的检索方法，多以字段限定方式实现。搜索引擎常用的字段有以下几种。

1）titlet 题名字段，表示查找标题中包含检索提问式的页面。

2）subject 主题字段，表示查找主题中包含检索提问式的页面。

3）text 文本字段，表示文本中包含检索提问式的页面。

4）author 作者字段，表示查找作者中包含检索提问式的页面。

5）keywords 关键词字段，表示查找关键词中包含检索提问式的页面。

（9）空格、逗号、括号、引号的作用

1）空格。其作用与逻辑"与"相同。例如，用户要查找"飞机"这个关键词，但输入了"飞 机"，由于"飞"和"机"两字之间插入了空格，而被处理为"与"的关系，查出所有同时含有"飞"和"机"两个字的页面。这个检索结果的范围要比"飞机"做关键词的结果扩大了许多，很多结果中已不含有与"飞机"相关的信息。

2）逗号。其作用类似逻辑"或"，也是查找那些至少含有一个指定关键词的页面。区别是，检索结果输出时，包含指定关键词越多的页面，其排列的位置越靠前。例如，检索式"计算机，网络，多媒体"，可查出包含三个关键词中的任何一个或几个的页面，而同时含有"计算机""网络"和"多媒体"的页面输出时排在前面。

3）括号。其作用是使括在其中的运算符优先执行，用于改变复杂检索式中固有逻辑运算符优先级的次序。例如，检索式"多媒体 and（计算机 or 网络）"，表示要求先执行括号中的"or"运算，再执行括号外的"and"运算。

4）引号。其作用是括在其中的多个词被当作一个短语来检索。绝大部分搜索引擎都支持短语检索，找到含有与短语词序和意义完全相同的页面。例如，检索式"electronic magazine"，表示把 electronic magazine 当作一个短语来搜索。如果不加引号，那么搜索引擎就会把两词之间的空格按"与"处理，查出包含 electronic 和 magazine 的页面，结果会与用户要求的主题内容相差甚远。

（二）数据库信息资源的检索

1. 数据库的含义

数据库是在计算机存储设备上按一定方式，合理组织并存储的相互有关联数据的集合，是计算机技术与信息检索技术相结合的产物，是网络信息资源的主体，是信息检索系统的核心部分之一。

2. 数据库的类型

（1）按所含信息的内容划分

1）参考数据库：是指以文档的形式组织起来，提供文献的题录、文摘等书目信息。参考数据库包括书目数据库和指南数据库。

书目数据库：存储描述如目录、题录、文摘等书目线索的数据库，又称二次文献信息数据库，如 SCI 数据库、EI 数据库等。

指南数据库：存储关于机构、人物、产品、活动等对象的数据库。与其他数据库相比，指南数据库为用户提供有关信息，多采用名称进行检索，如机构名录数据库、人物传记数据库、产品或商品信息数据库、基金数据库等。

2）源数据库：主要存储全文、数值、结构式等信息，直接提供原始信息或具体数据，用户不必再转其他信息源的数据库。它主要包括数值数据库、全文数据库和图像数据库。

3）混合数据库：是同时存储参考数据库和源数据库的数据库。

（2）按记录形式的角度划分

1）文献型数据库：包括书目数据库和全文数据库。

2）非文献型数据库：包括数值型数据库、事实型数据库、词典型数据库、图像型数据库、多媒体数据库。

（3）按数据库的载体不同划分

数据库可分为光盘数据库和网络数据库。

（4）其他类型的数据库

按文献信息数据库收录信息的学科范围，又可将其分为专门性文献信息数据库（包括专科数据库、专题数据库）、综合性文献信息数据库，如物理学文献信息数据库、生物学文献信息数据库、医学文献信息数据库等都属于专科数据库。

3. 数据库的结构

数据库是由一个或多个文档构成的集合，每个文档由若干记录组成字段构成。

（1）文档

文档是书目数据库和文献检索系统中数据组成的基本形式，是由若干逻辑记录构成的信息集合。从数据库的内部结构来看，通常一个数据库至少包括一个顺排文档和一个倒排文档。顺排文档是将数据库的全部记录按照记录号的大小排列而成的文献集合，它构成数据库的主体内容。倒排文档按照文献的属性列出具有同一属性的所有记录，使用倒排文档可以大大提高检索的效率。记录号倒排文档给出记录号的地址及其索引词在记录中的字段和字段中的具体位置的标识符。

（2）记录

记录是文档的基本单元，它是对某一实体的全部属性进行描述的结果。在全文数据库中，一个记录相当于一篇完整的文献；在书目数据库中，一个记录相当于一条文摘或题录。

（3）字段

字段是记录的基本单元，它用来描述实体的具体属性。在文献数据库中，记录中含有题名、著者、出版年、主题词、文摘、正文等字段。字段的设计决定了检索点的数量。

4. 数据库信息资料的检索

网络信息检索的过程，大体上可分为以下几步。

（1）分析检索课题

要对检索课题进行周密的分析，明确课题检索的目的和意义，确定课题所属学科性质、主题内容及有关背景知识，明确课题所需网络信息的语种、时间范围等具体要求。总之，课题分析越深入细致，检索工作就会越顺利。

（2）制订检索策略

所谓检索策略，是为完成检索课题、实现检索目的所制订的全盘检索方案。其具体内容包括以下几方面。

1）选择检索方式。检索方式（手段）有手工检索和计算机检索。计算机检索又有联机检索和脱机检索两种方式。脱机检索又有光盘数据库脱机检索和磁带数据库脱机检索两种。各种检索方式各有优缺点，应根据检索方式的可能性以及课题的经费条件和时间要求等要素综合考虑，选择合适的检索方式。

2）选择检索工具或检索系统及数据库。根据检索课题的多方面要求，在了解相关检索工具、检索系统及其数据库的性质、内容和特点后，选择一种或多种检索工具或数据库进行检索。

3）选择检索方法。根据检索条件、检索要求和检索课题的特点选择合适的检索方法，如追溯法、顺查法等。

4）选择检索途径和检索标志。检索途径的选择取决于两个方面：一是课题的已知条件和课题的范围及检索效率要求；二是所选择的检索工具所能提供的检索途径。如果已知著者、专利权人、网络信息序号等，可选择相应的外表特征途径；如果只提出内容上的要求，就要根据课题的大小、检全或检准的偏重、检索工具的条件等决定是从分类、主题或其他内容特征途径进行检索，还是几条途径按一定次序配合检索。如果从分类、主题、代码等途径检索，需要进一步准确、完整地选择检索语言的标志来表达检索课题，这往往是检索能否成功或高效的关键。

5）构造检索式。在计算机检索系统中，需要将表达检索课题的标志用逻辑运算符进行组配，并选择检索字段和检索提问的先后次序。

（3）试验性检索和修改检索策略

无论是手工检索还是计算机检索，对于较大的检索课题，一般应先进行快速、少量的试验性检索，以检验检索策略是否合理和有效。根据试验结果确认或修改原定的检索策略。

（4）正式检索

按照预先制订的检索策略进行实际检索，但仍要根据检索的阶段性成果或碰到的实际问题适当调整策略和过程。灵活运用检索工具、检索途径和检索方法是检索成功的保证。

（5）整理、说明检索结果

按要求给予答复，或者要求进一步提供原文。

第二节　社会性软件在网络信息教育中的应用

一、社会性软件概述

随着信息技术和网络技术的发展，社会性软件取得了较大完善并得到了日益广泛的应用，社会性软件技术对教育产生了重要的作用。它带来新的教育教学模式，促进教育改革，优化教育资源，实现知识共享，激发知识创新。如今，利用各种软件发展个人兴趣、进行社会交往已经越来越普遍。

社会性软件是一个新的研究内容，到底什么是社会性软件，至今还未从学术上得到严格的公认的定义，但其基本思想得到了大家的公认。一般来说，社会性软件是以面向个人服务为基础，支持群体相互作用的软件，通过最大化满足个人服务需要，实现可能产生的社会群体价值效应。

目前，比较流行和成功的社会性软件有 QQ、MSN、E-mail（电子邮件）、IM（即时通信）、BBS（电子公告牌）、Personal Weblog（个人博客）、Wiki（维基）、RSS（Really Simple Syndication 简易信息聚合）、Social Networking Systems（社会网络系统）、Social Tags（社会性标签）、Friendster、Personal Journals（个人杂志）、网络日志等。另外，还有各种新兴的社会性软件，如 Yahoo widget、Moodle、提供在线协作的平台、共享工作计划或项目管理的平台等。

（一）社会性软件的内涵

社会性软件的内涵可以概括为以下三点。

（1）社会性软件首先是个人软件，是个人参与互联网络的工具。个人软件突出个体自主性的参与和发挥。

（2）社会性软件构建的是社会网络，这种社会网络中包括弱链接，也包括强链接。不同的链接关系在不同的时候所呈现的社会价值是不同的。

（3）社会性软件是个人主体性和社会性的统一。社会性软件构建的社会网络关系链上蕴涵着一定的社会价值，而这样的社会价值通常又被称为社会资本，体现为社会网络链接关系的社会资本是社会运转的重要的基础之一，也是个人被纳入社会的主要途径之一。

（二）社会性软件的作用

社会性软件能够构建社会关系，产生社会资本，因而具有多种应用。社会性软件应用于学习和教育领域，促使人们实行知识分享、激发知识创新，培养自己的信息能力和协作能力。从微观层面来说，社会性软件能够促进个体知识建构，将个人的知识管理过程与社会性软件的应用融为一体，因而社会性软件在促进个体的学习、生活和工作等方面有很广阔的应用前景和空间。从宏观层面来说，社会性软件在学习社群、学习共同体等社会知识建构和社会协作关系的建立中也有很多可拓展的应用空间。社会性软件不是使人们陷入虚拟网络的孤独之中，而是将网络与真实的社会结合起来，构建社会网络，生成社会资本。具体来说，有以下两点。

（1）社会性软件对学习资源建设的作用：为学习资源建设的数量瓶颈的突破提供可能；学习资源表现形式更加丰富多样；为学习资源建设提供新的组织管理模式；为学习资源建设更新、信息获取与评价提供新方法。

（2）社会性软件对学习者学会学习的作用：可以使学习者通过社会人群网络来发现、获取和更新知识；有利于发挥学习过程的网络累积效应；有助于学习者个人学习环境（PLE）的构建。

二、常见社会性软件在学习中的应用实例

（一）QQ

QQ是网络出现后人们最熟悉、使用量最大的一种交流方式，它构建了面对面的交流或在线交流环境，使学生之间共享彼此的经验和知识，达到知识社会化、学习生活化。目前，QQ的应用模式已经开始从传统的人机对话逐渐转变为网络中的人与人之间的对话，加强了人与人之间的交流性和互动性，展示出惊人的亲和力，因此即时通信软件QQ使得师生或生生之间能进行同步交流、即时反馈。通过QQ群，学习者既可传送文字信息，也可传送语音、视频

信息，截取屏幕图片，帮助学生在网络学习环境下开展协作学习。

1. 可以作为学生电子档案袋

QQ 空间功能强大，可以作为学生电子档案来使用，并且 QQ 空间内容丰富，学生既可以以文本形式呈现自己的个人履历、学习过程记录、学习得失记录、读书笔记、论文写作等，也可以将自己的作品以图片的形式上传到相册中，如摄影作品、美术作品、书法作品等。展示作品的过程就是展示自己的特长和优势的过程，这个过程既能使作品展示者获得精神上的满足，又能引领同学在欣赏作品的同时丰富自己的精神内涵。各成员还可以根据自己的喜好来装扮 QQ 档案袋，使 QQ 空间呈现自己的个性。学生之间可以通过他评、互评和自评等多种方式对 QQ 档案袋进行评价。班级管理者及任课老师既可以通过对学生 QQ 档案袋的关注来了解学生想做什么，做了些什么，及时掌握学生学习的需求和学习状况，有针对性地对学生的学习提供优质的服务支持，还可以借此了解学生的兴趣爱好，并加以合理地引导。

QQ 用户可以利用 QQ 空间的阅读功能订阅自己喜欢的博客、QQ 空间内容，代替 RSS 实现信息聚合的功能，使 QQ 用户不用打开博客地址就可以及时看到订阅的博客更新，第一时间获得相应信息资料。

2. 帮助形成班级协作学习模式

借助社会性软件 QQ 建立班级 QQ 群，能在更广范围内实现知识的共享与交流。通过 QQ 构建班级群，使个体主动参与到群体中，学生之间进行资源的分享，在建立同学关系的过程中完成或解决具体的实际应用问题。QQ 群空间设有群论坛、群相册、群活动，有助于学生开展协作学习，培养学生的集体意识。

（二）Blog

Blog 又称 Weblog 或 Web log，原意为网络日志，通常音译为"博客"。撰写 Weblog 的人称为 Blogger 或 Blog writer，我们通常也直称其为博客。Blog 是继 E-mail、BBS、QQ 之后出现的第四种网络交流方式，它最基本的定义：一种表达个人思想，内容按照时间顺序排列，并且不断更新的网络出版和信息交流方式。Blog 实际上就是不断通过个人网页发布的简短信息或文章摘录，这些内容都是以时间顺序排列的方式呈现出来，用户可以方便地管理和维护自己的 Blog，而不必像其他类型网络社区（如 BBS、聊天室等）那样要受到来自系统管理的限制。

Blog 应用只需具备简单的计算机技能，并不需要复杂的编程知识，其技术思想实际上是简化人们的记录和发布过程。Blog 服务通过一个简单的个人内容发布机制，为个体提供具有个性化的思维工具，它相当于个人文摘、思想记录或个人网上出版物，其目的是存储个人日志或发布交流信息，因此它有利于把过去人们曾经遗漏的一些东西及时地信息化。由于大部分 Blog 发布的是个体自由的思想表达或生活记录，因此也被称为基本 Weblog 或个人 Weblog；有些 Weblog 是由某个基于特定主题或共同利益的群体创作，群组间共同探讨某一问题或协商完成某一项目，这称为群组 Weblog 或小组 Weblog。

1.Blog 的分类

按照存在的方式，Blog 可以分为以下几种。

（1）托管 Blog。无须自己注册域名、租用空间和编制网页，只要去免费注册即可拥有自己的 Blog 空间，是最"多快好省"的方式。目前很多网站都支持 Blog 的申请，如新浪、网易等，用户只要在这些网站进行注册之后就可以拥有一个 Blog 账户和主页，开发属于自己的网站空间。

（2）独立网站的 Blogger。有自己的域名、空间和页面风格，需要一定的条件（如自己需要会网页制作，需要懂得网络知识，当然自己域名的 Blog 更自由，有最大限度的管理权限）。

（3）附属 Blogger。将自己的 Blog 作为某一个网站的一部分（如一个栏目、一个频道或者一个地址）。

这三类 Blog 之间可以转化，甚至可以兼得，一人可同时拥有多种 Blog 网站。

2.Blog 的教育应用

Blog 作为一个开放的传播、学习和教育的工具，可以提供多层面和多方式的教育，满足终身学习的需要。博客技术的零技术成本使老幼皆宜，同时使学习材料的开发变得简易，博客技术的天然传播性能够满足学习材料的传播。通过博客向网络学习，将是未来教育的一个重要手段。通过博客网站、博客链接和博客社群，不仅可以寻找到同层次的合作学习者，还可以寻找到更多的专家，向专家学习。博客在教与学中的应用可以从以下几个方面得到体现。

（1）电子档案袋。学生的电子档案袋（e-portfolio）被普遍认为能够反映学生的学习进度，而且在学校的评价体系中的作用也被日益重视起来。电子档案袋的设计思想虽然存在了很多年，但是与知识管理一样，在知识和信息的捕获上始终存在着一些障碍，原因是很多收集的信息都来自事后处理，不能及时和完整地反映真实的学习过程。而 Blog 具有"即事即写"的特征，正好可以满足这种知识收集。把 Blog 应用到教学中后，每个学习者所完成的一些课业都可以用数字元方式记录下来，这就形成一个电子档案袋，其中包括学习者自身的创作内容、资源的链接、文件（Word、Excel、PowerPoint 等）、图片、声音或视频档等，其中还会有其他人对于这些内容作出的评论或评价信息。这样，教师能够根据学生完整的学习过程，作出更加综合和全面的评价，更及时地帮助学生改进学习的方法、态度，或者由教师作出一些方向性的引导。

（2）帮助学生开展学习反思与交流。Blog 在学生学习上起了很大的作用。首先，给学生提供了丰富的学习情境，可以让学生时刻把握专家的思想动态，更有效地了解问题解决的思路过程；其次，鼓励学习者发表自己不同的观点，Blog 看重的是过程而不是结果，对于教师或书本上的观点，学生可以通过 Blog 的方式发表不同的理解；再者，Blog 可以鼓励学生参与与协作，学生不但可以阅读和评论别人的 Blog 日志，而且可以自己设置议题，让别人参与其中，分享思想。

（3）Blog 可以作为课程管理的工具。Blog 是一种自我出版的工具，具有强大的功能。这必须提到 Blog 的重要技术之一即 RSS，RSS 使用户不停地出版，将数据按照一定的格式，直接传送到 Web 服务器上而无须任何 Web 编程技术。这种技术被认为是革命性的：它可以自动地生产报纸而无须打字排版工人。在远程教育中可以开发协议包，方便高效地修订课程。好多门课程采用该站点通用的模板并存放于一系列的私人 Blog 账号，这些账号直接链接到远程教育中心主页上的唯一账号上。更新这些课程材料时，教师进入个人的账号，这些账号只显示与自己相关的课程。当教师修改一个页面时，他只需要将修改后的页面发布到中间的媒体服务器上，为了保护主服务器的安全，远程教育中心的站长接到媒体服务器页面的更新警报并查看审阅通过后，才将更新的内容发布到主服务器上。所有的图片和图形放在中间服务器上，方便 Blog 更新和存盘材料。

（三）Wiki

Wiki（维基）是从一种自由软件中发展出来的网络应用技术，它的名字来源于一种夏威夷土语，是"迅速"的意思。Wiki 站点可以允许多人协作参与和共同维护，每个人都可以在 Wiki 网页上发表自己的见解，或者对合作完成的任务主题进行扩展或深入研讨。作为一种网络化写作工具和协作化创作方式，Wiki 以简单易用、协作方便、创作灵活的特性正在吸引着越来越多的网络用户。随着网络上 Wiki 应用情景的不断增多，Wiki 的技术思想也会逐渐发展为学习、培训和教育中一种重要的网络学习方式。

Wiki 可以说是一种建站的简单实用的工具，Wiki 考虑让更多人参与建设，它的语法与 HTML 相比要容易得多，几乎与普通写字板编辑文字差不多，很容易上手。Wiki 是一个新事物，传到中国也没有多长时间，然而由于其本身所具有的独特的特点，在教育领域很快得到应用，虽然它还处在实验阶段，但发展的势头勇不可挡。

1. 做百科全书

（1）维基百科。维基百科是一个国际性的、内容开放的百科全书协作计划。该计划的英文版本（Wikipedia）最初开始于 2001 年 1 月 15 日，其中中文维基百科开始于 2002 年 10 月。

截止至 2018 年，维基百科整个英文版本拥有大约 600 万篇文章，包含 48 万个条目，并拥有近 300 种语言撰写的文章。

（2）教育技术百科。教育技术百科全书是北京师范大学搭建的一个建设教育技术学科的平台，内容涉及教育技术学科的方方面面。

（3）Weblog 百科。开放的 Weblog 知识汇集站点，采用了 Wiki 的群体协力写作方式来完成有关 Weblog 的探索。

2. 师生交流协作

目前，我国学校的教学还处于教师和学生缺乏交流的状态，利用 Wiki 可以搭建网上沟通和交流的平台，在这个平台中，教师把教案、对学生的评语等写入 Wiki 中，学生可以根据自己的想法进行添加、修改等。由于 Wiki 具有历史恢复功能，教师可以在权限上不加控制，尽可能让学生参与进来，达到真正平等的师生互动状态。

3. 班级管理

Wiki 可以体现教育中的民主，因为它把教师和学生放在同一起点上，当教师没有监控 Web 页上的内容时，学习者可以自己为 Web 页贡献内容并自我监控，这样可以培养一种责任意识。

（四）RSS

Really Simple Syndication（简称 RSS）是 Web2.0 的重要元素。它既是一种 RSS、RDF 或 Atom 的文件数据格式，又是一种信息类聚和发布的方式。信息提供者通过 RSS Feed 发布各类信息，信息接收者通过 RSS 阅读软件可以定制这些 RSS 信息。RSS 阅读软件引入了智能更新引擎，能自动对用户已订阅的 RSS 频道进行更新。这样，新的信息源源不断地被实时"推送"到用户面前，而不需要用户访问众多网站，避免了时间、精力的浪费。

1. RSS 的一般使用方法

使用 RSS 必须借助于一定的 RSS 阅读软件，RSS 阅读软件有在线版 RSS 阅读和桌面版 RSS 阅读两种类型。两种类型的 RSS 阅读软件各有利弊。在线版 RSS 阅读可以在任何一台联网的计算机上读取自己定制的信息，如 Google 阅读器（http:/reader.google.com）、周伯通在线版资讯浏览器（htup://www.potu.com/）等。桌面版 RSS 阅读器将软件下载并安装在固定计算机上使用，定制的信息也必须在本机上阅读，可以离线阅读最近一次更新的信息。

目前比较通行的桌面版 RSS 阅读软件主要有周伯通浏览器、看天下、新浪点点通、Feed Demon、RSS Reader、Sharp Reader、RSS Owl 等。免费的比较好用的 RSS 浏览器有周伯通浏览器、看天下、Rssl Reader、Sharp Reader 等。

安装好 RSS 软件之后，确保网络畅通，就可以通过 RSS 软件阅读订阅的信息。比如周伯通浏览器，打开软件，点击更新频道内容后，就可以在频道列表中选择感兴趣的信息进行查阅。

2. 学术期刊和数据库的 RSS 订阅

对学术期刊和数据库而言，RSS 的发布主要有两种形式：一是某一种学术期刊的 RSS Feed，即最新出版的文章，如作者、题名、摘要、卷期页码等题录信息，通过这些最新的题录信息的读取，可以了解这一刊物的学术动态，如果有特别感兴趣的可以直接链接到相关的数据库打开文章全文；二是某一主题或关键词的 RSS Feed，通过设定某组主题词或关键词来获取这个数据库中关于这一主题或方面的最新文献报道。

目前，提供期刊 RSS 订阅服务的数据库已经相当广泛，如中国期刊全文库（CNKI）、ACS Journals、学术期刊数据库（Academic Source Premier）、Elsevier 电子期刊全文（Science Direct）、Springerlinker 等数据库都可在期刊浏览页面实现期刊的 RSS 订阅。而为某次检索（主题或关键词）提供 RSS Feed 的数据库还不普遍，提供此类服务的数据库在检索结果页面会有 RSS Feed 频道的链接。例如，CNKI 期刊的界面上方会有一个"订阅推送"，点击之后就可以选择要订阅的期刊。订阅期刊的 RSS Feed 后，只要打开自己的 RSS 阅读器，即可接收到更新的期刊论文信息。RSS 阅读器将根据频道的更新时间自动屏蔽已经接收过的 RSS Feed 信息，接收没有提取的信息。通过对 RSS 阅读器的定制频道进行合理的分类和整理，可以很好地管理自己订阅的来自不同数据库的多个学术期刊，获取这些期刊刊载的最新论文题录，并通过链接打开论文全文，而不必多次进入这些不同数据库中的每个期刊，查看数据库中是否有最新一期的论文。

（五）网摘

网摘又名"网络书签""社会化书签"，起源于一家名为 Delicious（现已更名为"www.delicious.com"）的美国网站于 2003 年提供的一项叫作"社会化书签（Social Bookmark）"的网络服务。这项服务使网络用户可以随时将自己浏览的网页保存在网上，还能将这些信息与其他用户共享。用户可以通过它来收集、分类、聚合感兴趣的网络信息，如新闻、图片、资料、网站等。同时，能方便其他人分享自己的个人收藏，并从其他用户的收藏中进行信息采集。网摘的另一大特点是基于用户的平面化标签分类机制的分众分类法，通过自发性的非等级标签分类而方便地进行信息聚化分类。

网摘与浏览器的收藏夹并不相同，网络书签可以随时看到自己的收藏，也可以读到别人的收藏内容，寻找与自己兴趣相同的用户，关注他们阅读的东西。方便的搜索功能也是浏览器收藏夹做不到的地方。收藏的内容可以存放在网络的服务器上，这样网页就不会遗忘或丢失。

（1）当用户在网上读到好的网页或者网站，便可以将网址收藏下来，以便将来再阅读，或者与其他用户分享收藏。

（2）在收藏网址的时候，用户可以添加一些评注，以备日后参考，或者方便检索。

（3）在收藏网址的时候，用户还可以对网址进行归类，一般的做法是给网址加不同的标签。

（4）有些网络书签，可以使不同用户彼此分享他们相同标签的网址，这种社会性的分类机制称为分众分类法。

（5）有些网络书签，可以将用户感兴趣的网页内容直接备份到服务器上，这就是网页快照的功能。

第三节　版权保护与网络资源的合理利用

网络信息资源及电子期刊的即时出版、检索方便、超文本链接和交互性强等优点，强化了期刊的传播功能，给人们获取信息带来了方便，但随之带来的版权问题也是我们必须考虑的。在保证电子期刊被合理利用的前提下，最大限度地保护期刊的版权，是网络信息时代信息伦理道德的重要内容。

我国在修订后的《著作权法》中也明确了信息网络传播权，即以有线或无线方式向公众提供作品，使公众可在其个人时间和地点获得作品的权利。著作权人许可他人行使信息网络传播权，并按约定或《著作权法》的有关规定获得报酬。可见，网络传输的知识产权已得到法律保护。因此，我们在利用网络资源的同时必须遵守版权保护和知识产权的要求，合理地利用网络资源。

一、电子期刊所涉及的知识产权问题

知识产权是一个外来术语，源于英文"Intellectual property"。知识产权作为正式法律术语的使用，是从 1967 年 7 月 14 日在瑞典首都斯德哥尔摩签订的《成立世界知识产权组织公约》开始的。

（一）知识产权的基础知识

知识产权可定义为智力活动在工业（产业）、科学、文学和艺术领域所产生的合法权利，或符合一定标准，经国家主管机关批准，或自动产生的，在一段时间内享有独占权，具有时间性、地域性的智力创造成果。关于知识产权的性质，普遍认为知识产权是私权。根据《与贸易有关的知识产权协定》规定，知识产权主要包含以下类别：版权与邻接权、商标权、地理标志权、工业品外观设计权、专利权、集成电路布图（拓扑图）设计权、未泄露过的信息专有权。

知识产权的主要特征是客体的无形，除此之外，还有以下三个特征：一是专有性，也叫独占性、排他性，是指知识产权所有人对自己的智力成果享有的专有权利；二是地域性，是指依据一个国家法律所取得的知识产权，仅在该国领域内有效，在其他国家不发生效力；三是时间性，是指知识产权仅在一个法定的期限内受到法律保护，如果超过了该法定期限，有关智力成果即进入公有领域，任何人均可自由使用而不再受到限制。

（二）专利权

专利权指专利人通过依法申请而原始取得或通过依法受让、继承等方式继受取得的在一定期限内垄断实施一项发明创造的权利，是一种无形财产。

（1）专利权具有以下个性特征。垄断性：专利权人具有在一定期限内垄断实施的专利，其他人即便是自主掌握该技术，若未获得专利权人许可，也不得实施该项技术；公开性：专利内容公开，并且有严格的专利申请和审批程序；法定授权性：取得、转移、质押、期满前终止等均须依法办理规定的手续并经公告后有效。

（2）专利权的客体主要包括以下几个方面：①发明。利用自然科学规律或原理形成的一种新产品、新工艺的技术方案。②实用新型。对产品的形状、构造或者其结合所提出的适于实用的新的技术方案，也叫小发明。与发明相比，其创造性水平低、技术范围小、受保护的范围小、申请专利的审批程序简捷和保护期限短。③外观设计。对产品的形状、图案或者其结合以及色彩与形状、图案的结合所做出的富有美感并适于工业应用的新设计。其重点在于保护美术思想，而不是技术思想。

（三）著作权

著作权，即版权，是知识产权的一种。其主体是作者，根据我国《著作权法》第11条规定，其内容包括下列人身权和财产权、发表权：决定作品是否公之于众的权利。

署名权：表明作者身份，在作品上署名的权利。

修改权：修改和授权他人修改作品的权利。

保护作品完整权：保护作品不受歪曲、篡改的权利。

另外，还有复制权、发行权、出租权、展览权、表演权、放映权、广播权、信息网络传播权、摄制权、改编权、翻译权、汇编权以及应当由著作权人享有的其他权利。

因此，根据著作权的规定，任何利用期刊的数字化信息来进一步制作信息产品（如制作过刊数据库、出版光盘等）的行为均应获得作者及期刊社的许可。

我国著作权法明确规定，著作权人可以通过行政程序和司法程序来进行著作权保护，同时也制定了著作权合理使用制度：为了个人学习、研究或欣赏目的，为了教学、科学研究、宗教或慈善事业，在没有征得作者或其他著作权人同意、不支付报酬的情况下，使用他人已经发表的作品时，必须注明作者的姓名、作品的名称，并不得侵犯著作权人依法所享有的权利。

（四）数字版权

1. 数字版权的发展

网络技术的出现，使信息资源的传递更加方便、快捷，同时也对版权保护提出了更高的要求。1996年12月20日，世界知识产权组织（WIPO）通过了《版权条约》以及《表演和录音制品条约》（以下统称"互联网条约"）。此后，美国、欧盟各国、日本等纷纷调整本国的立法，对网络环境下的著作权以及与著作权有关的权利给予充分保护。我国对网络环境下的著作权保护经历了一个发展过程，从著作权法的重新修订，到颁布《信息网络传播权保护条例》，网络环境下的著作权保护制度的专门法律法规体系初步建立。

1998年10月，美国正式颁布"千禧年数字版权法"，该法案对控制访问和控制使用分别做了如下规定：禁止任何人对有效控制版权作品的访问和技术措施进行破解；禁止任何人制造、传播、提供或者以其他方式从事所列任何技术、服务、装置、零部件及其部分的交易。

1999年5月，欧盟委员会颁布的《版权指令草案》中规定：就作品或其他受保护客体来说，未经权利人授权的行为，权利人可以通过控制访问的措施、保护程序的措施来控制对作品或其他受保护客体的使用。

2. 数字版权的保护与网络侵权行为

数字版权保护（DRM）的内容主要包括：数字内容的保密性；数字内容的完整性，内容不可篡改；数字版权的描述与验证；数字版权的合法使用，即数字版权的不可复制；数字产品传输的安全。

数字版权保护方法主要是通过数字水印技术、数据加密和防拷贝来实现。

一般来说，网络版权侵权行为表现为以下十种行为：未经作品权利人许可，擅自发表其作品；未经合作作者许可，将与他人合作创作的作品当作自己单独创作的作品发表；没有参加创作，为谋取个人名利，在他人作品上署名；歪曲、篡改他人作品；剽窃他人作品；未经许可擅自以复制、展览、发行、放映、改编、翻译、注释、汇编、摄制电影和类似摄制电影等方式将作品用于网络传播；将他人作品用于网络传播，未按规定支付报酬；侵犯版权邻接权的行为；规避或破坏保护作品版权的技术措施；破坏作品的权利管理信息。

二、充分利用信息技术，做好个人知识管理

互联网中各种网络技术的发展使人们进入了崭新的阅读与专业成长时代。网络信息的数量十分庞大，我们工作中需要的知识也很广泛，对知识的数量和质量要求很高，如果我们对这些知识无法进行管理，最后将造成工作的低效率，因此网络时代的个人知识管理显得非常重要。

（一）个人知识管理的概念

个人知识管理（PKM）有各种版本的定义，但其实质都在于帮助个人提升工作效率，整合自己的信息资源，提高个人的竞争力。

Frand 和 Hixon 研究认为，个人知识管理是指个人组织和集中自己认为重要的信息，使其成为自己知识的一部分。另外，他们认为个人知识的拓展，个人隐性知识向显性知识的转化，也都属于个人知识管理的范畴。

美国的 Dorsey 认为，个人知识管理可以看作在 21 世纪成功地完成知识性工作所必须具备的一系列解决问题的技能，他概括和定义了六项核心个人知识管理技能：信息检索、信息评估、信息组织、信息表达、信息安全、信息协同。Hyams 则从更为宽泛的角度诠释了个人知识管理的含义，除了上述 Dorsey 所描述的信息方面的内容外，还包括时间管理、组织性工作等方面的技能，具体包括：时间控制，保持工作空间舒适度，快速阅读、备注和研究，备案和文档管理，有效信息甄别，有目的地写作，知识／信息处理设施使用，知识／信息过滤技能等。

Skyrme 也从经验方面定义了个人知识管理战略，其个人知识管理战略包

括以下内容：明确自己的信息需求，制定一个知识获取战略；设定信息的优先级，确定如何和何时处理手上的信息；为需要归档和保存的知识建立规范，创建个人的文件系统（可以兼顾自己的工作、生活和其他知识活动）；为不同用途建立信息目录和索引，经常评估/评价所存储信息和目录的价值。

我国学者孔德超认为，个人知识管理包括三层含义：其一，对个人已经获得的知识进行管理；其二，通过各种途径学习新知识，吸取别人的经验、优点和长处，弥补自身思维和知识缺陷，不断建构自己的知识特色；其三，利用自己所掌握的知识以及长期以来形成的观点和思想，再加上别人的思想精华，去伪存真，实现隐性知识的显性化，激发创新出新的知识。

总的来说，个人知识管理应该被看作既有逻辑概念层面又有实际操作层面的一套解决问题的技巧与方法，并且这种技巧与方法是 21 世纪的知识工作者所必须掌握的。

（二）个人知识管理的内容

1. 知识的习得和获取

只有在个人知识足够丰富的情况下，个人知识管理的重要性才开始凸现出来，因此如何获取知识无疑是有效管理它们的第一步。

在知识经济时代，个人知识的学习应该是一个永远没有结束的过程，个人必须培养学习知识的强烈愿望和自主学习的良好习惯，掌握知识学习的相关工具与技巧，如互联网、社会性软件的使用，搜索引擎的搜索技巧等。

2. 知识的整理和存储

搜集资料、习得知识只是知识管理的第一步，怎样对这些资料和知识进行整理并加以存储，是知识管理的第二步。

知识管理的第二步应考虑对显性知识和隐性知识加以区分并整理。整理显性知识的关键是系统化，即建立自己的知识管理框架；整理隐性知识的关键是隐性知识显性化，并纳入显性知识的框架之中统一管理，以备今后使用。整理和存储知识的目标是建立知识管理框架，尤其是专题分类。一般来说，科学的专题分类有助于把收集到的资源有系统地存储，以便使用时快速获取，缺乏系统分类的架构会造成使用资源与创造知识的时间成本增大，影响工作效率。

3. 知识的分享和利用

知识的不宜损耗性是知识共享的理论基础。打个比方，如果你只有一个苹果，被别人吃了，那么你就没有了，但你的知识如果与别人分享后还可能增值，就好像你拥有一个苹果，而别人拥有一个梨，如果进行分享的话，就形成了"1+1=2"的效应。知识管理的一个重要环节就是共享知识、互通有无。知识共享是知识管理最基本的功能，几乎所有的知识管理工具都与知识共享有一定的联系。

在以上个人知识管理的内容中，有七项知识管理的技巧与方法是必须掌握的，可以概括为检索信息的技巧、评估信息的技巧、组织信息的技巧、分析信息的技巧、表达信息的技巧、保证信息安全的技巧和信息协同的技巧。瑞士 Open ConnectAG 公司的知识管理主管 Hyams 在上述七项之外还加入了个人知识管理的其他内容，包括时间管理、基础设施、组织性工作等方面的技能，具体包括：时间控制；工作空间舒适度；快速阅读、备注和研究；备案和文档管理；信息设计（哪些信息有用，哪些信息无用）；有目的地写作；知识 / 信息处理设施（通常指 PC 等 IT 设备）；知识 / 信息过滤技能。

（三）个人知识管理的实施

在网络环境下，传统的个人知识管理通常使用微软 Office、MS outlook 即时通信工具（ICQ、MSN 等）、个人信息管理系统等，具有资料整理归类、数据存取、支持搜索、交流共享等功能，能够满足个人知识管理的基本需求。但这些传统个人知识管理工具有其局限性，如模拟方法非自动化，并且不能被搜索，不支持调查、提醒、知识再利用和协作。

Web2.0 的出现是互联网的一次理念和思想体系的升级换代，由原来的自上而下的由少数资源控制者集中控制主导的互联网体系转变为自下而上的由广大用户集体智慧和力量主导的互联网体系，是以 RSS（内容聚合）、Blog（博客）、Wiki（维基）、Tags（分类标签）、Social Bookmark（网摘）、SNS（社会网络）等应用为核心，依据六度分隔、XML、AJAX 等理论和技术实现的互联网新一代模式。Web2.0 强调开放、共享、参与、创造和以用户为中心，它的兴起给网络信息的生产、组织、传播与利用带来了巨大的变革，为个人知识管理提供了丰富的技术和平台，同时也给管理效率的提升带来了新的契机。

Web2.0 时代个人知识管理是学习者利用 Web2.0 技术与平台，如 Blog、Wiki、RSS、Tags、SNS 等进行知识收集、提取、整合、创新与应用，从而不断增加和扩充个人知识体系，并与社会共享交流个人的知识库，实现知识应用与创新。

学习者个人知识管理过程模型由知识收集、知识提取、知识整合、知识创新、知识应用和知识反馈各阶段构成，如图 5-2 所示。知识收集阶段，基于个人兴趣与学习目标所要求的知识需要，利用 Web2.0 技术中的搜索功能进行知识的收集、RSS 的信息推送服务、Social Bookmark 的信息推荐服务等手段实现个人信息的自动获取，得到来自网络环境中他人知识库中有意义的信息和知识，并将搜索结果存储于个人知识库；知识提取阶段，在所收集的大量信息中提取有价值的知识，并借助于 Blog 的个人化空间、Wiki 的协同工作空间进行信息发布共享；知识整合阶段，借助 Web2.0 技术实现知识的再加工，并将整合更新后的知识补充到个人知识库中，通过 Tag 的加注、SNS 形成的"团体"、Wiki 的问答互动完成信息的交流，进而为知识创新应用提供有利条件；知识内化过程中发现的问题、相关分析结果与预期的差异及其产生原因的分析、经验教训的总结等经知识反馈，以编码化、清晰化的显性知识形式或者以非编码化的、不能明确表述的、零散片段的隐性知识形式存储到知识库中去，成为下一次个人知识管理过程需要的知识来源。

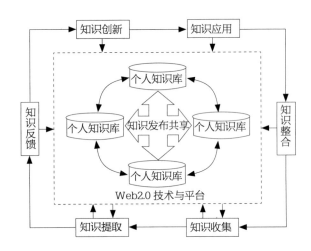

图 5-2　基于 Web2.0 技术的个人知识管理过程模型

（四）个人知识管理的方法

个人知识管理要找到合适的工具记录知识，并要做好分类，一旦固定了工具，就不要轻易改变，迁移工作是非常复杂的，并且知识最好能实现共享与交流，让大家都能了解。

（1）分析个人对知识管理资源的需求。

（2）建立个人知识管理结构和专业知识体系。①人际交往资源（如联系人的通信录、每个人的特点与特长等）；②通信管理（书信、电子信件、传真等）；③个人时间管理工具（事务提醒、待办事宜、个人备忘录）；④网络资源管理（网站管理与链接）；⑤文件档案、个人知识库管理。

既然要建立自己的知识库，那么首先要考虑的就是个人知识的分类。分类学是一门学问，当然不需要每个人都去研究分类学的知识，但应该静下心来好好检查一下自己到底需要哪些知识。

（3）建立个人知识管理的准则和文档命名规范。

（4）选择进行个人知识管理的工具。对个人来说，针对不同的信息可以采用不同的工具，不需要采用统一的入口，只要简单易用，适合自己就行，如邮件管理、通信录管理，这是最常用的个人知识管理的一部分。还有就是知识内容的管理，可以采用 Wiki 和 Blog。不要用什么所谓专业的个人知识管理系统，它们普遍存在一个问题：与其他工具软件兼容性不好，大大限制了将来对手中资源的调动能力，可以用 Google Desktop、浏览器收藏夹、博客等。

其实，每天为了一个主题用 Google 在网上搜索时，可以将看到的哪怕有一点价值的网页都分类放在收藏夹里，然后整理。

博客可以将自己对某一主题的研究记录下来，并拿出来分享。首先是对个人的记录，然后才是分享。可以用 Blog 数字化学习笔记，实现知识的获取、评估和保存；利用 Blog 分类归档合理组织、实现知识的快速检索；利用 Blog 实现知识的维护和发展。

（5）持之以恒地维护个人专业知识体系。三分建设，七分维护，最难的也是持之以恒。维护的主要内容包括以下几个方面：①添加新的知识源和知识分类；②更新、修改和删除部分知识源；③调整共享的位置；④与他人进行互动的知识资源交流；⑤不断完善个人知识管理的各项准则。

（6）在实际工作中应用个人专业知识资源。

我们所有的知识只有唯一的目的：使用它，利用知识创造效益。个人知识管理最终目的，是在提高工作效率的基础上，提升能力，促进创新，这就要求在个人的知识流中，知识管理要有助于个人知识流的流动，促进新知识的不断获取，促进显性知识向隐性知识的转化。以个人为中心，不断向外延伸个人的实践领悟等，使知识流有助于个人隐性知识的获得。知识管理中知识的利用方法现在还处于探索阶段，因为它涉及不同个体的知识背景、生活环境、价值观等复杂因素。但在实践中不同个人可以总结自己有效的方法，并多多交流，促进自己所拥有知识的充分利用，只有这样才能真正提高自己。

第六章　信息技术在课程教学中的模式整合与构建

第一节　信息技术与课程整合必要性分析

一、信息技术与课程整合的含义

（一）课程

课程是指为了实现一定的教育目的而设计的学习者的学习计划或学习方案。这个定义是从学习者的角度把课程作为一种计划或方案来理解的，在学习方案中对学习者的学习目标、学习内容和学习方式进行了设计和规定。信息技术与课程整合应该从课程的各个方面入手，其中任何一个方面出现问题，整合的效果都会受到影响。有人认为信息技术与课程整合只应局限在教师与学生的具体活动之中，这显然过于狭隘，说明这种整合没有真正从课程的视角去思考，因此并不是真正意义上的课程整合。信息技术与课程整合应该考虑总体课程目标、总体课程的内容、总体课程的组织、科目内容、单元学习方案中具体学习活动等，应该与课程的各个要素进行整合，并且还要与各种类型的课程进行整合。这种整合应该是全方位的整合。

（二）信息技术

信息技术是国际上流行的说法，各国或地区在具体表述上也有一定差别。例如，在英国基础教育中称为信息和通信技术（Information and Communication Technology，ICT），而在法国则称为 TIC（Technology of Information and Communication）。

信息技术的一般定义：应用信息科学的原理和方法对信息进行获取、处理和应用的技术，它覆盖微电子技术、计算机技术、通信技术和传感技术而成为一门综合技术。显而易见，对于基础教育而言，信息技术应该突出的是获取、处理和应用信息的能力。

（三）信息技术与课程整合

"信息技术与课程整合"的概念最早源自西方的"课程整合"概念。在英文中，"整合"一词表述为 Integration，这一单词在汉语中有多重含义，如综合、融合、集成、一体化等，但它的主要含义是"整合"，即由系统的整体性及其在系统核心的统摄、凝聚作用而导致的使若干相关部分或因素合成为一个新的统一整体的建构、程序化的过程。具体要求体现在教育、教学中，则是指教育、教学中各要素的整体协调、相互渗透，以发挥教育系统的最大效益。"课程整合"的内涵是对课程设置、各课程教育教学的目标、教学设计、评价等诸要素进行系统的考察与操作，就是要用整体的、联系的、辩证的观点来认识、研究教育过程中各种教育因素之间的关系。狭义的课程整合则是考虑到各门原来相互分裂的课程之间的有机联系，将这些课程综合化。

那么，什么是信息技术与课程整合呢？所谓信息技术与课程整合是指将信息技术以工具的形式与课程融为一体，将信息技术融入课程教学体系各要素中，使之成为教师的教学工具、学生的认知工具、重要的教材形态、主要的教学媒体。也可以说，信息技术与课程整合是指在课程教学过程中把信息技术、信息资源、信息方法、人力资源和课程内容有机结合，共同完成课程教学任务的一种新型的教学方式。第一，应该在以网络和多媒体为基础的信息化环境中实施课程教学活动。第二，对课程内容进行信息化处理后成为学习者的学习资源。第三，利用信息加工工具让学习者改变学习方式，进行知识重构。在信息化学习环境中，由于将信息技术与课程进行整合，使学习者的学习方式发生了重要的变化。主要变化在于学习是以学习者为主体，学习可以是个性化的，能满足个体需要；学习是以问题为中心；学习过程是通信交流的过程，学习者之间、教师与学生之间是协商、合作的关系；学习过程具有创造性；学习可以随时随地进行。可以说，学习者的学习可以不再只是依赖教师的讲授和学习课本，而是可以利用信息化平台和数字化资源，教师、学生之间展开协作学习，并通过对资源的收集利用、探究知识、创造知识、展示知识的方式进行学习，因此通过信息技术与课程整合，可以使学习者掌握信息时代的学习方式，包括会利用资源进行学习；学会在数字化情境中进行自主学习；学会利用网络通信工具进行交流，协作学习；学会利用信息技术，进行实践创造性学习。总之，学习者可以利用文字处理、图像处理、信息集成的数字化工具，对课程知识内容进行重组、创作，使信息技术与课程整合不仅只是向学习者传授知识，而且能够使学习者进行知识重组和创新。

在信息技术与课程整合的过程中，不是把信息技术仅仅作为一种新的教学媒体来使用，而是要把信息技术与教学系统中的各要素相结合，有机地融合在一起，逐步形成新的教学结构。信息技术与课程整合是要把信息技术与原有教学结构中的各个要素——教师、学生、教学内容、教学媒体有机结合，形成在信息化环境下的新的教学结构——具有信息素养的教师、具有信息素养的学生、信息化的教学内容、数字化教学媒体资源。

二、信息技术与课程整合的组成要素

从教学的角度来看，信息技术与课程整合一般具有如下组成要素。

（一）学科课程内容

既然是学科内容，那么不同的学科就具有不同的内容，如对文字的认识，对内容的阅读和理解，对内容的自我创作，概念的把握，图形的认识，简单与复杂的演算，个人对听、说、读、写能力的提高，科学知识的相关概念、原理、定律、实验数据的处置等，这些都是在信息技术与课程整合过程中不同学科所针对的不同类型的内容。

（二）信息技术的应用

对于信息技术的应用包含了信息技术环境的创设和信息资源的建立，信息技术环境的创设要有利于学习者对学习内容进一步有效地掌握，信息资源的建立可以为学习者提供一个自我学习的环境。

（三）教师主导教学的行为

在进行信息技术和课程整合的过程中，要把教师在教学过程中对学生进行知识学习方法指导融入其中，如进行情景的创设、问题的设置等，同时要融入教师对学习者学习活动组织的策路。具体来说，就是如何组织研究、如何组织进行协作学习等。

（四）学生的主体活动方式

信息技术的应用，主要是为了学生能够更好地学习知识，能够使教学的效果进一步优化。学习者在整个过程中是最重要的主体，因此在进行信息技术和课程整合过程中必须注重学习者的个体活动。例如，学习者如何进行资源搜索，如何发现问题并如何解决问题等。为了达到这些目的，必须让学习者明白自己在其中的角色，并能进行交流，进行辩论，进行合作。

三、信息技术与课程整合模式及要素

信息技术和课程整合的模式很多，下面介绍几种常见的模式。

（一）基于课堂讲授型的"情境探究"模式

这里所说的情境即情况、环境，一般是指由外界、景物、事件、人物关系等诸多要素构成的某种具体的有机结合的境地。课堂教学情境，主要包括语言文字、图表、图像、实物材料、人物动作、人际关系等。探究就其本意而言，就是探讨和研究。探究是求索知识或信息，是求真的活动；是搜寻、研究、调查、检验的活动；是提问和质疑的活动。"探究"不同于"研究"，"研究"一般是指用科学的方法去探求事物的本质和规律，而"探究"则指"深入探讨，反复研究的活动"。"研究"一词似乎多了几分严谨、稳重，而"探究"则更有生气，更有动感，也更符合青年学生的生理和心理特点。

情境探究教学，是指教师根据教学目标和教学内容，创设特定的教学情境，引导学生自主探究的教学。具体就是指教师以现行教材为基本内容，以学生周围世界和生活实际为参照对象，选择综合而典型的材料，创设特定的语言、形声色、问题等情境，努力真实、全面地反映或模拟现实，引导学生应用所学知识，自主地探究事物的整体结构、功能、作用，分析理解事物的变化发展过程，从而形成新知识、新观点，进而找到解决问题的新方法、新手段。该模式中信息技术与课程内容教学的关系如图6-1所示。

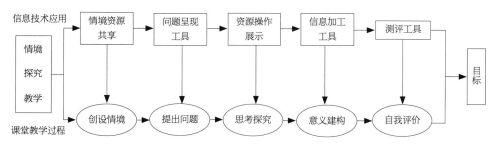

图 6-1 基于课堂的"情境探究"模式

基于课堂的"情境探究"模式除了兼具传统课堂教学师生面对面交流、信息反馈及时的特点外，还具有学生参与性高、学习方式灵活和学习资源丰富等特点，对于革新传统课堂教学，提高教学质量和效率，促进素质教育，培养创新精神和实践能力具有重要的意义。

（二）基于网络资源利用的主题研究型学习模式

主题研究型学习模式又称基于项目的研究性学习模式。在丰富的教学资源环境下，教师根据学生所关心的社会、生活或学习中的热点问题，要求学生确立论点；教师提供与主题相关的资源目录、网址和指南，指导学生检索资源或浏览相关网页；学生根据论点搜集相关的支撑材料，最终完成具有个性特点的论文或作品。

这种模式是通过社会调查、确定主题、分组合作、收集资料、完成作品、评价作品和意义建构等环节完成课程学习。其教学过程如图 6-2 所示。

主题研究型学习需要丰富的学习资源支持（包括丰富的信息资源和导师资源），现实世界由于教学资源的相对分散，收集困难，在一定程度上难以适应研究型学习对资源的需求。而网络中海量的信息资源，同步、异步并行的信息交流方式及超越时空传递信息的能力，解决了研究型学习信息资源和导师资源的不足，有利于学生探究真实生活中的实际问题。通过师生互动，不但培养了学生的合作精神，也体现了学生个人价值。

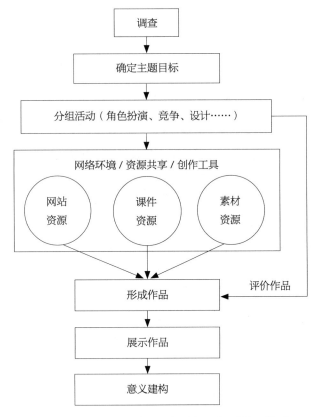

图 6-2　基于网络资源利用的研究型学习模式

（三）WebQuest 模式

WebQuest 是美国圣迭戈州立大学的伯尼·道奇等人于 1995 年开发的一种课程计划。Web 是"网络"的意思，Quest 是"寻求""调查"的意思。WebQuest 是一种"专题调查"活动，在这类活动中，部分或所有与学习者互相作用的信息均来自互联网上的资源。根据这一意思，我们可以把它译为"网络探究"。

一个 WebQuest 必须包括绪言（主要是创设情景）、任务（组成小组合作研究或个人独立研究，分析任务，发现并提出问题）、资源（教师围绕任务，预设学习资源）、过程（学生进行自主探究，形成初步成果）、评估（自我评价和互相评价，实现交流与共享）、结论（学生进行反思，教师进行总结）等 6 个部分。除此之外，还可以有诸如小组活动、学习者角色扮演、跨学科等非关键属性。其教学过程如图 6-3 所示。

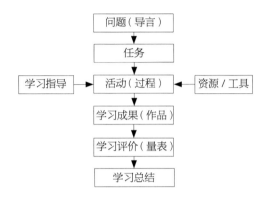

图 6-3 WebQuest 学习模式

（四）基于专题学习网站共建的任务驱动型学习模式

任务驱动型学习模式是指由教师根据课程内容，为学生安排一定的学习任务，让学生在完成学习任务的过程中掌握所学知识的一种学习方式。

该模式根据学习网站的专题内容与学习资源状况，提出任务，并通过任务驱动，培养学生的创新学习能力。其主要过程为，收集专题相关资源，上传资源，丰富资源库内容；利用专题资源，创作新网页型课件，丰富知识库内容；利用专题资源，环绕课程教学，形成学生作品，并对学生的创作实践进行评价和共享。其教学过程如图 6-4 所示。

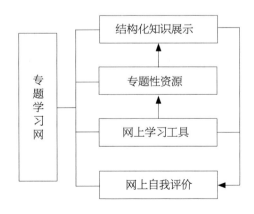

图 6-4 基于专题学习网站共建的任务驱动型学习模式

（五）基于因特网的校际远程协作学习模式

校际远程协作学习是指学校之间，环绕相同的主题，分别以网站方式，相互展示学习内容、学习过程、学习成果以及学习体会，共同总结学习收获的一种协作学习方式。其特点是，以课程内容为主题的研究性学习；以网页设计、制作、观摩和讨论过程进行学习；不同地区相关学校组成学习共同体。其教学过程如图 6-5 所示。

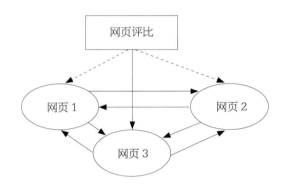

图 6-5　基于因特网的校际远程协作学习模式

四、信息技术与课程整合的具体方式

信息技术与课程整合的关键是如何有效应用信息技术的优势来更好地达到课程学习的目标，培养学生的信息素养、创新精神与实践能力。因此，要培养学生学会把信息技术作为获取信息、探索问题、协作讨论、解决问题和构建知识的认知加工和情感交流工具。

（一）作为学习对象

信息技术作为学习对象包含三个方面的含义。

（1）学习信息技术科学知识。与物理、化学一样，信息技术科学也凝聚了人类的智慧，学生应当学习信息技术科学知识，了解计算机的基本原理、构成、程序语言、历史以及未来发展趋势等。

（2）学习信息技术基本技能。信息技术在社会中具有广泛的用途，作为未来社会的公民，学生应当掌握信息技术的基本技能，如开关机器、使用键盘和鼠标、管理磁盘软件等。

（3）学习信息技术对社会的用途和影响。信息技术对社会产生了重大影响，学生应当了解信息技术给社会各领域带来的变化以及问题，知道信息技术能做什么不能做什么。

（二）信息技术作为演示工具

这是信息技术用于学科教学的最初表现形式，是信息技术和课程整合的最低层次，目前大多数基础教育和高等教育都采用这种方式。

教师可以使用现成的计算机辅助教学软件或多媒体素材库，选择其中合适的部分用在自己的讲解中；也可以利用 PowerPoint 或者一些多媒体制作工具，综合利用各种教学素材，编写自己的演示文稿或多媒体课件，清楚地说明讲解的结构，形象地演示其中某些难以理解的内容，或用图表、动画等展示动态的变化过程和理论模型等。另外，教师也可以利用模拟软件或者计算机外接传感器来演示某些实验现象，帮助学生理解所学的知识。这样，通过合理的设计与选择，计算机代替了幻灯、投影、粉笔、黑板等传统媒体，实现了它们无法实现的教育功能。

（三）信息技术作为交流工具

指将信息技术以辅助教学交流的方式引入教学，主要实现师生之间情感与信息交流。网络通信技术的发展为信息的沟通交流提供了有力的工具，万维网、电子邮件、BBS、聊天室、视频会议等，都可以为教师和学生间的交流提供支持。同一个学科的教师们可以通过邮件列表或 BBS 等建立一个讨论组，交流自己在教学中的经验体会。学生可以在网上建立各种兴趣小组，对共同感兴趣的主题进行共同探索和讨论。

（四）信息技术作为个别辅导工具

目前有大量的练习型软件和计算机辅助测验软件，让学生在练习和测验中巩固、熟练所学的知识，决定下一步学习的方向，实现了个别辅导式教学。个别辅导中计算机软件实现了教师职能的部分代替，如出题、评定等，因此教学的发生对技术有较强的依赖性。此外，教师还能在一定程度上注意学生的个别差异，提高学生学习的投入性。根据不同的学习内容和学习目标，个别辅导软件提供的交互方式也有所不同，体现了不同的教学（或学习）方法，从而形成了不同模式的个别辅导软件，反映了利用计算机进行学习时的交互方式，包括操练和练习、对话、游戏、模拟、测试、问题解答等。

个别辅导式教学一般是通过计算机辅助教学（CAl）课件而实现的。课件是一种内容特定、组织良好的计算机辅助教学程序，这与一般的信息资源不同。学生可以通过与某种课件的交互来学习相应主题的知识和技能。在这种交互过程中，课件可以针对学生的反应情况给予反馈，展开下一步的学习内容，就像一个"辅导教师"。

常用的计算机辅助教学课件主要有以下几种类型：①个别辅导型。这种课件的目的是引导学生学习某种新的知识技能。一般将某一课教学内容划分成一小块一小块的教学单元，每个单元针对一个知识点。在每个单元，计算机先讲解这一单元的内容，然后向学生提问，以检查学生的掌握情况。如果学生已掌握了这个单元的内容，就进入下一步学习，否则就要进行补救性的讲解或辅导。②操练与练习型。操练与练习型课件的目的是帮助学生巩固和熟练所学的知识技能，提高学生完成任务的速度和准确性。在这种课件中，计算机首先向学生呈现要回答的问题，回答方式可能是选择题，也可能是通过键盘输入答案。如果学生的回答正确，就给予确认和鼓励，然后呈现下一个问题，否则计算机会针对学生的错误给予相应的提示，在尝试一定次数之后会给学生出示正确答案。③模拟型。计算机可以模拟某种现象或过程，教师可以利用计算机模拟进行演示实验，也可以让学生直接对模拟软件进行操作，以发现其中的基本规律。此外，CAl 课件还有建模型、游戏型及问题解决型等。

（五）信息技术提供资源环境

用信息技术提供资源环境就是要突破书本是知识主要来源的限制，用各种相关资源来丰富封闭的、孤立的课堂教学，极大地扩充教学知识量，使学生不再只是学习课本上的内容，而是能开阔思路，了解到百家思想。同时，在丰富的资源环境下学习的同时，还可以培养学生获取信息、分析信息的能力，让学生在对大量信息进行筛选的过程中，实现对事物的多层面了解。

（六）作为情境探究和发现的学习工具

一定的社会行为总是伴随行为发生所依赖的情境。如果要求学习者理解这种社会行为，最好的方法是创设同样的情境，让学生具有真实的情境体验，在特定的情境中理解事物本身。根据一定的课程学习内容，利用多媒体集成工具或网页开发工具将需要呈现的课程学习内容以多媒体、超文本、友好交互等方式进行集成、加工处理转化为数字化学习资源，根据教学的需要，创设一定的情境，并让学习者在这些情境中进行探究、发现，有助于加强学习者对学习内容的理解和促进学习能力的提高。

在发现性教学中，教师不是直接把现成的知识呈现给学生，而是给学生提供一定的问题情境和有关的资源，让学生通过自己的思考、探索来形成某些概念，发现一定的原理。在这种教学中，信息技术的作用主要是呈现探索情境，提供解决问题所需要的工具和信息资源，另外也可以评价检查学生的学习情况。

利用模拟软件或其他多媒体软件呈现探索情境，发现学习开始于需要学生探索的问题情境。

传统教学中的习题往往是高度简化的，是与现实问题相差很大的"假问题"。在这些问题中，条件和问题是明确给出的，而且它们之间是对应的，即所需要的条件都给了，不需要的条件一点不提，这与现实世界中的问题情境截然不同。这种教学方式不利于培养学生解决实际问题的能力。因此，新的教学方式提倡让学生对真实性问题情境进行探索，而多媒体比文字更能够表现真实的问题情境，如可以用动画来表现一个故事情节，其中蕴含着需要学生解答的问题以及解决问题所需要的条件，这种方式更能激发学生的兴趣，而且更能保持问题的真实性。计算机模拟软件是发现学习的好工具。模拟软件一般向学生展现了某种情境或过程，其中蕴含着一定的变量关系，学生可以通过对模拟情境的操纵来发现其中的规律。一些开放的工具型教学软件也可以作为发现性教学的有力工具，如中学数学教师利用几何画板来发现三角形重心的规律、探索直角三角形的三条边的关系，等等。

通过信息技术对呈现的社会、文化、自然情境的观察、分析、思考，激发学习兴趣、提高观察和思考能力；通过信息技术对设置的问题情境的思考、探索，利用数字化资源具有多媒体、超文本和友好交互界面的特点，培养发现问题、解决问题的能力；通过利用节点之间所具有的语义关系，培养学生进行知识意义建构的能力；通过信息技术创设的虚拟实验环境，让学生在虚拟实验环境中实际操作、观察现象、读取数据、科学分析，培养进行科学研究的能力，形成正确的科学研究态度，掌握科学探索的方法与途径。这些都是信息技术作为情境探究工具的主要作用。

（七）信息技术作为信息加工与知识构建工具

信息技术可以培养学生的信息加工、信息分析能力和思维的流畅表达能力，强调学生在对大量信息进行快速提取的过程中，对信息进行重整、加工和再应用。将信息技术作为知识构建工具可达到对大量知识的内化，在内化的过程中还可以开展通信和交流，提高学生在信息技术环境下思考、表达和信息交流能力以及对信息的应用能力。在教学过程中，教师要密切注意学生整个的信息加工处理过程，在其遇到困难的时候给予及时的辅导和帮助。

（八）信息技术作为协作工具

计算机网络技术为信息技术和课程整合实现协作式学习提供了良好的技术基础和支持环境。

计算机网络环境大大扩充了协作的范围，减少了协作的非必要性精力的支出，学生可以借助 Mud E-mail、BBS 等网络通信工具，实现相互之间的交流，参加各种类型的对话、协商、讨论活动，促进学生独立思考、发展求异思维、培养创新能力和团队协作精神。在进行协作研讨性教学时，教师要注意：①精心设计讨论的主题，保证主题与教学目标的一致性。②在需要的时候，教师要起到"激励者"和"促进者"的作用，以促进讨论的深入和扩展，但教师不是主要发言人。③在利用互联网进行协作研讨时，教师要明确研讨活动的目标和任务，说明学习者的具体责任，说明整个活动的大致时间表，要及时通过网络与参与者保持联系，通知大家最新进展情况，创造一种集体气氛。④在活动的最后，教师可以做精炼而关键的概括。

（九）信息技术作为研发工具

虽然我们强调对信息的加工、处理以及协作能力的培养，但最重要的还是要培养学生探索、发现问题和解决问题的能力，以及创造性思维能力，这才是教育的最终目标。在实现这种目标的教学中，信息技术扮演着"研发工具"的角色。例如，在中学数学教学中，几何画板可为学生提供自我动手、探索问题的机会：当面对问题时，学生可以通过思考和协作，提出自己的假设和推理，然后用几何画板进行验证；在经济学课程中，虚拟现实技术可以模拟真实的商业情境，让学生在各种真实、复杂条件下做出决策和选择，提高学生对真实问题的解决能力。

（十）信息技术作为评价工具

新课程改革要求评价的功能、内容、方式等要发生改变。评价的功能不再是单一地评定学业成绩的好差，更重要的是对教师的教学、学生的学习进行诊断，为改进教与学提供参考；评价的内容也不再局限于学生的知识掌握情况，开始关注学生的能力及其发展的过程，重视过程的评价；考试不再是唯一的评价方法，档案袋评价、课堂评价、学生自我评价、调查问卷等都成为评价的一部分。这些改变对教师提出了新的要求，要求教师不仅要经常性地设计课堂评价表、调查问卷、学生自主评价表等，还要耗费更多的精力来统计、管理这些评价用的材料和相关信息，这对于过程性评价是否能真正落到实处、真正实现评价诊断教学的功能都将是一个极大的挑战。如果有一个高效的电子评估系统，将学生的成长档案袋、日常的评价信息、调查问题等进行电子化管理，那么就有可能使教师从繁重的统计、档案管理中解脱出来，使他们有更多的精力关注教学，关注评价结果所表现的教学信息，利用评价诊断教学中出现的问题，从而促进教学工作的提高。

（十一）计算机作为教学管理工具

计算机管理教学（CMI）是指用计算机帮助教师进行教学的管理，也就是辅助教师对学习过程进行跟踪记录和评估等。狭义的计算机管理教学仅指专门的计算机管理教学系统的应用，广义上的计算机管理教学还包括文字处理、电子表格、数据库、统计分析、通信等软件在教学管理中的应用。

第二节　信息技术与课程整合的实现机制

一、信息技术与课程整合的方法

信息技术与课程整合的方法是什么？人们一直渴望找到一剂良方，一把万能钥匙。如何具体整合属于教学方法范畴，况且不同学科具体整合的方法不一样，所谓教无定法，所以企图为所有的学科规定统一的整合方法是不可能的，也是不可取的。但信息技术与不同学科课程的整合具有一定的共性，我们反对将信息技术与不同学科课程整合定式化，但对其应遵循的一般规律还是有必要进行探讨。

（一）基于任务的学习

以"任务驱动"组织教学过程的思想，是建立在建构主义教学理论基础上的。"任务驱动"教学法强调学生在真实情景中的任务驱动下进行学习，学习活动必须以大的任务和问题相结合，以探索问题来引发和维持学习者的学习兴趣。这一教学方法适用于培养学生的创新能力和独立分析问题、解决问题的能力。它由以下几个环节组成：

（1）创设情境。使学习能在和现实情况基本一致或相类似的情境中发生。

（2）确定问题。在上述情况下，选择出与当前学习主题密切相关的真实性事件或问题作为学习的中心内容（让学生面临一个需要立即去解决的现实问题）。

（3）自主学习。不是直接告诉学生如何去解决问题，而是由教师向学生提供解决问题的有关线索，并特别注意发展学生自主学习的能力。

（4）协作学习。讨论、交流，通过不同观点的碰撞，补充、修正、加深每个学生对当前问题的理解。

（5）效果评价。由于基于问题的学习要求学生解决面临的现实问题，学习过程就是解决问题的过程，该过程可以直接反映出学生的学习效果。所以，对这种学习效果的评价不需要进行独立于教学过程的专门检测，只需要在学习过程中随时观察并记录学生的表现即可。

（二）协作式学习

协作式学习是在充分利用各种通信系统的基础上实施的一种学习形态，是学生以小组形式参与、为达到共同的学习目标、在一定的激励机制下最大化个人和他人学习成果，而合作互助的一切相关行为。它能充分表现信息技术与课程整合的特点，有效地培养学生的协同工作能力，增强个人责任感，提高社交技能，培养学生的信息能力、分析问题和解决问题的能力。

协作式学习可实现不同地域的合作，进行大面积的体验学习，利用因特网可进行国际交流、校际交流，也可进行不同文化间的交流。学生在这种交流中进行学习，实现能力的培养。信息技术的突飞猛进，使协作式学习潜在的价值吸引了越来越多的研究与开发投入。计算机支持的协作学习（CSCL），以其强大的交互性（传输信息丰富性、交互人数可变性、交互控制权既可均衡分配又可高度集中的可设计性、时间和空间的灵活性、交互过程的可记录保存性）

和协作性（支持共享信息、支持共享活动、支持角色扮演、支持创造行为、支持控制管理）显示其广阔的前景。目前，有不少网络教学平台支持协作学习。

（1）Vitual-U 联机教育系统，是一套服务器上运行的软件系统（开发工具），由加拿大某大学开发，可实现以下功能：①创建会议与子会议，允许更加集中、更加具体地讨论主题；②为每个会议定主题、结构、参与者；③参与者可以看到所定制协商的列表，并可以通过讨论主线、作者或日期来搜寻信息；④可以选择是浏览全文还是标题；⑤师生或协作者间分享意见；⑥定制符合学校品牌与形象的校园氛围；⑦确定协作组；⑧允许学生进行角色扮演，如扮演讨论的仲裁者、参与者、观察者；⑨在消息中插入多媒体素材，如图形、视频和动画等。

（2）WebCL 是由北京师范大学网络教育实验室在教育部远程教育关键技术项目的支持下成功开发的一套完整的协作学习系统，该系统除了支持资源共享、不同分组策略、互动协作等功能外，还具有任务调度、项目管理等功能，是一个真正全面支持协作学习的教学支撑平台，具有如下功能：① 对学生的学习风格与智力特征进行测量；②根据学生特征与选取的学习内容进行自动分组（由教师指定分组策略）；③对小组的协作学习过程提供材料支持；④对小组的协作学习过程进行记录；⑤自动对协作绩效进行评价。

（三）研究性学习

研究性学习又称基于方案的学习，它是对主题和专题做深入研究的模式，包括收集信息、加工信息、应用信息等过程，是相对于接受学习而言的发现学习。它不像接受学习将学习内容直接呈现给学生，而是将学习内容以问题的形式来呈现，它追求的不仅仅是一个结论，更是一种经历，即使是失数或挫折。和接受学习相比较，它具有开放性、问题性、实践性、参与性的特征。研究性学习是以建构主义理论为指导的一种学习方式，其目的在于改变学生被动接受知识的学习方式，建构开放的学习环境，提供多渠道的获取知识、应用知识的机会，促进学生形成积极的学习态度和良好的学习策略，培养其创新精神和实践能力。它强调学生在真实的情景中主动探索。然而，在具体教学实践中，由于教学条件和时间的限制，完全在现实场景中实现研究性学习是不太现实的。信息技术与课程的整合为研究性学习的顺利实施创造了条件：计算机网络凭借其便捷性、交互性、超时空性等技术优势创造了一个全新的、开放的学习环境。丰富的网上资源和多媒体网络环境是实施研究性学习的重要条件。

（四）综合学习

综合学习是以培养学生自我生存能力为主要目标的学习形态，也是实现信息技术与课程整合的主要方法。信息技术与课程整合可根据综合学习的学习过程进行设计。综合学习是一种探究性学习的学习形态，其学习流程如下：将学生置于问题环境，学生自主地发现问题—决定课题—制订计划—探究学习—解决问题—评价—课题再构成、再探究—总结、发表、交流、推广、应用。

首先，将学生置于实际的环境中，让学生在实际环境中与环境相互作用，发现问题。根据问题，学生自主地决定应解决的课题，并基于所决定的课题自主地研究制订解决该课题的计划。该计划应包括所研究课题的目标、方法、过程、人员、分工等。

其次，通过学生的自主探究进行课题解决，并对解决问题的过程、方法、结果进行评价，在探究、评价的基础上，学生对课题及其解决有了一定的认识，基于这种认识，应对课题进行再认识、再探究。如此反复，最后对课题及其研究实现完全的解决。

再次，在课题完成的基础上，应进行总结、发表、交流。一方面可对课题及其解决有更深入的认识、理解，另一方面让学生有一种成就感。这个过程也是培养学生信息表现能力、协同工作能力的一个过程。

课题解决后，应注重成果的推广、应用，使课题及其研究又返回到实践中。在整个综合学习的过程中，始终应让学生与实践紧紧地连接在一起。

二、信息技术与课程整合的基本原则

信息技术与课程整合不等于信息技术与课程混合，其中影响信息技术整合效果的因素有很多。在利用信息技术之前，应该做好"三件"建设，首先是硬件建设，主要是信息技术设备、设施的建设。其次是软件建设，即课程和教材的建设。再次是潜件建设，即整合理论和方法的建设，这个建设是起决定作用的。教师要掌握一定的信息技术，清楚信息技术的优势和不足，以一定教育理论为指导，根据学科教学和教学对象的需求设法找出信息技术在哪些地方能优化教学效果。具体说来，信息技术和学科整合时需遵循以下基本原则。

（一）运用正确的教育理论指导

在教学和学习的层面上，每一种理论都具有其特定的正确性，但是一旦推广到实践中没有一种理论显现出普遍的合理性。换而言之，无论哪一种理论都不能涵盖其他理论而成为唯一的指导理论。否则，误入了二元分立的思维方式易导致为了克服一种片面性而又陷入另一种片面性。行为主义学习理论对需要机械地记忆知识或具有操练和训练教学目标的学习有其合理成分。认知主义学习理论的指导作用主要体现在激发学生的学习兴趣、控制和维持学生的学习动机上。建构主义学习理论提倡为学生提供建构理解所需要的环境和广阔的建构空间，让学生自主地、发现式地学习。建构主义较适合不良结构领域的高级学习，而对于中小学生来说，由于他们正处在知识积累和思维发展阶段，他们的认知结构还比较简单，自主学习能力还没有得到很好的培养，这个年龄阶段的学生还缺乏自制力。因此，教师的指导、传授及人格魅力的影响就有着不可替代性。因此，在信息技术与课程整合的应用中应该兼顾各种理论的合理成分，根据教学对象、教学内容、教学媒体等多种变量灵活地运用理论并指导实践。

（二）根据教学对象选择整合策略

人类的思维类型可按抽象思维、具体思维、有序思维和随机思维进行组合，不同学习类型和思维类型的人的学习成效与他们所选择的学习环境和学习方法有关。在长期的教学实践中，我们也可以发现，有的学生不能主动地对外来信息进行加工，喜欢有人际交流的学习环境，需要明确的指导和讲授。而有的学生在认知活动中，更愿意独立学习、个人钻研，更适应结构松散的教学方法或个别化的自主学习环境。因此，信息技术与课程的整合应该根据不同的教学对象实施多样化、多元化和多层次的整合策略。

（三）根据学科的特点构建整合的教学模式

每个学科有其固有的知识结构和学科特点，对学生的要求是不同的，如语言教学的一个任务是培养学生运用语言的能力，训练学生在各种不同的场合下，用正确的语言流利地表达自己的思想，很好地与别人交流。为此，应该利用信息技术，模拟出接近生活的真实的语境，提供给学生反复练习的机会。数学属于逻辑经验科学，主要由概念、公式、定理、法则以及它们的应用问题组成，数学教学的重点应放在开发学生的认知潜能，可以通过给学生创设认知环境，让他们经历由具体思维到抽象思维，再由抽象思维到具体思维的思维过程完成对数学知识的建构。而物理学和化学，是与人们生活、生产密切相关的学科，应注意学生的观察能力、解决问题的能力和亲自做实验的动手能力等。对那些需要观察自然现象或事物变化过程的知识，形象和直观的讲解有助于学生理解和记忆，但对培养学生操作能力来说，如果用计算机的模拟实验全部代替学生亲手实验，则违背了学科的特点，背离了培养动手能力的学科教学目标。因此，对于不同的学科，既有相同的整合原则，也应该根据学科的特点采用不同的整合策略，信息技术与课程整合的方式不相同。

（1）加强学生的动手能力。因为信息技术是一个应用性很强的实践领域，而非纯理论性领域，因此积极参与、积极探究和合作，更要求学生亲身体验、具体操作、反复练习。

（2）优化组合各种媒体的优势，促进媒体技术的广泛运用。"信息技术"与"计算机技术"是两个不同的概念，信息技术的范围十分广泛，包括多种媒体，如摄像机、电视机、录音机、照相机等。应该要求学生掌握各种媒体的功能和操作方法，利用各种媒体制作电子作品。

（3）通过学生的学习结果作品化的形式，促进成果的共享交流。获得学习成果之后，应该要求学生将学习成果发布给其他人，包括同学、老师、家长以及社会上的各种人员。这样能够培养学生更多的能力，包括交流能力、表现力、约束力，还能够使学生分享更多的学习成果，并能够大大提高学生的自我效能感，增强自信心。

三、信息技术与课程整合的实现机制

（一）信息技术是整合的物质条件

没有信息技术，没有娴熟的运用信息技术的能力，那么信息技术与课程的"整合"只能是"凑合"。信息技术为整合提供了充分的物质条件，具体表现在它可以用于数字化硬件环境的建设、教育资源建设，以及作为教与学的优化的有效工具。

（1）信息技术是整合的数字化硬件环境建设的必备条件。数字化硬件环境建设主要是建设能支持信息技术应用于教育的硬件设施，包括各种教学媒体，校园服务设施，各种配套的教学、管理、实验设施等。主要包括：①以多媒体计算机技术为核心的信息技术设施的建设。包括用于课堂教学的多媒体教室、多媒体语言学习系统、网络教室，用于个别化自主学习的 CAI 系统、电子阅览室，方便教师备课的电子备课室等现代化的教学场所。②校园网络建设。包括校园局域网的建设和连接 Internet、中国教育科研网、中国教育教学网、中国教育考试网、中国教育信息导航台等网络的广域网的建设，以保证师生员工快捷、方便地获取相关信息资源。③校园广播、电视设施的建设。包括配置相关的广播、电视设备，建设相应的电、声、光学用房、实验室，建设校园广播网、电视网，使各种信息在校园里更好地流通和传播，满足师生的各种需要。④校园远程教育系统设施的建设。主要是远程广播教学系统、远程电视教学系统、远程网络教学系统以及相应的设施和用房的建设，以方便学习者能够进行远程学习。⑤校园管理控制系统的建设。包括相应的计算机管理系统、电子监测系统、电子测量系统、办公管理系统、信息发布系统、视频会议系统、网络安全系统等。控制系统必须能兼顾全局，包揽总体。

考虑到实际情况，各学校可以根据实际条件和需要，分批分步建设，逐渐完善。

（2）信息技术是多元化课程资源开发的必备物质条件。在一定意义上可以说，教育资源的开发与利用水平决定了课程实施的程度，也影响着信息技术与课程整合的实施。当前，为了整合的有效实施，必须加大对信息化教育资源建设投入的力度。

有条件的地方还应提倡利用卫星电视、网络教育等远程资源。对于一些贫困地区，应该尽量地开发和利用观念形态的、隐性的课程资源，立足本地本校的实际，因地制宜，充分利用当地自然的、历史的、富有地方和民族特色的课程资源。当然，我们重视整合课程资源的建设，并非要所有教师都去开发新的资源，而是要求广大教学工作者适当地利用信息技术这一有力工具，广泛搜集、整理和充分利用已有资源。同时，信息技术也可以作为交流手段，促进在资源建设的过程中地区间、学校间的交流和合作。

（3）信息技术是整合中必需的教学手段和学习工具。将信息技术作为一种工具应用于学科教学之中，是整合的表层，目的是促进教师的教和学生的学。这一层次的整合是基于将信息技术作为教学手段、作为学习工具的视角来探讨的，整合定位于方法论的范畴，研究信息技术对教学信息再现的作用，对教学质量的影响，对发展学生思维能力、分析问题和解决问题的能力的作用。通过信息技术手段营造一定的学习环境，从而研究学生的个别化学习、网络学习、协作学习、讨论学习、研究性学习等内容。这一层次的整合使信息技术融合到教学过程中的教学目标、媒体信息、教学对象、学习方法、学生能力发展等各个要素之中。《基础教育课程改革纲要（试行）》中指出："要大力推进信息技术在教学过程中的普遍应用，促进信息技术与学科课程的整合，逐步实现教学内容的呈现方式、学生的学习方式、教师的教学方式和师生互动方式的变革，充分发挥信息技术的优势，为学生的学习和发展提供丰富多彩的教育环境和有力的学习工具。"

要实现这一目标，要求教师和学生能熟悉信息技术，并能够有意识、合理、熟练地运用信息技术去解决教育教学中的相关问题。教师能够根据教学的需要，依据建构主义的有关理论，运用信息技术手段营造合适的教学环境，为教师的教和学生的学提供帮助。学生能够按照教师的要求，运用适当的信息技术去探索、解决问题，最终完成学业任务，发展相关技能。需要指出，在整合的实现过程中，不能为了使用技术而使用技术，要清楚地认识到信息技术只是教学的一种工具或手段，不应该去排斥以往所使用的技术和手段。而对它们进行选择的标准就是能否最有效地实现教学（或者说课程）的目标，在同时能实现目标的情况下，应该选择经济实用的工具或技术。综上所述，只有最新的思想观念走在先，娴熟技能、资源丰富、硬件设备跟上，有效"信息技术与学科课程整合"才会成为可能。

（二）课程整合的相关机制

（1）课程改革的要求是整合的实现机制。新课程改革鲜明地提出三位一体的课程功能，即知识与技能、过程与方法、情感态度与价值观，促进学生全面发展。这一培养目标体现了时代的要求，也从根本上改变了应试教育的影响。课程改革还强调促进每个学生身心健康发展，培养良好品德，培养终身学习的愿望和能力；改革课程结构过于强调学科独立性、门类过多和缺乏整合的现状，加强课程的综合性、选择性；加强信息技术教育，使学生适应现代社会与科技的进步和发展。通过综合实践活动的信息技术教育、研究性学习、社区服务与社会实践、劳动与技术教育，增强探究和创新意识，培养科学态度和科学精神，发展综合应用知识、分析和解决问题的能力，培养学生的创新精神和实践能力。

各学科课程标准，在力求通过加强过程性、体验性目标，以及对教材、教学、评价等方面的指导的同时，更要引导学生主动参与、亲身实践、独立思考、合作探究，发展学生搜集和处理信息、获取新知识、分析解决问题的能力，以及交流与合作的能力。信息技术在新课程改革中具有举足轻重的地位。不过，我们不能把信息技术作为学习的对象，而应当作为学习的工具，要努力实现信息技术与课程的整合，实现教学方式、学习方式的根本变革。因此，课程改革的要求就成了信息技术与课程整合的实现机制。

（2）学习资源扩充是整合的动力机制。信息技术和课程整合，要求学生自主地从丰富的信息资源中获取有效的教学信息，通过自主发现和自主探索，达到培养学生的创新精神和信息素养的目的。没有丰富的高质量的教学资源，就谈不上学生自主学习，也不可能让学生进行自主发现和自主探索，传统的教学结构也不会产生根本性变革，21世纪素质教育的培养目标也无法落实。

（3）教师能力是整合的实施机制。在信息技术和课程整合的过程中，教师的素质和能力也是决定整合效果的关键因素之一。教师具有良好的素质，是实施素质教育、培养21世纪新型人才的根本保证。信息意识、信息能力才是教师信息素质的主要内涵。教师的教育观念、信息技术的能力和素养等因素都直接影响着能否将信息技术与课程有机整合，所以教师的能力是整合的实施机制。

第三节　基于信息技术与课程整合视角下教师角色定位研究

信息化社会的教师，面临信息技术与课程整合的开放式教学环境的影响，需要顺应时代要求，重新进行自身角色的定位。

一、信息技术与课程整合中的教师角色定位

为适应教师角色的发展变化，教师必须进行角色转换，重新进行角色定位，实现真正意义上的信息技术与课程整合，促进信息化教育的不断发展。

（一）教师作为学习的组织者和引导者

信息技术与课程整合构成的新教学环境中，教师要转变其拥有知识的权威

者角色，而成为学习的组织者。传统的学校教育是"以教师为中心"的，教师作为知识的化身而进行单向的知识灌输。布鲁纳认为，知识的获得是一个主动的过程，学习者不应是信息的被动接受者，而应该是知识的主动参与者。第斯多惠在其所著的《德国教师培养指南》一书中写道："不称职的教师强迫学生接受真知，一个优秀的教师则教学生主动寻求真知。"在信息技术与课程整合的教学环境下，要求教师转变自身形象，成为学生学习的组织者，为学生的自主学习创造条件。作为认识和实践活动的主体，学生主体性的基本特征表现在自主性、能动性、创造性等方面，学生主体性的发挥需要教师的指导，因此教师必须首先认识并认同学生作为学习主体的地位，尊重学生的主体性，转变传统的"以教师为中心"的做法。

我国的教育长期以来对学生的主体地位重视不够，在教育过程中，教师仅仅把学生作为教育的客体，忽视了学生主体性的培养和发挥。教师从自己的教学经验出发把书本上的知识传授给学生，学生只是接受知识的"容器"，完全处于被动的位置。这种"以教师为中心"的教学方式割裂了知识与学生经验的内在联系，不能很好地从学生经验出发培养身心和谐发展的未来人才。在信息技术与课程整合中，教师再也不能固守原有的"以教师为中心"的做法，必须站在学生中间，从学生的经验出发来开发活动课程并组织学生的实践活动。

在信息技术与课程整合构成的教育教学环境中，教师作为学生学习征程上的引导者必须改变信息的传播者或知识体系的呈现者的角色，其主要职责应从"教"学生，转变为"导"学生。

（1）作为学习的指导者。信息技术在教学中的应用，使学生对网络学习目标和过程的认识产生很大的局限性，教师必须从系统的角度去考虑组织学习的整个过程和安排有关细节，包括如何运用网络来激发学生的兴趣等。还有在网络教学中，学习资源的组织是采用超媒体方式，而超媒体容量大、内容丰富，学生使用超媒体学习时就像在信息海洋中遨游。另外，超媒体是由节点和链组成的网状结构，结构关系复杂，大部分节点都连接到多个节点上，并且有些节点间的链接并没有真正表达出节点间的关系，或给出这些链接的一个适当的解释，这样学生在学习时就容易迷失方向，即迷航。因此，教师需要对网上学习过程进行精心监控，同时积极引导学生避免在信息海洋中迷航。

（2）作为知识获取的促进者。学习是获取知识的过程，而知识并不是完全通过教师传授得到的，而是学习者在一定的情境（社会文化背景）下，借助他人的帮助，利用必要的学习资源，通过努力而获得的。因此，在信息技术与课程整合构成的学习环境下，教师的作用将不再仅仅局限于将一套组织得很好的知识集合清楚、明晰地讲解或呈现出来，更主要的在于运用信息技术手段激发学生的学习兴趣，努力促使学生将当前学习内容所反映的事物尽量和自己已经知道的事物相联系，通过创设符合教学内容要求的情境和提示新旧知识之间联系的线索，帮助学生明确当前所学知识的意义，在条件允许的情况下尽可能组织协作学习（开展讨论与交流），并对协作学习过程进行引导，使之朝着有利于知识掌握的方向发展。例如，提出适当的问题以引起学生的思考和讨论；在讨论中设法把问题一步步引向深入以加强学生对所学内容的理解；启发诱导学生自己去发现规律，自己去纠正错误。

（3）作为学生的学术顾问。在新学习环境下，学生之间除了协作学习外，个别化学习也是学习的主要形式。因此，为了适应和促进学生的个别化学习，使每一个学习者都能获得适合他们各自特点的教学帮助，使每一个人的潜力都能得到最大限度发挥，教师还将扮演学生的学术顾问的角色。作为学生学术顾问的教师将独自或与他人合作给学生一定的宏观引导和帮助，如确定学生为完成学业所需学习的知识和技能；帮助学生选择一种适合其特点的、能有效完成学业的学习计划；指引学生进行学术研究；对学生的学习情况给予一定的检查、评价等。其最终的目的在于促进学生有效学习。

教师作为组织者和引导者，要面向全体学生，了解和研究每一个学生的需要及其发展的可能性，注重个别指导，尽可能满足学生的不同需要。

（二）教师作为课程的设计者和开发者

在信息时代，知识更新速度极快，这就使课程和教学形式不可避免地发生变化。为了跟上这种变化，教师应具备课程设计和开发的能力，要以先进的媒体技术为基础，以建构主义理论为指导，改革课程结构，制定最佳教学策略和信息组织形式，重组课程传递方式，使之适应时代的变化，达到更佳的信息技术与课程整合效果。

同时，教师还应是信息资源的设计者和查询者。在一个基于多媒体计算机和网络通信的学习环境中，为了支持学生的主动探索和完成对所学知识的了解与掌握，教师在学生的学习过程中要为其提供各种信息资源，即进行信息资源的设计：确定学习某个主题所需信息资源的种类和每种资源在学习过程中所起的作用。为此，教师还将承担在线专职信息查询顾问的角色，这一角色要求教师自身不仅要掌握多媒体技术以及与此相关的网络通信技术，学会在网上查找信息，能够设计开发先进的教学资源，并将它们融于教学活动中，为学生创设必要的、最佳的学习环境。除此之外，教师还必须帮助学生学会如何获取信息资源、从哪里获取以及如何有效地利用这些资源完成对知识的主动探索和掌握。

教师作为一门课程或整套课程体系开发者的角色，在传统教学中也存在，但主要是课程的消极接收者或实施者。著名教育技术学家 Lee 和 Reigeluth 在谈到作为课程开发者的教师角色时曾提出：教师在开发课程体系时需要有一种建构主义的眼光，须考虑社会生活每一方面的剧烈变革对课程体系和教学模式等方面的影响。在信息时代，在新的学习环境下，作为课程开发者的教师，其主要作用已经发生了显著的变化。在信息技术与课程整合中，教师更要重新确定基于一系列新技能技巧之上的课程体系及课程结构，重新组织课程的教学形式、教学策略，不断评价、完善新的课程体系。因此，在新的教学环境下，作为课程开发者的教师，在对某一门课程的教学上，将不仅仅局限在确定出某门课程应进行的时数，在和学生进行该课的讨论时，应采取什么样的启发诱导方式，或某一门课程宜划分几单元，应给学生布置什么样的任务等诸如此类的具体工作，更重要的是要根据信息时代发展的需求，不断更新教学内容，改变教学的组织形式和方法，完善新的课程体系。教师作为课程的设计者和开发者的角色，最终要求教师要从课程开发活动的外围逐渐走向参与，以课程开发者的姿态承担课程开发的权责，转变消极的课程实施者的角色。

（三）教师作为教育教学的研究者

苏霍姆林斯基说："如果你想让教师的劳动能够给教师带来乐趣，使天天上课不至于变成一种单调乏味的义务，那你就应当引导每一位教师走上从事研究这条幸福的道路上来。"

1960 年，英国学者劳伦斯·斯坦豪斯提出了课程开发的过程模式，并从课程实施的角度首倡"教师作为研究者"理论。斯坦豪斯认为，在以过程原则为基础的课程中，教师应该扮演学习者和研究者的角色，它促使教师在教学上采用探究的方法而不是讲授、指导的方法。教师应以研究者的形象出现，而不是经验和技术型的专家。斯坦豪斯的观点受到越来越多的人的认可，并通过积极反思"教书匠"式的教师形象而对教师作为研究者提出了新的要求。

研究并不是科学家和理论工作者的专利，为了提高教学实践的质量和深入认识自身的专业行为，教师有必要进行研究。由于使用了先进的媒体传播技术，教师已从繁重的教学工作中解放出来，有了更多的时间和精力来从事教育科研，为实现由"教书匠"向"研究型"教师的转变，成为名副其实的教育专家提供了时间保障。教师要研究在现代信息技术环境下学生学习的特点及规律；要进行教学实验，研究创设不同的学习情境对学生学习产生的影响；要研究如何利用新技术提高学生高层次思维及解决问题的能力；要研究如何利用最佳信息呈现方式，突破课程中的重点、难点；要研究和评价网络提供的信息资源，为充实和改变教学内容准备资料等。教师作为研究者的新角色有利于确立教师的研究地位、树立新的教师形象，对教育理论和教育实践都有积极意义。

（四）教师作为新知识新技术的学习者

在科学技术发展和知识积累相对静止的农业经济和工业经济时代，教师可以在传统学校里进行一次性"充电"后向学生永远"放电"。在科学技术迅速发展和知识剧增的信息社会里，教师不可能一次性"充电"后永远"放电"。未来的社会是一个学习化的社会，作为知识象征的教师，要适应不断发展变化的科学技术，必须具备自我发展、自我完善的能力，要不断地提高自我素质，积极地从多方面、多渠道充实自己，要不断接受新知识、新技术，及时更新知识结构，以使自己的教育观念、知识体系、教学方法跟上时代的变化。例如，在现代信息技术条件下，有的教师因习惯于传统教学手段而对新的教学媒体拒之门外；有的认为信息技术高不可攀，产生了技术恐惧症；有的对新技术期望值过高，由于失败而产生了无效感和失望心理。凡此种种，教师不学习掌握现代信息技术的基础知识、不具备操作现代教育媒体的能力，就不能完成角色定位，就不会走出传统迈向现代，就无法顺应现代教育。

在第45届国际教育大会上，德洛尔在主题发言中特别强调教师的四点责任之一，就是教师自身的培训，教师必须终身学习并不断地再培训自己。教师不仅是照亮别人的"蜡烛"，更是不断充电的长明灯。教师教书育人的过程是一个不断追求的过程，是教师不断发展和完善的过程，也是自身价值得到提升的过程。要强化"活到老，学到老"的意识，让学习伴随自己的一生。教育教学不再只是教师的工作，还应该成为教师的事业。

（五）教师作为群体的协作者

协作即指通过互相配合来共同实现某种目标、完成某个任务的意识。在《国际教育大会第35次会议给各国教育部的建议书》中提出"必须认识到，学校教育的效果在很大程度上依赖于师生之间新型关系的建立（他们在教育过程中成为更活跃的合作者），依赖于教师同他们的同事，同其他可能的合作者之间的新型关系的发展"。

苏联教育家马卡连柯指出，"无论哪一个教师，都不能单独地进行工作，不能做个人冒险，不能要求个人负责，而应当成为教师集体的一分子"，只有与其他教师合作，每个教师才能"使自己本身的成就辉煌起来，同时，使整个集体的成就也辉煌灿烂起来"。

在传统教学中，教师之间也曾尝试过群体协作，共同努力完成某件事情或解决某一难题。但传统教学中的协作仅局限于教师之间，而且是在很小范围内教师间的协作，没有或很少有学生参与。在信息技术与课程整合构建的新的教学环境下，特别强调协作学习。但这里的"协作"是一种新型的相互协作关系，它强调学生的参与，强调学生在教师的组织和引导下一起讨论和交流，对问题提出自己的看法、论据及有关材料，并对别人的观点做出分析和评论。通过这样的协作学习，学习者群体（包括教师和每位学生）的思维与智慧就可以被整个群体所共享，整个学习群体共同完成对所学知识的了解和掌握。多媒体计算机和网络通信技术的发展，为这种"协作学习"环境提供了技术上的支持，在这种新型的协作学习环境中，教师作为群体协作者的作用体现在组织协作学习，并对协作学习过程进行引导，与学生建立良好、和谐的师生关系，同时在合作的环境中发展学生的创造能力。除了师生间的协作学习外，教师之间借助以计算机网络为代表的信息技术提供的便利，可进行超越时空的协作，打破以往封闭自锁、将自己与他人隔离开来从事研究的局限。同时，开展同事合作，集体备课，共同进行教学设计，开发教学软件，集中大家智慧，提高教学质量。

校内教师之间的协作互助能够有效地促进教师把新学到的知识和技能应用到课堂教学。乔依斯与许瓦斯通过等组试验发现，教师在课程培训的同时，如参加校内同事间的互助指导，可有75%的人能在课堂上有效应用所学内容；

否则只有 15% 能有同样的表现。其他的研究也发现同事间相互协作远胜于单元式的工作作坊。事实证明，在信息时代，仅靠"单打独拼"的工作方式已经很难胜任工作的需要，教师必须走上"协作""合作"化的道路。

（六）教师作为学生的评价者

评价具有导向、激励作用。评价不仅要关注学生的学业成绩，而且要发现和发展学生多方面的潜能，了解学生发展中的需求，帮助学生认识自我，建立自信，发挥评价的教育功能，促进学生在原有水平上的发展。信息技术与课程整合，使教师可利用计算机来诊断学生的学习情况、学习能力及心理素质，并以评语形式及时反馈给学生，肯定优点，鼓励进步；指出不足，提出建议，帮助学生确定努力的方向。通过学生自控，实现学习目标的完成。这对于学生树立自信心，发展能力具有十分重要的作用。

技术对教学的支持，促进了教学环境的变化，环境的变化把重点从以教师为中心，转变为以学生为中心，教学模式由以教为主转变成以学为主。在以学为主的教学模式中，因为采用了自主学习策略，学生可以按照自己的认知结构、学习方式，选择自己需要的知识，并以自定的进度进行学习，所以评价方法也应多以个人的自我评价为主。评价的内容，也不是掌握知识数量的多少，而是自主学习的能力、协作学习的精神等。个人自我评价的优越性在于，学生可以不顾及评价结果造成的不利影响，因此评价会更客观确切地反映学生的实际情况。

教师角色能否正确定位，还要看教师是否具备相应的能力，因为教师的角色定位仅仅是目标，而教师的能力是条件，是支撑点，是基础。

二、信息技术与课程整合，要求教师掌握一定的现代教育技术知识

我们在此提出的现代教育技术不仅包括信息技术、教学技能，更包括体现教学艺术的技术。在研究中发现，这些技术的核心是知识分类技术。从整合课的心理学基础来看，知识以信息的形式被学生建构，其心理过程就是信息加工。由于信息的意义、呈现方式、刺激强度等直接影响学生的意义建构，因此教师必须掌握知识分类的技术。从整合课的教学过程来看，教师的主导作用主要体现在两个方面：教学设计和教学组织。其中，教学设计是关键。教学设计

决定教什么和怎样教的问题，核心是教学目标的准确定位。要精确确定教学目标，教师首先应区分知识的类型：是陈述性知识还是程序性知识。陈述性知识是无须要教的，只要融入一定的学习资源当中，或通过一定的检测手段，或通过交流讨论等教学组织手段让学生了解或进行强化记忆。

陈述性知识不应是教师课堂教学的主要任务，教师课堂教学的主要任务应为程序性知识。在程序性知识当中，教师仍需区分智慧技能和策略性知识，因为这两类知识对教学目标的制定有很大的影响。例如，智慧技能对应行为教学目标，即通过学习行为（活动）可以检测教学目标。而策略性知识对应表现性教学目标或生成性教学目标。教学目标影响教学重点和教学难点的确定，进而影响教学方法的选择和教学过程。例如，某节化学课，老师花了不少的时间讲计算，计算问题不是本节课的重点，而且讲的计算也不难，但是教师认为学生的计算能力不强，因此把计算当成难点，进而变成事实上的重点，这种目标定位不准确，影响了学习的效果和效率。事实上这是一个表现性目标，学生计算出错，教师组织学生进行诊断性学习，没有出错就不必讲。再如，历史教师总觉得历史知识琐碎、客观，认为教师不说，学生可能不知道，故课堂上总免不了多讲，生怕遗漏一些知识。实际上，历史课的重点在于教会学生用历史的观点分析社会现象，培养学生历史唯物主义观。琐碎、客观的历史知识多是陈述性知识，可以通过多种方式，如图片、电影、文字、声音等资料组织和呈现的方式获得，也可以利用教学检测的方式获得，还可以通过交流的方式获得。掌握知识分类的技术，教师就可以确定一节课的核心内容，准确地制定教学目标，精确地进行教学任务分析，从而设计出富有挑战性、符合学生认知特点的探究性学习活动。建立在行为主义、信息加工理论基础上的基于网络环境下的学习让学生的自主学习活动成为现实，因而支持建构主义在课堂教学中的作用，但是要求教师掌握一定的现代教育技术，尤其是知识分类技术。从这个意义来说，制约信息技术与课程整合的关键因素不是教师的计算机技术，而是教师的教学理念和教学专业知识（学科专业知识和心理学、教育学知识、教育技术）。

信息技术与课程教学虽然国家明确倡导，教育专家极力推进，一线教师也很感兴趣，但是信息技术与课程教学的整合目前存在不少问题和困难。①强调理论研究，忽略实践探索。信息技术与课程整合是一个全新课题，理论的研究是非常必要的，没有正确的理论指导，实践就不会有正确的方向。但如果只重理论研究，忽略实践的探索，则再好的理论也没有价值。从当前的情况来看，对这个问题的理论研究十分活跃，相比之下，实践的探索却显得不足。②绝对化与片面性。在信息技术与课程整合的研讨过程中，不少文章在一谈到某种新的教学理论的时候，就把它抬得很高，似乎成了灵丹妙药。对原有的理论持一概否定的态度，如强调以学为主体，就把以教为主的教学模式说得一无是处，这不是唯物主义的正确态度。对过去实践证明有效的东西，应该采取批判继承的态度。③过分强调技术的作用是不可取的。高技术不一定能带来高质量。认为信息技术的应用会自然地引起教育的全面改革的观点难免有失偏颇。当前学校应用信息技术进行教学也有不受学生欢迎的失败例子，这是值得我们深思的。如何应用信息技术改革教学，实现教学方式和教学模式的变革，正是信息技术与课程整合要研究解决的重大任务。

总之，信息技术与课程的整合，是在课堂教学中把信息技术、信息方法、信息资源、人力资源和课程内容有机结合，共同完成课程教学的一种新方式。将信息技术与课程的教与学融为一体，是将技术作为一种工具，提高教与学的效率，改变教与学的效果，改变传统的教学模式。最重要的是培养学生的信息意识、信息能力，整合不仅仅是为了解决教师如何教的问题，而是要把信息技术作为学生的认知工具整合到各学科中，推动课堂教学改革与创新，提高学生的自主学习能力和创新能力。

第四节　基于信息技术与课程整合视角下学生能力提升研究——以非线性学习能力为例

随着云计算、物联网、大数据技术、虚拟仿真、移动互联等新型信息技术的迅猛发展，非线性学习已经成为大数据时代下的一种新型的学习理念。非线性学习以劣构领域知识习得为目标，具有学习内容的非系统性、学习时间的碎片性、知识传递的拖拉式和知识建构的主动性等特点，是大学生自主学习和创新性学习的有效方式。

我们正处于一个日新月异的时代，信息化程度不断累加，海量的信息快速产生，知识更迭频率加快，《纽约时报》2012年2月的一篇专栏指出，"大数据时代"已经降临！对于教育领域而言，数字化学习是时代发展的必然抉择，而数字化学习的本质是非线性学习。

非线性学习是以非线性科学的思想方法为指导，以教育认知与神经科学为基石，以现代信息科学与技术为支撑，以复杂领域知识习得为主要目标的一种新型的学习形态。

当前，大数据正在实现着人类工作、思维和生活的大变革，它不仅带来了全新的思维和行为方式，也带来了全新的时空理念。教育与大数据的结合是学习者个人发展的需求，更是时代发展的要求。在教学资源开发、教学过程设计和教学评价管理等教学的各个领域，大数据正起着越来越重要的作用，它的特点为4个"V"，即volume（数据量大）、velocity（实时性强）、variety（种类多样）、veracity（真实性）。大数据对教育的影响不仅体现在教育的方方面面，更对教育的方法论和价值观有着深远的影响，而这种转变必然带来学习理论的更迭和创新。从目前学界的教育理念发展来看，非线性学习理念和教育大数据之间有着正相关的促进作用。

一、大学生非线性学习能力定义解读

（一）非线性学习能力的构成要素

学习活动是指学习者在已有知识、技能和策略的基础之上，不断概括、抽象、内化，使之形成网络化、结构化、程序化的系统，从而能形成新的知识、技能和策略。而学习能力是在学习活动中形成和发展起来的，是学生运用科学的学习策略去独立地获取信息、加工和利用信息、分析和解决实际问题的一种个性特征，其实质就是结构化、网络化、程序化的知识、技能和策略。

1. 非线性学习能力构成要素之一：碎片化的知识和技能

对于非线性学习而言，其面向的是劣构领域的知识，即结构松散、规则冗余的复杂知识。随着大数据时代的到来，知识的获取渠道越来越多，信息量越来越大，各种信息以一种错综复杂的形态呈现在学习者的面前，必然导致信息的冗余度愈加增大，相关性愈为下降，知识和技能在大数据的"冲刷"和革新下更加地零碎和松散，更多的复杂领域的知识呈现出碎片化的形态。

2.非线性学习能力构成要素之二：灵活主动的认知策略

对于碎片化知识和技能的获取、重组和加工，传统的学习策略显然力不能及。非线性学习充满着跳跃性、随机性和不确定性，但是作为一种学习科学，又有其稳定和规范的一面。王继新在《非线性学习：数字化时代的学习创新》一书中阐述非线性学习的特征时，指出非线性学习"主动的意义建构和拖拉式的知识传递"，不仅需要学习者有更为积极的学习意愿，更要深刻理解非线性学习的实质和内涵，要把多种零散的、无序的、偶发的信息整合成为系统的、可迁移的、有普世价值和应用价值的知识和技能。这就要求学习者具备灵活主动的认知策略。只有具备了灵活主动的认知策略，学习者才能主动地整合内化碎片化知识和技能并灵活运用多种思维方式和工具进行分析提取，才能不至于在浩如烟海的知识海洋中迷失航向。

（二）非线性学习能力的心理基础——非线性思维

智力因素和非智力因素是制约学习能力发展的心理基础。智力因素决定着学习能力发展的广度，非智力因素决定着学习能力发展的深度。由动机、兴趣、意志、性格等要素构成的非智力因素，在学习活动中往往有着更为重要的作用。非线性学习是一个复杂的学习系统，具有发展性、动态性、突变性和不确定性的特征，这就需要学习者具备相应的非线性思维。非线性思维是在系统论的指导下，在全面认识事物本质的基础上，采用综合的、变化的、开放的、创新的思考方式去解决问题的思维方式。非线性思维包括创新意识、批判性思维等思维方式，体现着对所得知识和技能的怀疑、审视、重构、再造。非线性思维作为非线性学习能力的心理基础，不仅有利于学习者对于知识和技能的深刻理解和领会，更利于学习者对知识的运用、转化和提炼。

当代大学生经过长期的学校教育和社会历练，基本形成了相对平稳的智力结构，性格、气质、意志、专注、情感等非智力因素也趋于稳定。西蒙斯在《网络时代的知识和学习——走向连通》一书中指出，创造性是"发现现有概念或思想中的新联系"，对于大数据时代下内容聚合而形态各异的知识和技能，内容的产生速度更加迅速，知识节点之间的新联系也愈加增多。只有学习者具备了创新意识和批判性思维，才能有效地甄别、研判、汲取、利用，内化建构新的知识体系。

（三）非线性学习能力的表现形式

非线性学习能力是在非线性学习活动中发展和形成的。非线性学习活动是一种复杂的、综合性的系统活动，其教学资源、教学组织形式、学习方法、教学工具等各有不同。非线性学习能力在其外部表征上也有着不同的表现形式，主要表现为四种能力：内容提取和关联能力、团队合作交流能力、信息迁移转化能力和自我学习的能力。

1. 内容提取和关联能力

在大数据时代，谁都可以成为数据的使用者，同时，谁都可以成为数据的生产者。在错综复杂的数据之中，信息之间的相关性和可靠性变得更加的繁复，劣构领域的知识往往散布在信息网络之中。在非线性学习活动中，如何让信息形成稳定的知识节点，这就需要学习者具备内容提取的能力。

关联主义理论认为，学习主要是一个连续的、知识网络形成的过程。节点是我们能用来形成一个网络的外部实体。节点可能是人、组织、图书馆、网站、书、杂志、数据库或任何其他信息源。学习的过程就是人本身的知识网络与外界知识网络进行信息交换、重组、再造信息的过程，我们的任务就是将这些信息节点聚合、连通起来，形成"知识管道"，这就意味着学习者必须具备一定的信息关联能力。

2. 团队合作交流能力

大数据时代必然带来新的思维和行为方式，而合作是数据产生的来源。在非线性学习活动中，教师、学习者、同伴、学习工具和学习资源的对话协商更为丰富。"分享"已经成为非线性学习的重要表征。成员按照既定的学习目标建立非线性学习共同体，通过创设情境、分享、对话、反思进行非线性学习。因此，团队合作交流能力是非线性学习能力的重要组成。

3. 信息迁移转化能力

斯皮罗的认知灵活性理论强调，认知的过程从来不是单一线性的，而是复杂且充满变化的。学习者围绕学习目标，从不同方向、不同角度切入学习进程，设计出多种不同的学习路径。斯皮罗的认知灵活性理论及随机通达教学是非线性学习理论的基础之一。在此理论指导下的非线性学习，本身就是用来解决传统教学中信息迁移转化率不高的问题而产生的。在大数据时代，每时每刻产生着数据，如果没有信息的迁移转化能力，就可能"迷失"在海量的信息资源之中，无法形成系统有序的知识体系。学习者的信息迁移转化能力可以通过非线性学习来培养，非线性学习也是促进信息迁移和转化的有效手段。

4. 自我学习的能力

在大数据时代，学习者可以轻易地在网络中搜索到大量的学习资源，如课件、微课、微视频、微教材等；可以通过社交网络和社会性媒体与来自天南海北的伙伴共同构建非线性学习共同体；也可以在学习平台上进行"在线咨询"和"在线测试练习"，自我学习的外部环境已经具备。而作为学习活动的主体，学习者如何主动地建构自我学习系统，自我预设学习目标、自我加工组织信息、实现建构设计和改变，这就需要具备一定的自我学习能力。

综上所述，大数据时代大学生非线性学习能力结构如图 6-6 所示，学习能力的构成基础是知识、技能和策略。而作为学习能力的一种，非线性学习能力的构成要素是碎片化的知识和技能及灵活主动的认知策略。其心理基础为非线性思维，而非线性思维主要体现为创新思维和批判性思维。在非线性学习活动中，大学生的非线性学习能力的表现形式为内容提取和关联能力、团队合作交流能力、信息迁移和转化的能力以及自我学习的能力。

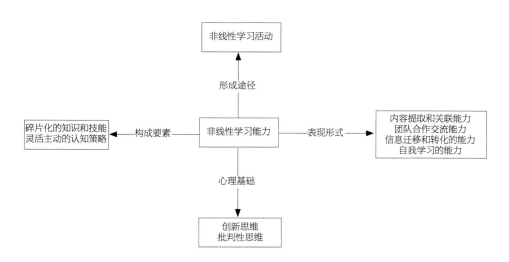

图 6-6　非线性学习能力的构成结构图

二、大数据背景下大学生非线性学习能力的提升策略

个体的线性学习是学习的基础，是从片面到全面、从浅显到复杂系统地掌握学科知识的有效手段。在学生进入大学之前，学生的学习是以"高考"为导向的，非此即彼的线性学习显得更有效率。在学生进入大学后，高等教育的目标导向产生了很大的变化，立德树人成为大学育人的根本任务，学科领域复杂知识和技能的学习掌握成为大学生在"就业"中脱颖而出的关键。面向复杂领域知识学习的时候，非线性学习作为终身学习和泛在学习的内在延伸，往往发挥着得天独厚的优势。

（一）大学非线性学习环境的构建

非线性学习以现代信息科学与技术为支撑，需要多元化的学习资源、先进的学习设备和可扩展的学习环境，关键需要构建无处不在的网络学习环境，这与"智慧校园"的建设目标不谋而合。

2010年，浙江大学首先提出了"智慧校园"的概念，自此，"智慧校园"成为新技术支撑下的新型学习环境为各大高校所推崇。"智慧校园"其内涵为无处不在的网络学习、融合创新的网络科研、透明高效的校务治理、丰富多彩的校园文化、方便周到的校园生活。"智慧校园"在学校改革发展过程中起到了很好的促进作用，越来越多的高校开始进行"智慧校园"的建设。

"智慧校园"通过云计算、物联网、大数据技术、移动互联、虚拟现实等新兴的信息技术手段，将物理空间和数字空间有机协调地联系起来，使得"人人皆学处处能学时时可学"的学习型社区建设成为可能。学习者通过智慧校园可以共享优质丰富的教学资源，也可以存储、记录、交流、互动知识和技能；"智慧校园"能对学习者数据进行评量、收集、分析并反馈，通过数据挖掘分析学习者的学习规律和特征，帮助学习者进行学习调整和提升。这为学生在进行复杂知识和技能学习中"断点续存"或者多维度汲取知识技能提供了良好的环境，学生的自主选择变得更为丰富，学习与生活更为交融，专业技能的熟练掌握和运用也拥有了广阔的平台。

（二）大学生个体非线性学习能力的提升策略

在学习日益变得细碎和非正式化的今天，大数据支持下的在线学习和评价量化分析的发展日新月异，信息溢出和超载现象已经显露苗头。作为当代大学

生，积极应对更加灵活多样的学习环境，提升个体非线性学习能力尤为重要。在此，笔者提出三条策略以供参考。

1. "零存整取"

"零存整取"是王竹立在其新建构主义教学法中提出的一个概念，他认为"零存整取"不是一个环节，而是新建构主义的教学目标。在非线性学习中，知识结构的松散和信息的超载是学习者学习劣构领域知识时面临的挑战，如何把握好知识和信息之间的内在联系，形成有效的知识体系。对于个体而言，有两种策略，一是复原，二是重构。复原是通过结构性的积件将零散资源和信息联系在一起，以帮助学习者建立知识体系的办法，如成体系的微课、慕课等。重构是指学习者从本人的兴趣和问题解决的角度出发，主动建构知识的过程。学习者根据自身需要，主动对碎片化知识进行编码、分析、组合、建构，形成适合解决具体问题的知识体系。魏雪峰、杨现民等针对移动互联时代碎片化知识的高效管理提出了重塑个人知识体系的示意图，如图6-7所示。

无论是复原还是重组，都是将碎片化的知识通过零存整取的方式形成个人知识体系的过程。非线性学习过程中，运用复原和重构，能够有效帮助学习者整理结构知识。

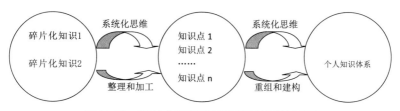

图6-7 碎片化知识构建知识体系的过程

2. "按图索骥"

网络"超文本"的方式链接着多种网络资源，形成无边界、立体化、非平面的拓扑结构，延伸至人类思维领域，"超文本"形成的知识之间的跳转链接形成了知识体系，有学者认为"超文本"结构可能是最适合人们的思维方式之一。而"超文本"本身就具备着非线性叙事和非线性结构的特点，在非线性学习中，如果把握了超文本的拓扑结构，那么对信息和知识的理解就有事半功倍的效果。根据"超文本"的特点，笔者提出了"按图索骥"的学习策略。"按图索骥"就是指运用教育可视化学习工具理解掌握劣构领域知识信息的通道，以超文本的方式建立信息的联系以形成知识体系的过程。学习者通过可视化学习工具（如思维导图、知识地图等）建立知识和技能的信息网络，学习者通过信息通道进行"超文本"的学习。张武威在"基于十字交叉型的复杂知识超文本信息结构表征分析"中提出了十字交叉型超文本信息表征结构，较好地体现了在超文本结构下学习者"按图索骥"进行非线性学习的过程。

3. 自组织学习

自组织学习是非线性学习活动的一种重要形式，它是指学习者因为共同的学习兴趣和目标倾向，自行组织起来进行自我学习的形式。合作与共享是自组织学习的核心，自组织里的学习者围绕着一个共同的目标，采用不同的信息搜集渠道搜集有效信息，在小组里面进行共享和交流，从而获得知识和技能。在自组织学习中，社会性媒体，如微信公众号、百度文库等广泛参与到学习过程中来，QQ、微信等交流工具被广泛使用。社会性媒体的介入促进了自组织成员间合作和共享的开展。一是能够更快捷地获取到网络上的相关信息，使小组成员远程开展讨论研究成为现实，突破了时空限制。二是更有效的对信息进行分析、甄别、转化，通过小组成员的合作学习，对于网络上良莠不齐的信息能够有效地甄别筛选，提升学习的兴趣和效率。

第七章 信息化视域下现代教育 教学系统设计与评价分析

第一节 教学系统设计及传统精华教学系统设计

教学系统设计（Instructional System Design，简称 ISD）也称作教学设计（Instructional Design，简称 ID），是以传播理论、学习理论和教学理论为基础，运用系统论的观点和方法，分析教学中的问题和需求，从而找出最佳解决方案的一种理论和方法。

教学系统设计具有以下特征：

（1）教学系统设计的研究对象是不同层次的学与教的系统。这一系统中包括了促进学生学习的内容、条件、资源、方法、活动等。创设教与学系统的根本目的是帮助学习者达到预期的目标。

（2）教学系统设计的研究方法是应用系统方法研究、探索教与学系统中各个要素之间及要素与整体之间的本质联系，并在设计中综合考虑和协调它们的关系，使各要素有机结合起来以完成教学系统的功能。

（3）教学系统设计的目的是将传播理论、学习理论、教学理论等基础理论，系统地应用于解决教学实际问题，形成经过验证、能实现预期功能的教与学系统。它们可以是直接使用于教学过程，完成一定教学目标的教学资源（如印刷教材、音像教材、学习指导手册、测试题、教师用书等）；也可以是一门课的大纲与实施方案或是对一个单元、一节课教学计划的详细说明。

一、教学系统设计的系统观

系统论认为系统是由相互作用和相互依赖的若干组成部分结合成具有特定功能的有机整体。世界上一切事物、现象和过程都是有机整体，它们自成系统，又互为系统。任何一个系统和周围的环境组成一个更大的系统，而它的各个组成部分都可以看作子系统，系统与子系统之间具有相对性。任一系统都是在和环境发生物质、能量与信息的交换中变化、发展的，所以保持动态稳定性和开放性是系统的本质特征。世界上任何一个事物要么是一个系统，要么是一个系统的要素。教育技术学者们在长期探索中确定了以系统论思想和方法作为教学系统设计的指导思想，把教学作为系统来研究和用系统方法来设计教学。

教学系统是教育系统的子系统，它既可以是学校的全部教学工作，也可以是一门课程、一个单元或一节课的教学，或是为达到某种教学目的而实施的、有控制的教学信息传递过程。教学系统包含了教师、学生（均为人员要素）、教材（教学信息要素）和教学媒体（物质要素）四个最基本的构成性要素，是系统运行的前提，并组成系统的空间结构。这些要素之间的相互作用、相互依赖、相互制约又构成系统输入和输出之间复杂的运行过程，也就是我们常说的教学过程。教学系统的功能就是通过教学过程运行的结果来体现的。

因为在教学系统之外还存在着广泛的社会系统，这是教学系统赖以存在的条件，它构成了教学系统的环境。实际上这也是系统方法对教学系统设计的基本要求，但由于教学系统设计理论和方法本身的不完善，我们更多地注意了对教学系统内部的建构，而不同程度地忽视了教学系统的开放性、忽视了教学系统与外界进行物质、能量和信息交换的过程。很显然，社会是一个大系统，教学系统只是其中的一个子系统，而社会大系统中许多其他的子系统都与教育有关，它们具有提供学习资源的潜在可能性，即在这些子系统之中有各种资源、机会、设施等可以被运用于教学系统之中。因此，教学系统设计的一个重要任务就是要将教学系统（特别是学生的学习系统）与具有提供学习资源的潜在可能性的社会系统联系起来。教学系统复合体之外还有一个与教学系统设计有关系的更广泛的社会大系统，它们是建构教学系统时要考虑的重要方面。当我们把教育系统复合体纳入社会大系统而真正形成开放系统之后，设计教学系统的视野就开阔多了。比起相对封闭的教学系统设计来说，社会大系统给教学提供了更丰富的学习资源，而这与教育技术的核心观念是一致的，即利用一切可以利用的资源（包括人类和非人类的资源）为促进学习服务。

二、教学系统设计的设计观

教学系统设计也是一门设计学科，它植根于教学的设计实践。设计的本质在于决策、问题求解和创造。教学系统设计的实质就是教学问题求解，并侧重于问题求解中方案的寻找和决策过程。它不是发现客观存在的、还不曾为人所知的教学规律，而是要运用已知的教学规律去创造性地解决教学问题。面向实际，正是教学系统设计的一个突出标志。

教学系统设计和所有的设计科学一样，虽然应用了大量的科学原理、科学知识，但其基本出发点是要告诉人们应当怎样做才能达到目的，应当如何行事才能更有效。教学系统设计理论以达到教学目标作为出发点，在一定的教学条件下去选择和确定最好的教学策略。

一切设计科学的强大生命力在于它抓住了设计活动最根本的因素——人类设计技能。

教学系统设计也是从这种智慧和技能上去描述一般设计过程，提出了普遍适用的教学系统设计过程模式。这样就为恰当应用已总结出来的现有设计方法和开发更加有效的设计方法提供了可靠依据。

教学系统设计是一个问题解决的过程，根据教学中问题范围、大小的不同，教学系统设计也相应地具有不同的层次，即教学系统设计的基本原理与方法可用于设计不同层次的教学系统。到目前为止，教学系统设计一般可归纳为以下三个层次。

（一）以"产品"为中心的层次

教学系统设计的最初发展是从以"产品"为中心的层次开始的。它把教学中需要使用的媒体、材料、教学包等当作产品来进行设计。教学产品的类型、内容和教学功能常常由教学系统设计人员和教师、学科专家共同确定。有时还吸收媒体专家和媒体技术人员参加，对产品进行设计、开发和测试、评价。

（二）以"课堂"为中心的层次

这个层次的设计范围是课堂教学，它是根据教学大纲的要求，针对一个班级的学生，在固定的教学设施和教学资源的条件下进行教学系统设计。其设计工作的重点是充分利用已有的设施和选择或编辑现有的教学材料来完成目标，而不是开发新的教学材料（产品）。如果教师掌握教学系统设计的有关知识与技能，整个课堂层次的教学系统设计完全可由教师自己来完成。当然，在必要时，也可由教学系统设计人员辅助进行。

（三）以"系统"为中心的层次

按照系统观点，上面两个层次中的课堂教学和教学产品都可看作是教学系统，但这里所指的系统特指比较大、比较综合和复杂的教学系统。例如，一所学校或一门新专业的课程设置、某行业职业教育中的职工培训方案等。这一层次的设计通常包括系统目标的确定及实现目标方案的建立、试行和评价、修改等，涉及内容面广，设计难度较大。而且系统设计一旦完成就要投入范围很大的场合去使用和推广。因此，这一层次的设计需要由教学系统设计人员、学科专家、教师、行政管理人员，甚至包括有关学生的设计小组来共同完成。以上三个层次是教学系统设计发展过程中逐渐形成的。当然，也可以把教学系统设计分为宏观和微观两个层次，规模大的项目，如课程开发、培训方案的制定等属于宏观层次的教学系统设计；而对一门具体课程、一个单元、一堂课甚至一个媒体材料的设计则属于微观层次的教学系统设计。产品、课堂、系统三个层次都有相应的教学系统设计模式，在具体设计实践中，可以按照自己所面临教学问题的层次，选用相应的设计模式。

三、教学活动设计模式及特点分析

（一）教学活动设计模式

教学设计过程的一般模式可以用前期分析、教学目标、教学策略和教学评价四部分进行描述。教学设计系统过程的一般模式中，前期分析是教学设计的依据。教学目标是对按照学习的分类和学习分类的层次划分学习任务，为设计"教"与"学"的学习经验提供的依据。教学策略是对教学方法、教学活动程序、教学组织形式、教学媒体等的一体化规划、设计和组合。教学评价是通过对教学设计成果的试用、检验，发现问题，进行反馈、修正和优化。

1.前期分析

前期分析包括学习需要分析、学习内容分析和学习者分析三方面的内容。

（1）学习需要分析

在教学设计中，学习需要是一个专门的概念，是指学习者学习方面当前的状况与被期望达到的状况之间的距离，或者说，是学习者已经具备的水平与期望学习者达到的水平之间的差距。学习需要分析是界定现实结果和渴望结果之间差距的一般过程。学习需要分析的结果提供"差距"的有效资料和数据，从而帮助确定总的教学目标。研究系统的大小不同，学习需要分析也具有不同的层次，大到对整个教育系统作需要分析，小至对课程单元或一个课时作需要分析。对学生现状的调查在教学中至关重要，具体的调查方法包括：与学生正式或非正式交谈、查阅学生的有关试卷和作业、测验，对学生家长或相关教师的调查与交流，等等。

学习需要的分析方法包括内部参照分析和外部参照分析。内部参照分析常用的数据收集方法为：设计形成性的座谈会、测验题、问卷或观察表。外部参照分析常用的数据收集方法为：跟踪访谈和问卷调查。

学习需要可划分为六种类型，包括标准的需要（通过把一个对象与某种既定标准进行比较所确定的差距）、比较的需要（通过把对象组与其他的被认为是规范的学校或机构相比较而确定的差距）、感到的需要（个人认识或体验到的个体行为或某个对象行为的差距或不足，以及对改进的要求；或者说，一种现在行为或技能水平与所渴望行为或技能水平之间的差距）、表达的需要（个体要把感到的需要表达出来的一种"需要"）、预期的需要（指将来理想状态的需要）、处理突发事变的需要。

分析学习需要往往是以教学中存在的问题作为起点的，教学设计主要考虑7个方面的教学问题：教学中是否有不适合学习者的学习目标？教学传送方式是否有效？教学能否提高学习者的动机、兴趣？是否能够达到学习目标？课程中是否增加了新的学习目标？学习者的组成是否有变化？资源和约束条件的情况如何？

学习需要分析的四个步骤为规划、收集数据、分析数据、准备最后的报告。

（2）学习内容分析

学习内容分析工作主要分为四方面内容：确定教学目标的类型、对教学目标进行信息加工分析和确定学习内容、学习内容组织（或安排）、初步评价。

确定教学目标的类型或称为学习结果分类，可以按布鲁姆等人提出的"认知、技能和态度"分成三个领域，也可以按照加涅提出的五种学习结果"言语信息、智力技能、认知策略、动作技能、态度"分成五类。教学设计中，把教学内容划分为课程（单指一门课程）、单元和课堂级（可以是知识点或一项技能等）三个分析层次。对每一个层次，依据言语信息、智力技能、认知策略、动作技能和态度五种学习结果进行分类，区别学习任务的性质，并为进一步细化提供依据，确定教学目标的类型。

教学设计中至少用到两类目标：学习结束时应该达到的目标（即教学目标）和学习过程中必须达到的多个阶段目标。前一种称"终点目标"，后一种称为"使能目标"。学习内容分析采用的步骤是从"终点"目标开始，然后"由上到下""按部就班"分析确定达到终点目标的一系列前提条件，并把它们作为按分类层次建立起来的、系统的使能目标，或称为单元目标。

信息加工分析又称过程任务分析，是以学习需要分析过程中得到的教学目标和学习者分析中得到的学生的起点状态为依据，逐步分析列出一系列的信息加工的内容和单元目标，从教学的终端状态一直延续至学习者的起点状态。信息加工分析采用加涅提出的五种学习结果"言语信息、智力技能、认知策略、动作技能、态度"进行分类，首先将教学目标分解为五类内容的子目标，然后根据各类中的内容相互层次关系进一步分解为在内容上并列或从属的子单元。对学习内容进行信息加工分析，就是将实现教学目标时，学习者信息加工中涉及的所有心理的和操作的过程揭示出来的分析方法，或者说是确定学习者要达到目标所需要的学习内容。信息加工分析可以清楚地描述实现教学目标的信息加工步骤和单元目标，即呈现一系列目标和行为，并且还可以揭示出某些不明显的个别步骤。

信息加工分析完成后，学习内容分析的另一项任务就是鉴定从起点到终点之间所必须掌握的先决条件。先决条件包括必要条件和支持性条件两类。必要条件是指决定下一步学习必不可少的条件，也就是使能目标。使能目标是构成高一级能力或倾向的组成成分。没有使能目标，学习活动将无法进行。

有效的学习除了必要条件之外，还要有一定的支持性条件。支持性条件则像化学中的"催化剂"，有助于加速或减缓新学习的进行。例如，认知策略、心智技能、学习动机与态度等则是学习的支持性条件。

学习内容的组织是依据确定学习内容中具体知识技能的逻辑结构和学习理论，对内容进行科学的安排和组合。学习理论关于学习内容组织的三种重要观点包括：美国心理学家布鲁纳提出的螺旋式排列教学内容的主张；美国心理学家加涅提出的直线编排教学内容的主张；美国心理学家奥苏贝尔提出的逐渐分化和综合贯通的原则。在编排学习内容时，应根据学科特点对上述三种观点综合运用。例如，由整体到部分，由一般到个别，不断分化；确保从已知到未知、由浅入深、由易到难、由具体到抽象，由较简单的先决技能到复杂技能的序列，排成一个有层次或有关联的系统，使前一部分的学习为后一部分的学习提供基础，成为学习的"认知固定点"；按事物发展的规律排列；注意学习内容之间的横向联系，加强概念原理、单元课题之间的联系，以及知识、技能、情感各部分内容之间的协调衔接，促进融会贯通和学习的迁移。

初步评价是一种形成性评价，用于考察选择和组织的学习内容的效用及其对学生的适合性。评价的内容主要包括：确定内容对目标的有效性、确定内容组织的科学性、确定内容的教学性和适用性。

（3）学习者分析

学习者分析包括学习准备、学习风格和心理发展的年龄特征三项内容。

1）对学习者学习准备的分析包括以下三个方面。

分析学习者从事新学习的预备技能方面。了解学习者是否具备了新学习所必须掌握的知识与技能，这是从事新学习的基础；分析学习者对新学习内容的目标技能的掌握情况，了解学习者是否已经掌握了或部分掌握了教学目标中规定的知识与技能。对那些已经掌握了的内容，显然没有必要再作为继续学习的内容。

分析学习者对从事特定学科内容学习的认识与态度，检查是否存在偏爱或误解。确定学生起点行为的方法很多。在一般情况下，教师可以利用学生的作业、小测验或课堂提问等方法了解学生原有的基础。教师也可以通过诊断性的单元测验，来确定学生的起点能力或倾向。

2）学习风格是学习者持续一贯的带有个性特征的学习方式，也是学习策略和学习倾向的总和。学习风格的构成有生理、心理和社会三个要素。

学习风格的生理要素指个体对外界刺激（声、光、温度等）的生理反应，一天的时间节律以及在接受外界信息时对不同感觉通道的偏爱。

学习风格的心理要素包括认知、情感和意志动机三方面。认知要素具体表现在认知过程中归类的宽度、信息的顺序加工与同时加工、场依存性和场独立性、分析与综合、沉思与冲动等方面。情感要素具体表现在理性水平的高低、学习兴趣或好奇心的高低、成就动机的差异、内控与外控，以及焦虑性质与水平的差异等方面。意志动机要素则表现为学习坚持性的高低、言语表达力的差异、冒险与谨慎等方面。

学习风格的社会要素，包括个体在独立学习与结伴学习、竞争与合作等方面所表现出的特征。

3）学习者心理发展的年龄特征分析。

人的心理发展表现出若干个连续的阶段，处在不同年龄阶段的学习者会表现出不同的心理特征。学习者的心理发展规律及特征是教育工作的重要依据，教学内容和教学策略的选择都要考虑这一因素。

分析学习者的心理特征因素，可以从心理的认知因素（如感知、记忆、思维、想象等方面）和意向因素（如动机、注意、情感、意志等方面）入手。前者是决定认知过程速度与水平的主要因素，也称智力因素；后者与学习者的积极状态相关，称为非智力因素，还可以从学习者的认知特点、注意特点、情感特点、个性特点等方面入手。

2. 教学目标的设计

为了克服学习目标陈述的含糊性，心理学家将学习目标分为行为目标、内部心理与外显行为相结合的目标和表现性目标三种类型。

行为目标是用预期学生学习之后将产生的行为变化来陈述的目标，也就是用可观察和可测量的行为来陈述的目标。行为目标应符合三个条件：一是要说明通过教学后，学生能做什么（或会说什么），二是要规定学生的行为产生的条件；三是规定符合要求的作业的标准。

内部心理与外显行为相结合的目标指采用内在心理状态与外显行为表现相结合的描述方法来陈述的目标。既陈述如记忆、理解、创造、欣赏、热爱、尊重等内在的心理变化，又列举反映这些内在变化的行为样例。

表现性目标要求规定学生必须参加的活动，而不必精确规定每个学生应从这些活动中习得什么。表现性目标易于作为教学目标的补充。加涅的五要素目标运用两个动词（一个定义能力，另一个定义可观察的行为）来对学习者的内在能力与外部行为表现进行界定。五个要素包括：代表学习结果类型的"习得的能力动词"、代表外部行为变化的"行为动词"、指明学习者行为操作内容的"对象"、规定执行行为所处环境的"情境"，以及行为需要的"工具、限制和特殊条件"。

教学目标必须符合以下三个基本要求。

教学目标应陈述通过一定的学习活动后，学生内在心理状态的变化，如能力提高、态度改善、正确自我观建立等，而不应陈述教师的行为。

陈述得好的教育目标应反映学习的类型，如言语信息、认知策略、智力技能等。即使在同一学习类型中，也应反映学生掌握的水平，如智力技能学习的教学目标应反映辨别、概念、规则、高级规则、问题解决五个层次。

教学目标的陈述应力求明确、具体，并可以观察和测量，尽量避免用含糊的和不切实际的语言陈述教学目标。

（二）教学设计的特点分析

1.系统教学设计以系统理论与方法作为其方法论基础

系统教学设计的最根本特征是追求教学系统的整体优化。系统理论把事物看成是由相互关联的部分所组成的具有特定功能的整体。它要求人们着眼于整体，从整体与部分、整体与环境之间的相互联系、相互制约中选择解决问题的优化方案。例如，相对于一堂课来说，不仅要考虑这堂课中的各个要素，把它本身作为整体来看待，同时，还要考虑这堂课与本单元教学甚至本课程教学的关系。所以，教学系统作为一种"人为系统"，其本身是分层次的，而且由于参照点不同，系统的构成也是灵活多变的。当我们把课堂教学作为一个系统来对待时，系统教学设计主要是从"输入（建立目标）——过程（导向目标）——输出（评价目标）"这一视角来看待其整体优化问题的。系统教学设计有利于保证真正从行动上落实教学系统的整体观念，克服以往的局部改革对旧教学机制触动不大的缺陷。

2.系统教学设计更加完整合理地看待学习与教学之间的关系

系统教学设计致力于设计、开发、利用及评价恰当的学习环境、学习资源和学习经验，因而，"为学习设计教学"这一当代杰出教学设计理论家罗伯特·加涅提出的名言，正是人们长期以来对学与教关系加深认识的总结。系统教学设计把"学习"看成是学习者认知结构或业绩行为发生的持久变化，这一变化既体现在过程中又反映在结果上。"学习过程"遵循着一系列复杂的身心内部加工，如产生警觉、知觉选择、复诵强化、编码组织、提取回忆、执行监控、建立期望等；"学习结果"则是身心状态的积极转变，如认知完善、情感陶冶、态度转变、动作精致、交往和谐等；两者共同构成了学习的内部条件。教学不仅仅体现为教师教与学生学的共同活动（劳动）性质，更重要的是，教学是人们精心创设的环境，通过外部条件的作用方式，激发、支持和推动学习内部过程的有效发生和学习结果的达成。因此，学习的内部条件（学习过程与学习结果）与学习的外部条件（教学）共同决定了学习者的发展潜力。然而，教学本身却是围绕着学习展开的，教是为学服务的。为学习设计教学即意味着不能仅仅考虑教师教得方便、教得精彩、教得舒畅，而且要把学习与学习者作为焦点，以教导学、以教促学。

3. 系统教学设计重视教学活动的循序操作

系统教学设计中的"系统"一词，既有着眼整体、统揽全局的意思，也包含有条不紊、合理有序的内容。所谓重视教学活动的循序操作，就是要突出教学在促进学习过程中的程序化与计划性。也就是说，教师在备课、上课、评（价）课、说课等一系列教学工作中都应有相对明确的操作程序和基本要求。这些程序和要求有些是同教师以往的经验积累相吻合的，或者他们在实践摸索中已经知晓；有些则是集学习理论、教学理论与技术、传播理论等多学科数十年研究得出的尝试性结论，它们往往需要广大教师，特别是那些有经验的教师敞开心胸去认真倾听和择善而从。人们不能把循序操作看成是对"教无定法"的否定，当然也不是让人死守教条、刻板行事，而是强调教学外部条件应环环相扣、层层落实。

4. 系统教学设计致力于提高教师的教学素养

系统教学设计虽然以学习者为焦点，但绝不意味着教师教学素养的高低与学习结果无关。恰恰相反，与以往的做法相比较，系统教学设计把教学成功建立在教师教学工作的规范化、合理化、有序化和技术化的基础之上。通过系统教学设计的实践，能够让教师目标更明确（知道要做什么）、程序更清晰（知道应怎样去做）、针对性更强（知道为什么要这样做）和灵活性更大（知道在什么样的具体情况下该做什么和怎样去做）。从这个意义上说，系统教学设计对于一所学校、一个地区普遍提高教师的教学素养是一条现实合理的途径，也是较为理想富有实效的"名师工程"，由此可推出一大批合乎规范、质量稳定的教学新人，缩短从"新手"到"专家"的转换时间，减少失误，少付代价。在这个基础上，每一位教师都可能随着经验积累与个人风格的形成，逐渐达到教学上炉火纯青、出神入化的艺术境界。因而，系统教学设计在提高教师教学素养上具有"雪中送炭"和"锦上添花"双重效能。

5. 系统教学设计强调从学习者的需要出发确立教学目标

教学目标是指某一教学活动结束后学生应达到的预期状态。根据系统教学设计的逻辑，教学始于问题，问题则表明现状（教学开始前）与预期状态（教学结束后）之间存在的差距，有差距也就是有学习与教学的需要。因此，教学目标的确定除了要把教学大纲作为依据，认真钻研教科书和教学参考资料之外，更重要的是对学习者的学习需要进行评估和分析。需要评估是寻找教学起始点与教学终结点之间的差距大小：需要分析则是对已确定的多项需要加以筛选鉴别，列出一种或几种需要作为优先考虑满足的需要。从需要出发确立目标，意味着对学习者进入某一教学活动时的起点行为进行细致分析。当学习处于一个连续环节时，学生的起点行为实际上就体现为对新任务掌握产生重要影响的先决知能、情感条件。根据学习者的需要确定目标之后，还要考虑将教学目标具体化，实际上这往往是指把教学目的、意图、范围、领域转化为具体的行为目标或业绩目标。也就是说，应当按照期望学习者身上出现的可观察、可操作、可测量结果的方式对教学目标做出具体说明。这种说明常常包含了行为（做什么？）、条件（在什么具体情况下？）和标准（达到什么样的要求？）三种成分的句子陈述。

6. 系统教学设计要求教师对教学任务进行周密分析

教学任务分析要求把教学活动结束时学生应达到的预期结果，即将终点目标分解为若干个过渡目标或从属技能，分析过渡目标本身之间的关系，以及过渡目标又以哪些先决条件作为支撑。换句话说，教学任务分析是要查明新学习本身以什么样的逻辑顺序体现层级关系或组成关系，并以哪些原有的知识技能作为先决条件。显然，教学任务分析是以教学目标为依据，"由上而下"地逐级排序，由此对学习过程的开展进行"层级分析""程序分析"或"归类分析"，从而确定"可能的教学起点"。将来的实际教学过程遵循着任务分析中确定的路径"由下而上"地逐级达标。两者之间的互逆关系表明，教学任务分析通过厘清目标序列和层级，为教学过程的设计与实施提供了依据。如果说教学目标是确定"教什么"，那么，任务分析则是把握"先教什么，后教什么"并指明应"怎样去教"。由此可见，任务分析是教学过程的"路线图"，绘好这张图有赖于教师做好以下几项工作。

（1）首先确定具体清晰的终点目标。

（2）为了达成终点目标，学生必须先掌握哪一个过渡目标？

（3）为了掌握这一个过渡目标，必须先知道什么或先会做什么？逐级推演，直到找出全部过渡目标和先决条件为止。

（4）按照终点目标－过渡目标－先决条件的层级进行排序。

（5）考虑用什么样的方法途径才能最有效地达成每一项学习任务。

（6）根据学生的起点行为确定"可能的教学起始点"。

从以上操作中可以看到，教学任务分析比以往单纯确定教学重点和难点的做法更为周到、详尽和科学。

7. 系统教学设计在学习归类的基础上，提出"分类教学"原则

从"为学习设计教学"这一基本观念出发，系统教学设计确定了"不同的学习需要有不同的教学条件"的新思路，即"分类教学"的原则。当代认知心理学家和教学设计理论家越来越倾向于将学习任务划分为6种类型：言语信息（陈述性知识）、智力技能（程序性知识）、认知策略（策略性或情境性知识）、动作技能、情感态度、社会交往等领域。

在备课中，以教材内容或学科内容为载体，一旦能够确定学习任务属于哪一种或几种类型，那么，教师就可以据此设计教学过程，有针对性地创设教学环境，促使学习有效地发生。没有进行合理的学习归类，就会导致教学无的放矢或较为笼统。强调"学习归类"，既可以弥补以往学科间互相隔阂、联系薄弱的缺陷，又可以为不同类型学习结果之间的转化、迁移、渗透提供保障。

8. 系统教学设计要求教学目标与检测项目的对应匹配

如何保证全部教学行为都能够不脱离教学目标呢？系统教学设计认为行为目标与教学结果检测项目之间必须有一一对应的关系，也就是说，一个行为目标至少应有一项检测项目加以落实，必要时常常用几项检测项目（不同类型、不同形式）检查一个行为目标。再加上讲解实例、课内尝试练习和回家练习作业的新选择，系统教学设计为教学目标的达成建立了可靠的监控调节机制。从

这个意义上讲，系统教学设计倡导者所津津乐道的一句格言"为检测而教"，就丝毫不带有"应试教学"之嫌，反倒证明这是在教学中运用全面质量管理或全面质量控制思想的生动体现。

9. 系统教学设计以达标度作为评估教学效果的主要依据

传统教学在评估教学效果时往往有两个特点：一是从教师教的角度出发来考虑效果，例如，"教师是否讲透讲完了教材""教师是否使用了电化辅助手段""教师采用的教学方法是否吸引人或带有新颖性（如发现法）"，等等；二是过分强调常模参照比较，热衷于按照百分制、评制等进行横向排列。

系统教学设计则以达标度作为评估教师教学与学生学习的落脚点。由于行为目标事先得到了确认，检测项目又与之对应，因而根据检测结果得到的达标程度（例如，将不同测验项目归并为相应的教学目标，据此可以设计表达式统计学生个体及群体达标度，用适当的代码对学生出现的测试错误进行归类）能够清楚地反映教学措施的效果究竟如何。这种以"产品"（结果）为导向的评价观，再加上贯彻因人而异的分层达标思想，能够真正激发学习者的积极性，使原有的"少数人掌握大部分目标"变为"绝大部分人都能掌握大部分目标"，使得教学评价真正担负起了解进步状况、检查达标程度、激励付出努力、监控教学实施、调整教学安排等多重功能。

10. 系统教学设计强调必须精心安排教学过程

系统教学过程体现为按照时间流程和受空间条件制约的教学环节实际展开的程序。在教学目标的指引下，根据学生的起点行为和学习任务归类，考虑对教学任务所作的周密分析，教师可以对课时分配、教学内容等进行处理，以及对策略、方法、媒体及教学组织形式的选择做出优化决策。当代教学设计理论都一致强调教学过程要依据学习过程的性质与特点，教的步骤要支持推动学习过程的展开与预期学习结果的达成。具体来说，系统教学设计所倡导的精心安排教学过程大体包括以下几方面。

（1）课时的划分应根据多种因素整体考虑，至少在一堂课的单位时间内包括引入、提取、编码、练习、巩固或迁移等一组"模块"；

（2）教学内容的排序以学习者接受掌握的心理顺序为主，兼顾内容本身的逻辑顺序；

（3）教学策略、方法、媒体的选择应摒弃"先验决定论"或"单一优越论"

的偏见，提倡合理选择、优化组合；

（4）教学组织形式应着重考虑师生、生生互动的适宜性，加强课堂交往的力度，并根据需要恰当转换互动方式；

（5）课堂教学活动的展开应遵循学习过程发生的性质，包括引起注意，激发动机，告知目标，回忆相关旧知，呈现新任务，帮助指导编码以理解意义，为每个学生提供尝试练习、体验结果的机会并给予反馈，精心安排回家作业进一步巩固和迁移。其核心是促进有意义学习和确保在"主动学习时间"内有成功感。

上述对系统教学设计特色的概括，决不是故意贬低、诋毁以往的教学理论与实践，因为它们之间不是简单的"有或无"关系，这样做只是想说明系统教学设计确实能够反映现代教育和心理科学的重要进展，提高课堂教学中新理论与技术的含量，着眼于在原有教学理论与实践的基础上加以改进完善，弥补其不足，尝试走出一条扩大内涵、提高效益、批量化培养"专家"教师（尤其是中青年"专家"教师）的新路子。无须讳言，"没有最好，只有更好"，从传统教学观到系统教学设计的转变，尚有待于更多的观念碰撞与实践尝试。唯有此，人们才会进一步体会到当代教学设计理论的效用，并与广大教师分享成功的喜悦。

（三）教学设计的理论基础

1.系统理论

系统理论是作为一种科学的方法论，对教学设计产生了举足轻重的影响。任何系统都包括五个要素：人、物、过程、外部限制因素和可用资源。这五个要素间有以下3种联系形式：

（1）过程的时间顺序；

（2）各要素间数据或信息流程；

（3）从一个系统中输入或输出的原材料（人或物）。

2.传播理论

信息传播是由信息源、信息内容、信息渠道与信息接受者为主要成分的系统。进行信息传播，必须对信息进行编码，考虑信息的结构与顺序是否符合信息接受者的思维与心理顺序。信息不能"超载"，过于密集的信息直接影响传递效果，增加接受者负担。另外，不同信息的注意获得特性不同。有些材料宜于以视觉方式呈现，有些则宜于以听觉方式呈现。同时，还可以运用多种暗示技巧来增强这种注意获得特性，更重要的是根据信息接受者的特性（年龄、性别、偏好等），激发其内在学习动机等。

3. 学习理论

各种教育理论与教学设计的关系分别如下。

（1）行为主义理论与教学设计

概括地说，行为主义观点在教学设计中最基本的应用是把可观察行为作为教学基础，提出用可观察行为动词界定各类教学目标（包括价值观与态度教学），并依此进行教学传递与评价。

（2）认知理论与教学设计

认知理论探讨学习者内部的认知活动，其中主要是信息加工学习理论和认知建构学习理论。信息加工学习理论把人类的学习过程看成是一系列信息加工的转换过程，例如，加涅的信息加工理论中学习与记忆的 8 个阶段的学习模型。认知建构学习理论是在皮亚杰和维果斯基的学说基础上发展起来的，认知建构学习理论对教学设计的指导意义在于建构过程要引导学生发现原有知识结构与新知识之间的不协调性，然后主动去改变它。学习的认知建构发生在具体的情景中，在具体的情景中，能够使学生感受到知识的意义。

（3）人本主义学习理论与教学设计

人本主义学习理论对教学设计的意义大都是在观念上的，包括如何发挥人的潜能问题等。

四、传统精华教学系统设计

以"教"为主的教学系统设计理论和方法，经过几十年、众多专家的深入研究与发展，已形成一套比较完整、严密的理论体系，具有较强的可操作性。该模式对客观事实的介绍、行为的矫正、简单认知加工任务（如规则记忆、基本事物的关联、匹配区分等）的完成、动作技能的学习，甚至问题解决技能的培养（如归类、规则的推导、程序的建立）等均比较适合。

（一）两种典型的以"教"为主的教学系统设计模式

以"教"为主的教学系统设计模式的理论基础包括 4 个组成部分，即系统论、学习理论、教学理论和传播理论。在这 4 种理论中，系统论、教学理论和传播理论近 30 年来的发展相对稳定，唯有学习理论，自 20 世纪 50 年代以来，历经行为主义、认知主义和建构主义等不同发展阶段，对教学系统设计发展的影响特别显著。因此，我们可以根据以特定的学习理论作为理论基础对教学系统设计模式进行划分。这样，以"教"为主的教学系统设计模式的发展已历经两代。第一代教学系统设计模式以"肯普模型"为代表，在学习理论方面是以行为主义的联结学习（即刺激—反应）作为其理论基础；第二代教学系统设计模式以"史密斯—雷根模型"为代表，在学习理论方面以加涅的"联结—认知"学习作为其理论基础。下面对这两个典型教学设计模型进行介绍。

1. "肯普模型"

这一模式由肯普（J.E.Kemp）在 1977 年提出，后来又经过多次修改才逐步完善。该模式的特点可用三句话概括：在教学设计过程中应强调 4 个基本要素，需要解决 3 个主要问题，要适当安排 10 个教学环节。

（1）4 个基本要素。是指教学目标、学习者特征、教学资源和教学评价。肯普认为，任何教学设计过程都离不开这四个基本要素，由它们即可构成整个教学设计模式的总体框架。

（2）3 个主要问题。肯普认为任何教学设计都是为了解决以下 3 个主要问题：①学生必须学习到什么（确定教学目标）；②为达到预期的目标应如何进行教学（即根据教学目标的分析确定教学内容和教学资源，根据学习者特征分析确定教学起点，并在此基础上确定教学策略、教学方法）；③检查和评定预期的教学效果（进行教学评价）。

（3）10 个教学环节。①确定学习需要和学习目的，为此应先了解教学条件（包括优先条件与限制条件）；②选择课题与任务；③分析学习者特征；④分析学科内容；⑤阐明教学目标；⑥实施教学活动；⑦利用教学资源；⑧提供辅助性服务；⑨进行教学评价；⑩预测学生的准备情况。

为了反映各环节之间的相互联系、相互交叉，肯普没有采用直线和箭头这种线性方式来连接各个教学环节，而是采用环形方式来表示该模式。该模式把确定学习需要和学习目的置于中心位置，说明这是整个教学设计的出发点和归宿，各环节均应围绕它来进行设计；各环节之间未用有向弧线连接，表示教学设计是很灵活的过程，可以根据实际情况和教师自己的教学风格从任一环节开始，并可按照任意的顺序进行；该模式中的"形成性评价""总结性评价"和"修改"在环形圈内标出，这是为了表明评价与修改应该贯穿在整个教学过程的始终。

2."史密斯—雷根模型"

"史密斯—雷根模型"是由史密斯（P.L.Smith）和雷根（T.J.Ragan）于1993年提出的，如图7-1所示。该模型是在早期教学系统设计中有相当影响的"狄克—柯瑞模型"的基础上，吸取了加涅在"学习者特征分析"环节中注意对学习者内部心理过程进行认知分析的优点，并进一步考虑认知学习理论对教学内容组织的重要影响而发展起来的。该模式将教学过程明确分为教学分析、策略设计和教学评价三部分，使各部分内容的安排更具科学性，更强调对学习者认知策略和认知能力分析。

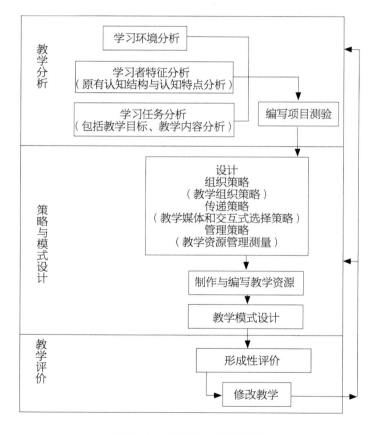

图7-1　史密斯—雷根模型

"史密斯—雷根模型"主要基于"认知—联结"学习理论，更强调对学习者认知策略与认知能力的分析，但该模型存在一定的缺陷，诸如教学系统设计不能最终落实到对教学活动进程的设计上，教学系统设计理论往往停留在大学的课堂或实验室中，而未能真正传播到各级各类学校（尤其是中小学）中去，成为广大教师提高教学质量与效率的有效工具，不能真正解决广大教师最为关心的对教学活动进程进行设计、控制与优化的问题。

针对第二代"史密斯—雷根模型"的不足，我国教育技术专家何克抗、李克东进行了大量的试验探索，提出了一种新的经过扩展的教学系统设计模型，称为扩展后的教学系统设计模型，如图7-2所示。该模型与"史密斯—雷根模型"大体相同，主要区别在于重新定义了一个新的概念，即"教学结构"，并把它纳入教学系统设计过程中，置于教学策略设计之后。

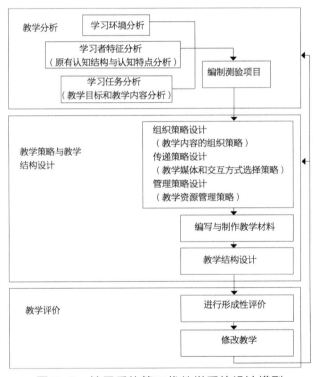

图7-2　扩展后的第二代教学系统设计模型

（二）以"教"为主的教学系统设计过程分析

学习者特征分析的目的主要是了解对教学设计产生重要影响的学习者特征，为后续的教学系统设计步骤提供依据。学习者特征涉及很多方面，但对教学设计产生重要影响的特征主要涉及智力因素和非智力因素两个方面。与智力因素有关的特征主要包括个体认知发展的一般特征、知识基础、认知能力、认知结构变量等；与非智力因素有关的特征包括兴趣、动机、情感、学习风格、焦虑水平、意志、性格以及学习者的文化、宗教背景等。尽管与非智力因素有关的特征在学习者特征中占有重要的位置，但由于在教学系统设计的其他环节中会不同程度地考虑激发兴趣、动机、陶冶情操等方面的问题，所以以下着重讲述与智力因素有关的、对教学设计产生重要影响的几个方面。

1. 确定学习者的原有知识基础

了解学习者的原有知识基础和认知能力是为了确定当前所学新概念、新知识的教学起点。对学习者原有知识基础的确定既可通过对预备技能和目标技能进行测验、分析的方式进行，也可采用"分类测定法"和"二叉树探索法"。分类测定法是先对当前所学概念的原有知识基础按照以往学生的理解和掌握情况分成若干种类型，然后再利用与知识基础分类密切相关的问题对学习者进行测试，根据测试结果就可以推知学习者关于当前所学概念的知识基础类型。二叉树探索法是根据已学过概念的难易程度对问题进行仔细划分，并将它们按由易到难的程度线性排列，从中选择出最符合学生实际水平的问题，从而也就确定了该学期关于当前所学概念的原有知识基础。

2. 确定学习者的认知能力

美国著名教育心理学家布鲁姆将学习者认知能力按智力活动的复杂程度划分为识记、领会、应用、分析、综合、评价 6 个等级，如表 7-1 所示。

（1）识记：指对先前学习过的知识材料的回忆，包括具体事实、方法、过程、理论的回忆。识记是认知目标中最低层次的能力，它所要求的心理过程主要是记忆。

（2）领会：指把握知识材料意义的能力。想测量是否对知识材料产生了领会，可以借助转换、解释、推断 3 种形式。转换就是用自己的话或用与原先的表达方式不同的方式来表达所学的内容；解释就是对一项信息（如图表、数据等）加以说明或概括；推断就是预测发展的趋势。

（3）运用：指将所学到的规则、方法、步骤、原理、原则、概念等运用到新情境的能力，运用的能力以识记和领会为基础。

（4）分析：指把复杂的知识整体分解为几个组成部分并理解各部分之间的

联系的能力。它包括部分鉴别，分析部分之间的关系和认识其中的组织原理。分析代表了比运用更高的智力水平，因为它既要理解知识材料的内容，又要理解其结构。

（5）综合：综合是指将所学到的片段概念或知识、原理、原则与事实等组合成新的整体。例如，综合各项资料获得结论，即属于此能力。综合能力强调的是创造能力、形成新的模式或结构的能力。

（6）评价：这是认知目标中最高层次的能力，它要求超越原先的学习内容，并需要依据某项标准做出价值判断。

表7-1 编写认知学习目标可供选用的动词

学习目标层	特 征	可参考选用的动词
识 记	对于信息的回忆	定义、列举、排列、说出、复述、背诵、辨认、回忆、陈述、说明、指出
领 会	用自己的语言解释信息	叙述、解释、鉴别、转化、区别、举例说明、预测、猜测、摘要、改写
运 用	将知识运用到新的情境中	运用、计算、演示、阐述、解答、证明、计划、制定、修改、发现、操作、利用
分 析	将知识分解，找出各部分之间的联系	分析、分类、比较、对照、区别、分辨、检查、评析
综 合	将知识各部分重新组合，形成一个新的整体	编写、写作、设计、创造、提出、归纳、总结、综合、收集、建议
评 价	根据一定标准进行判断	鉴别、比较、评定、判断、说出价值、衡量、分辨

（三）确定学习者的认知结构变量

著名教育心理学家奥苏贝尔认为在认知结构中有3方面的特性对于有意义学习的发生与保持产生重要影响，它们是认知结构的"可利用性""可分辨性""稳固性"。要确定认知结构是否具有"可利用性"，就是要确定当前所学的新概念、新命题、新知识与学习者原有认知结构中的某种概念、命题或知识之间是否存在类属关系（下位关系）、总括关系（上位关系）或并列组合关系中的某一种关系；确定了原有概念与当前所学的新概念之间的关系，也就确定了认知结构的"可分辨性"；接着需要分析学习者认知结构中起同化、吸收作用的原有观念的"稳固性"。若能找到和新观念具有类属关系或总括关系的原有观念，那么这种原有观念对于绝大多数学习者是比较稳定而牢固的。假如原有观念与新观念之间是并列组合关系，则这种原有观念的稳固性将随不同的学习内容而有较大的差别。

1. 学习需要分析

学习需要是指学习者在学习方面的目前状况与所期望达到的状况之间的差距，也就是学习者目前水平与期望学习者达到的水平之间的差距，如图 7-3 所示。

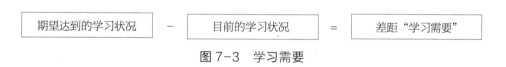

图 7-3　学习需要

学习需要分析是一个系统化的调查研究过程，这个过程的目的就是借助需要分析法，揭示学习者现状与期望值之间存在的差距，确定学习需要并进一步分析造成差距的真正原因是什么，教学设计是否是解决这个问题的必要途径。通过对现有资源及约束条件的分析，论证解决该问题的可能性，在此基础上，确定优先解决的问题和要达到的总的教学目标，为后续工作提供依据。

2. 教学目标的分析与阐述

教学目标也称行为目标，是对学习者通过教学将能达到何种状态的一种明确的、具体的表述。教学目标应是可观察、可测量的。为了保证教学目标的可操作性，通常采用 ABCD 方法编写教学目标。

所谓 ABCD 方法是指一个规范的学习目标一般应包括 4 个要素：对象（audience）、行为（behaviour）、条件（condition）、程度（degree），简称为 ABCD 模式。

对象——指教学对象。

行为——主要说明通过学习以后，学习者应能做什么。

条件——主要说明上述行为在什么条件下产生。

程度——规定行为应达到的程度或标准。

3. 选择与组织教学内容

通过对学习需要的分析，确定了教学设计的课题和总教学目标。为了保证教学目标能够实现，要求教学必须有正确的、合乎目标的教学内容。所谓教学内容，就是指为实现教学目标，由教育行政部门或培训机构有计划安排的，要求学生系统学习的知识、技能和行为经验的总和。分析教学内容是对学生起始能力转变为终点能力所需要的从属技能进行详细剖析的过程。主要包括选择与组织单元、确定单元学习目标、确定任务类别和分析任务以及评价所选内容等步骤。经过对教学内容选择与组织的评价，确定了教学内容的基本框架后，就要对各个单元的教学内容逐一进行更深入的分析，具体的分析方法有归类分析法、图解分析法、层级分析法、信息加工分析、使用卡片法等。

4. 教学策略设计

教学策略是针对完成特定的教学目标而采用的教学活动的程序、方法、形式、媒体等因素的总体考虑。教学策略的设计是最能体现教学设计创造性的环节，目前较流行的以教学为主教学策略有"先行组织者"策略、"五段教学"策略、"九段教学"策略、"假设—推理"策略、"示范—模仿"策略等。

（1）"先行组织者"策略

奥苏贝尔认为能促进有意义学习发生和保持的最有效策略是利用适当的引导性材料对当前所学新内容加以定向与引导，以便于建立新、旧知识之间的联系。这种引导性材料就称为"组织者"。由于这种组织者通常是在介绍当前学习内容之前呈现的，所以又被称为"先行组织者"。"先行组织者"的作用是将学习者认知结构中"原有观念"用适当的语言文字、媒体或二者的结合表述或呈现出来。"先行组织者"策略的实施步骤为：确定先行组织者再设计教学内容的组织策略。根据先行组织者（上位组织者、下位组织者、并列组织者）类型的不同，对教学内容的组织相应地也有3种不同的策略："渐进分化"策略、"逐级归纳"策略和"整合协调"策略。

所谓渐进分化是指首先讲授一般的，即包容性最广、抽象概括程度最高的知识，然后再根据包容性和抽象程度递减的次序逐渐将教学内容一步步分化，使之越来越具体、深入。美国著名教育技术学家瑞格鲁斯（C.M.Reigeluth）提出的细化理论（Elaboration Theory，ET），能够大大方便渐进分化策略。

所谓逐级归纳是指应先讲授包容性最小、抽象概括程度最低的知识，然后再根据包容性和抽象程度递增的次序逐级将教学内容一步步归纳，每归纳一步，包容性和抽象程度即提高一级。"渐进分化"和"逐级归纳"正好是互逆过程。

当先行组织者和当前教学内容并无上位关系或下位关系时，可通过整合协调策略的运用，使学习者原有认知结构中的有关要素被重新整合，以便把当前所学的新概念纳入认知结构的某一层次中。并类属于包容范围更广、抽象概括程度更高的概念系统之下，从而得到新的稳定而协调的认知结构形式。

（2）"五段教学"策略

"五段教学"策略的主要步骤：激发动机—复习旧课—讲授新课—运用巩固—检查效果。

它来源于赫尔巴特学派的"五段教学法"（预备、提示、联系、统合、应用），后经凯洛夫的改造传入我国，是一种接受学习策略。该策略的优点是能使学生在较短时间内掌握较多的系统知识，能体现"教学"作为一种简约的认识过程的特性；缺点是学生在这种教学过程中往往处于被动地位，不利于他们学习主动性的发挥。奥苏贝尔认为"接受学习"不一定是机械、被动的，关键是能否使新知识与学生原有认知结构建立有意义的联系；能否激发学生主动地从自身的认知结构中提取出有关的旧知识同化新知识。

（3）"九段教学"策略

"九段教学"策略是美国教育心理学家 R.M. 加涅将认知学习理论应用于教学过程的研究提出的一种教学策略。加涅认为，教学活动是一种旨在影响学习者内部心理过程的外部刺激，因此教学程序应当与学习活动中学习者的内部心理过程相吻合。根据这种观点他把学习活动中学习者内部的心理活动划分为 9 个阶段：引起注意、告知学习目标、刺激回忆、呈现刺激材料、根据学习者特征提供学习者指导、诱导反应、提供反馈、评定学生成绩、促进知识保持与迁移。相应地，教学程序也包含 9 个步骤：引起学生注意、提示教学目标、唤起先前经验、呈现教学内容、提供教学指导、展现学习行为、适时给予反馈、评定学习成果、加强记忆和学习迁移。

"九段教学"策略因为有认知学习理论做基础，所以不仅能发挥教师的主导作用，还能激发学生的学习兴趣，在一定程度上调动学生的学习主动性、积极性。此外，"九段教学"策略的实施步骤具体明确，可操作性强，便于编程实现，因此比较适用于 CAI 系统。

（4）"假设—推理"策略

假设—推理教学策略是一种着眼于培养学生逻辑思维能力的教学策略。主要步骤：问题—假设—推理—验证—结论。在"问题"阶段，教师应提出难易适中的问题，并使学生明确问题的指向性；在"假设"阶段，教师应运用问题情境引导学生通过分析、综合、比较，努力提出各种假设，并围绕假设进行"推理"，从而逐步形成当前教学目标所要求掌握的概念；在"验证"阶段，应由教师或学生自己进一步提出事实说明刚获得的概念；在"结论"阶段，由教师引导学生回顾教学活动，分析思维过程，总结学习收获。这种策略的优点是有利于发展学生的逻辑思维能力，不足之处在于比较局限于数理学科的教学内容。

（5）"示范—模仿"策略

"示范—模仿"策略特别适合于实现动作技能领域的教学目标。主要步骤：定向—参与性练习—自主练习—迁移。在"定向"阶段，教师既要向学生阐明动作要领和操作原理，还要向学生做示范动作；在"参与性练习"阶段，教师指导学生从分解动作开始做模仿练习，并根据每次练习结果给予帮助、纠正和强化，使学生基本掌握动作要领；在"自主练习"阶段，学生由单项动作与技能的练习转向合成动作与技能的练习，并可逐步减少甚至脱离教师的现场指导；在"迁移"阶段，要求学生不仅能独立完成动作技能的操作步骤，还能将习得的技能应用于其他类似的情境。

5.教学媒体的选择和运用

为了达到预期的教学目标，需要对功能各异的教学媒体进行选择。如何才能选择恰当的、适宜的媒体需要我们既要了解影响媒体选择的因素，又要掌握媒体选择的方法。

（1）影响媒体选择的因素

影响媒体选择的因素很多，首先，需考虑教学目标和教学内容的要求。不同的教学目标常需使用不同的媒体传输教学信息，教学内容不同，对教学媒体的要求也有不同。其次，需考虑不同年龄阶段学生的认知特点和习惯、爱好以及当时当地的具体教学条件，如资源状况、经济能力等。最后，选择教学媒体还必须对教学媒体的功能有所了解。每种媒体都有不同的功能和特点，它们应用在不同的教学环境下也会产生不同的教学效果。

（2）媒体选择的方法和模型

为了使选择教学媒体时所做出的主观判断更为客观、准确，在媒体应用实践中还需借助一些选择媒体的方法、程式或模型进行媒体的选择。主要的选择方法和模型如下所述。

①问题表。列出一系列要求媒体选择者回答的问题，通过对这些问题的逐一回答，确定适用于一定教学情景的媒体。

②矩阵式。通常是二维排列，以媒体的种类为一维，教学功能和其他考虑因素为另一维，然后用某种评判尺度反映两者之间的关系。对照此矩阵图就可以选择所需要的媒体。

③算法型。是对备选媒体使用的代价、功能特征和管理上的可行性等诸因素都分别给予一个定值，然后按某些公式加以运算，比较备选媒体的效益指数，从而确定优选媒体。

④流程图。建立在问题表模型的基础上，它将选择过程分解成一套按序排列的步骤，每一个步骤都设有一个问题，由选择者回答"是"或"否"，然后按照逻辑顺序引入不同的分支。回答完最后一个问题就可确定一种或一组被认为是最适合特定教学情景的媒体。目前已开发出专门用于多媒体教学的视觉媒体和听觉媒体选择的流程图。此外，美国教学设计专家肯普也提出了针对集体教学、小组教学和个别化教学相应的媒体选择流程图。

6. 教学设计结果评价

教学设计结果评价的实质是从结果和影响两个方面对教学设计活动给予价值上的确认，使教学设计工作沿着预定的方向进展。

教学设计结果的评价主要有两种形式：形成性评价和总结性评价，一般以形成性评价为主。形成性评价是在某项教学活动的进程中，为使活动效果更好而不断进行的评价。它能及时了解阶段教学的结果和学生学习的进展情况、存在的问题等，以便及时反馈、调整和改进教学工作。总结性评价又称事后评价，一般是教学活动告一段落时对被评价者所取得的较大成果做出全面鉴定，区分等级，对整个教学方案的有效性做出评定。

第二节　信息化视域下现代教育教学系统设计优化模式分析

以"学"为主的教学系统设计是进入 20 世纪 90 年代以后，随着多媒体和网络技术的日益普及（特别是基于 Internet 教育网络的广泛应用）以及建构主义的学习理论被人们所理解才逐渐发展起来的。这种基于建构主义理论的以"学"为主的教学系统设计重视"情景""协作"在教学中的重要作用，弥补了传统教学系统设计过分分离与简化教学内容的局限，强调发挥学习者在学习过程中的主动性和建构性，有利于创造型人才的培养，满足信息社会对人才提出的种种要求，因此近年来备受人们重视。

一、注重"以学为主"，优化教学设计

（一）以"学"为主教学系统的设计原则

根据建构主义学习理论和教学系统设计的实践经验，教育技术专家提出了便于广大教育技术人员和教师操作的一些建构主义教学系统设计的具体原则。

（1）以问题为核心驱动学习，问题可以是项目、案例或实际生活中的矛盾。

（2）强调以学生为中心。各种教学因素，包括教师，只是作为一种广义的学习环境支持学习者的自主学习，诱发学习者的问题或确认某一问题，使学习者迅速地将该问题作为自己的问题而接纳，并利用它们刺激学习活动。

（3）学习问题必须在真实的情景中展开，最好是一项真实的任务。

（4）强调学习任务的复杂性，反对两者必居其一的观点和二者择一的环境。

（5）强调协作学习的重要性，要求学习环境能够支持协作学习。

（6）强调非量化的整体评价，反对过分细化的标准参照评价。

（7）要求设计能保证学习任务展开的学习环境，学习任务必须提供学习资源、认知工具、帮助等内容，以反映学习环境的复杂性，在学习发生后，学习者必须在这一环境中活动。

（8）应设计多种自主学习策略，使学习能够在以学生为主体中顺利展开。

（二）建构主义学习环境下以"学"为主的教学设计步骤

我国教育技术专家综合分析了国内外有关建构主义的研究，提出了建构主

义学习环境下以"学"为主的教学设计步骤，如图 7-4 所示。

1. 教学目标分析

对整门课程及各教学单元进行教学目标分析，以确定当前所学知识的"主题"。

2. 情境创设

创设与主题相关的、尽可能真实的情境。

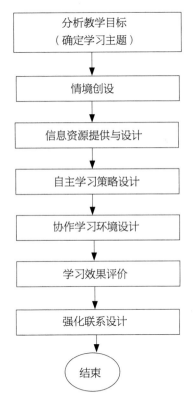

图 7-4 以"学"为主的教学设计流程

3. 信息资源设计

确定学习本主题所需信息资源的种类和每种资源在学习本主题过程中所起的作用。对于应从何处获取有关的信息资源及如何有效地利用这些资源，如果学生确实有困难，教师应给予适当的帮助。

4. 自主学习设计

根据所选择的不同教学方法，对学生的自主学习做不同的设计。

（1）如果是支架式教学，则围绕上述主题建立一个相关的概念框架。框架的建立应遵循维果茨基的"最近发展区"理论，同时要考虑到学生的个别差异（每个学生的"最近发展区"并不相同），以便通过概念框架把学生的智力发展从一个水平引导到另一个更高的水平，就像沿着脚手架那样一步步向上攀升。

（2）如果是抛锚式教学，则围绕上述主题在相关的实际情境中去确定某个真实事件或真实问题，即抛锚，然后围绕该问题展开进一步的学习，对给定问题进行假设，通过查询各种信息资源和逻辑推理对假设进行论证，根据论证的结果制订解决问题的行动规划，实施该计划并根据实施过程中的反馈，补充和完善原有认识。

（3）如果是随机进入教学，则从不同侧面、不同角度表现上述主题的多种情境，供学生在自主探索过程中随意进入其中任一情境去学习。

不管采用何种教学方法，在"自主学习设计"中均应充分体现"以学生为中心"的3个要素，即发挥学生的首创精神、知识外化和实现自我反馈。

5. 协作学习环境设计

在以"学"为主的教学系统设计中，学习环境是一个很重要的概念，但对于什么是学习环境，至今尚未达成共识，影响较大的有以下几种观点。

（1）学习环境是一种场所。

（2）学习环境是学习资源和人际关系的组合。

（3）任务情景是建构主义学习环境的核心。

（4）学习环境是学习活动展开的过程中赖以持续的情况和条件。

在协作学习环境中，学习者可以在自主学习的基础上展开小组讨论、协商，以进一步完善和深化对主题的意义建构。整个协作学习过程均由教师组织引导，讨论的问题皆由教师提出。协作学习环境的设计应包括以下几点。

（1）引起争论的问题。

（2）能将讨论一步步引向深入的后续问题。

（3）教师要考虑如何站在稍超前于学生智力发展的边界上（最近发展区），通过提问来引导讨论，切忌直接告诉学生应该做什么，换句话说，不能代替学生思维。

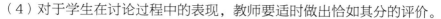

（4）对于学生在讨论过程中的表现，教师要适时做出恰如其分的评价。

6. 学习效果评价

学习效果评价包括小组对个人的评价和学生个人的自我评价。评价内容主要围绕个体自主学习能力、协作学习过程中做出的贡献、是否达到意义建构的要求3个方面进行。应尽可能设计出使学生不感到任何压力、又能客观准确地反映出每个学生学习效果的评价方法。

7. 强化练习设计

根据小组评价和自我评价的结果，应为学生设计出一套可供选择并有一定针对性的补充学习材料和强化练习。这类材料和练习应经过精心的挑选，既要反映基本概念、基本原理，又要能适应不同学生的要求，以便通过强化练习纠正原有的错误理解或片面认识，最终达到符合要求的意义建构。

分析上述基于建构主义理论的教学设计，我们可以发现以下几点。

（1）基于建构主义学习理论的教学设计强调发挥学习者在学习过程中的主动性和建构性，强调学生是认知过程的主体，是意义的主动建构者，这相对于客观主义是一种进步。但他们强调事物的意义源于个人的建构，没有对事物的唯一正确的理解，过于强调了真理的相对性。同时由于强调学生的"学"，往往容易忽视教师主导作用的发挥，忽视师生之间的情感交流和情感因素在学习过程中的重要作用。而且，由于忽视教师主导作用，当学生自主学习的自由度过大时，还容易偏离教学目标的要求。

（2）建构主义的教学设计提倡情境性教学时力求具体和真实，重视"情景""协作"在教学中的重要作用，这弥补了传统教学系统设计过分分离与简化教学内容的局限，但部分人由此反对抽象和概括，认为进行抽象的训练是没有用的。这种片面思想反映了他们不能正确处理一般和特殊的关系。因为他们只重视了人类认识事物的一般过程，却忽视了学生学习的特殊性。学生的学习主要是掌握间接经验的过程，因此它与人类认识客观世界的过程有所不同。人类的认识是从实践开始，学生的学习则未必如此。他们可以从实践，从学习具体经验开始，但是更重要的是以学习间接经验为主，从现有的经验、理论、结论开始，同时补充感性经验。间接经验的学习形式是主要的，学生的学习不可能事事从直接经验开始。这就要求教师在教学过程中注意把学校学习和实际生活以及学生的原有经验相联系。

（3）以"学"为中心的教学系统设计强调发挥学习者在学习过程中的主动性和建构性，有利于学生的主动探索、主动发现，有利于创造型人才的培养。但以"学"为中心的教学系统设计对教师和学生以及环境和技术的要求较高，尤其是需要教师和学生改变传统的教育观念、教学方法，因此在一段时间内实施起来比较困难。

二、通过"主导－主体"模式，优化教学设计

从我国的实际情况看，20世纪90年代以前的教学设计模式基本上是以教为主。这种模式的优点是有利于教师主导作用的发挥，便于教师组织、监控整个教学活动进程，便于师生之间的感情交流，因而有利于系统科学知识的传授，并能充分考虑情感因素在学习过程中的重要作用。其弊端是：完全由教师主宰课堂，忽视学生的学习主体作用，不利于具有创新思维和创新能力的创造型人才的培养。

以"教"为主和以"学"为主的教学设计模式各有其优缺点，如能结合我国教育的实际情况互相取长补短、优势互补，将可相得益彰。根据这个思想，何克抗提出了"主导—主体"教学系统设计模式，并进行实验验证，取得了良好的效果。

（一）两种理论的互补性和"主导—主体"教学系统设计的理论基础

由于"主导—主体"教学系统设计无论从理论基础上还是从实际的设计方法上看，都是以"教"为主和以"学"为主这两种教学系统设计相结合的产物，因此"主导—主体"教学设计的理论基础就是以"教"为主和以"学"为主的教学设计理论基础的结合。通常认为教学系统设计的理论基础包括4个组成部分，即系统论、学习理论、教学理论和传播理论。在这4个理论中，系统论、教学理论和传播理论发展较稳定，变化较大的是学习理论，所以这里的理论基础只探讨学习理论。

1. 以"学"为主教学设计的理论基础

以"学"为主的教学模式是20世纪90年代后随着建构主义的日益流行才逐渐发展起来的，其理论基础比较单一，就是建构主义学习理论和教学理论。建构主义的学习理论和学习环境强调以学生为中心，要求学生由外部刺激的被动接受者和知识的灌输对象，转变为信息加工的主体、知识意义的主动建构

者；建构主义的教学理论要求教师要由知识的传授者、灌输者，转变为学生主动建构意义的帮助者、促进者，要求教师应当在教学过程中采用全新的教育思想和教学模式、全新的教学方法和全新的教学设计。以"学"为主的教学设计模式正是顺应建构主义学习环境的上述要求而提出来的，所以说，建构主义的学习理论和教学理论就成为以"学"为主教学模式的主要理论基础。

2. 以"教"为主教学设计的理论基础

以"教"为主教学设计模式的理论基础比较复杂，因为以"教"为主教学设计的基础是以教师为中心的教学模式，而这种以教师为中心的教学模式已经存在了好几百年。从17世纪30年代的夸美纽斯发表《大教学论》，提出班级授课制度，开创以教师为中心的教学模式以来，历经数代教育学家、教育心理学家的努力，使这一领域的理论研究成果层出不穷，其中比较突出的有19世纪德国赫尔巴特的"五段教学"理论、赞可夫的"发展教学"理论、巴班斯基的"最优化教学"理论、美国布鲁纳的"学科基本结构"理论、布鲁姆的"掌握学习"理论等。上述以教师为中心教学模式的众多理论，尽管每一种都对这一领域从不同的角度做出了自己的贡献，但是真正能作为以"教"为主教学设计理论基础的只有奥苏贝尔的"学与教"理论，因为该理论对教师为中心的教学给以全面的支持，既研究认知因素对学习过程的影响，又研究情感因素对学习过程的影响。

奥苏贝尔的"学与教"理论很丰富，主要涉及3个方面："有意义接受学习"理论、"先行组织者"教学策略和"动机理论"。

（1）"有意义接受学习"理论

美国著名教育心理学家奥苏贝尔将学习按照其效果划分为"有意义学习"与"机械学习"两种类型。所谓有意义学习，其实质是指：符号表示的观念，以非任意的方式和在实质上（而不是字面上）同学习者已经知道的内容联系在一起。所谓非任意的和实质上的联系是指这些观念和学习者原有认知结构中的某一方面（如一个表象、一个已经有意义的符号、一个概念或一个命题）有联系。换句话说，要想实现有意义的学习，即希望通过学习获得对知识所反映事物的性质规律及事物之间关联的认识，关键是要在当前所学的新概念、新知识（"符号表示的观念"）与学习者原有认知结构中的某个方面（表象、概念或命题）之间建立起非任意的实质性联系。只要能建立起这种联系就是有意义的学习，否则就必然是死记硬背的机械学习。奥苏贝尔认为，能否建立起新旧知识之间的这种联系，是影响学习的最重要因素，是教育心理学中最基本、最核心的一条原理。

奥苏贝尔指出，要想实现有意义学习可以有两种不同的途径或方式：接受学习和发现学习。接受学习的基本特点是：所学知识的全部内容都是以确定的方式被（教师）传递给学习者。学习课题并不涉及学生方面任何独立地发现。学习者只需要把呈现出来的材料（无意义音节或配对形容词，一首诗或几何定理）加以内化或组织，以便在将来某个时候可以利用它或把它再现出来。发现学习的基本特点是：要学的主要内容不是（由教师）传递的，而是在从意义上被纳入学生的认知结构以前必须由学习者自己去发现出来。可见，前者主要是依靠教师发挥指导作用，并通过"传递—接受"教学方式（奥苏贝尔简称为"接受学习"）来实现；后者主要是依靠学生发挥认知主体作用，并通过"自主发现"学习方式（也称"发现式"教学，奥苏贝尔简称为"发现学习"或"发现教学法"）来实现。

（2）"先行组织者"教学策略

奥苏贝尔不仅指出通过"发现学习"和"接受学习"均可实现有意义学习，而且还对如何在这两种教学方式下具体实现有意义学习的教学策略进行了研究，特别是对"传递—接受"教学方式下的教学策略做了更为深入的探索，并取得了成为教学论领域一座丰碑的出色成果——"先行组织者"教学策略。这是在分析与操纵三种认知结构变量的基础上实施的一种教学策略，由于它具有认知学习理论做基础又有很强的可操作性，自奥苏贝尔于1968年提出以来，其影响日益扩大。目前，它已成为实现"有意义接受学习"的最有代表性、最具影响力，也是最见实际效果的教学策略之一。

（3）"动机理论"

奥苏贝尔不仅在对学习过程的认知条件、认知因素进行深入研究的基础上提出了"有意义接受学习"理论和"先行组织者"教学策略，而且他还注意到影响学习过程的另一重要因素，即情感因素的作用，并在这方面提出了独到的见解，归纳如下。

1）情感因素对学习的影响主要是通过动机在以下3个方面起作用。

①动机可以影响有意义学习的发生。由于动机并不参与建立新旧概念、新旧知识之间的联系，所以从表面看，似乎并不能影响有意义学习的发生，但是

动机却能通过使学习者在"集中注意""加强努力""学习持久性"和"挫折忍受力"等方面发挥出更大潜能而加强新旧知识的相互作用，从而有效地促进有意义的学习。

②动机可以影响习得意义的保持。由于动机并不参与建立新旧知识之间的联系和新旧知识的相互作用，所以从表面看，似乎也不能影响习得意义的保持，但是保持总是要通过复习环节来实现，而在复习过程中动机仍可通过使学习者在"集中注意力""加强努力""学习持久性"等方面发挥出更大潜能来提高新获得意义的清晰性和巩固性，从而有效地促进保持。

③动机可以影响对知识的提取（回忆）。动机过强，可能产生抑制作用，使本来可以提取的知识提取不了（回忆不起来），考试时由于心理紧张，动机过强，影响正常水平发挥就是一个例子；反之，有时动机过弱，不能调动起学习者神经系统的全部潜力，也会减弱对已有知识的提取。

2）动机是由3种内驱力组成的。由于动机是驱使人们行动的内部力量，所以心理学家常把动机和内驱力视为同义词。奥苏贝尔认为通常所说的动机是由"认知内驱力""自我提高内驱力"和"附属内驱力"3种成分组成的。

认知内驱力是指要求获得知识、了解周围世界、阐明问题和解决问题的欲望与动机，与好奇心、求知欲大致同义。这种内驱力是从求知活动本身得到满足，所以是一种内在的学习动机。自我提高内驱力是指学习者希望通过获得好成绩来提高自己在家庭和学校中地位的学习动机。随着年龄增长，学习者自我意识增强，他们希望在家庭和学校集体中受到尊重。这种愿望也可以推动学习者努力学习，争取好成绩，以赢得与其成绩相当的地位。附属内驱力是指通过顺从、听话从父母和老师那里得到认可，从而获得派生地位的一种动机。这种动机不是追求知识本身，而是追求知识之外的自尊满足（家长和老师认可），所以也是一种外在的学习动机。上述3种不同成分的动机对每个人来说都可能具有，但3种成分所占的不同比例，依年龄、性别、文化、社会地位、人格特征等因素而定。在童年时期，附属内驱力是获得良好学业成绩的主要动机；童年晚期和少年期，附属内驱力降低，从追求家长认可转向追求同龄伙伴的认可；到了青年期和成人，自我提高内驱力逐渐成为动机的主要成分。

由上面关于"动机理论"（包括动机成分的组成与动机的作用等两个方面）的介绍可以看出，奥苏贝尔确实对情感因素在认知过程中的作用与影响做了较深入的研究。如果我们在教学设计或在课件脚本设计过程中能根据学习者的不同年龄特征，有意识地帮助学习者逐步形成与不断强化上述3种动机，并在教学过程的不同阶段（如在有意义学习发生、习得意义保持及知识提取等阶段）恰当地利用这些动机，那么，由于学习过程中认知因素与情感因素能得到较好的配合，所以必将取得更为良好的教学效果。

如前所述，"学教并重"教学模式或"主导—主体"教学模式，尤其是基于 Internet 的学教并重网络教学模式正是基于前面两种教学模式，将以"教"为主的教学模式和以"学"为主的教学模式结合起来，互相取长补短、优势互补而形成的，因此其理论基础就是奥苏贝尔"学与教"理论和建构主义"学与教"理论二者的结合。

（二）"主导—主体"教学设计的方法和步骤

以"教"为主和以"学"为主的教学系统设计模式各有其优缺点，为此，何克抗通过对以"教"为主和以"学"为主的教学系统设计模式取长补短，提出了"主导—主体"教学系统设计模式，如图 7-5 所示。

图 7-5"主导—主体"教学系统设计模式流程图具有以下 4 个特点：

（1）可根据教学内容和学生的认知结构情况灵活选择"发现式"或"传递—接受"教学分支。

（2）在"传递—接受"教学过程中基本采用"先行组织者"教学策略，同时也可采用其他的"传递—接受"策略（甚至是自主学习策略）作为补充，以达到更佳的教学效果。

（3）在"发现式"教学过程中也可充分吸收"传递—接受"教学的长处（如进行学习者特征分析、促进知识的迁移等）。

（4）便于考虑情感因素（即动机）的影响：在"情境创设"框（左分支）或"选择与设计教学媒体"框（右分支）中，可通过适当创设的情境或呈现的媒体来激发学习者的动机；而在"学习效果评价"环节（左分支）或根据形成性评价结果所作的"教学修改"环节（右分支）中，则可通过讲评、小结、鼓励、表扬等手段促进学习者 3 种内驱力的形成与发展（视学习者的年龄与个性特征决定内驱力的种类）。

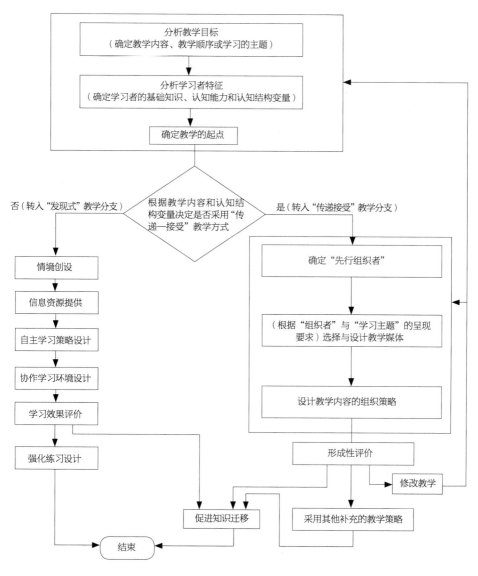

图 7-5 "主导—主体"教学系统设计模式

（三）教学系统设计应用的进展——教学系统设计自动化研究

1. 教学系统设计自动化的必要性及面临的问题

国际上率先提出教学系统设计自动化（Automated Instructional Design，简称 AID）思想的学者是梅瑞尔，他于 1984 年发表的"计算机指导的教学系统设计"一文中提出通过计算机辅助教学系统设计（Computer Aided Instructional Design，简称CAID）和教学系统设计自动化，把教学系统设计应用推向深入。之所以对AID有需求，是基于以下原因。

（1）与工业设计、机械设计等相比较，教学系统设计所采用的工具和方法仍然是最原始的，几乎是纯粹的劳动密集型工作。这种状况与教育技术作为新技术在教育中应用的地位不相称。

（2）教学系统设计过程要求具有多方面的专门知识（如学习理论、教学理论、教学系统设计等），这对于普通教师来说是很困难的。教学系统设计自动化能够改变教学系统设计理论和方法的传播过程，有助于普及教学系统设计知识，并把大量新的研究成果应用于教学系统设计的实践中去，为研究成果走向实践应用开辟了道路。

（3）教学系统设计过程既是一种高度创造性的活动，同时又包含许多重复性工作，这类工作对于人是不胜其烦的，而对计算机却轻而易举。教学系统设计自动化能充分发挥计算机的优势，补充人力设计的不足，使人们可以专心进行创造性的教学系统设计活动，提高教学系统设计的质量和效率。

（4）教学系统设计自动化打开了教学系统设计研究与应用的新思路，导致了新一代教学系统设计理论和方法的产生，从而成为教育技术发展的新方向。

要真正实现AID不是一件容易的事情，因为这是一个涉及多种因素交互作用的复杂过程。这些因素包括：学习者的特征、教学媒体、学科性质、所要传授的知识和技能的类型，以及所用的教学策略、教学方法等。所以，古德耶（P.Goodyear）认为教学系统设计自动化涉及的是一个复杂的问题空间，并且具体给出了该问题空间。

2.教育技术专家认为，实现教学系统设计自动化大致有以下6种途径。

（1）利用能提供教学策略支持的多媒体写作工具。

（2）带有教学系统设计实例的联机帮助系统。

（3）带有若干教学系统设计模板的写作系统。

（4）智能型教学事务处理系统。

（5）基于计算机的教学系统设计咨询与评价系统。

（6）用于教学系统设计的智能指导系统。

前3种实际上属于计算机辅助教学系统设计，后面3种才是真正意义上的教学系统设计自动化。从目前已实现的 CAID 来看，大多是在多媒体写作工具或写作系统的基础上扩充部分教学系统设计的功能（如提供教学策略、教学系统设计实例或教学系统设计模板的支持），因而这类系统只能部分取代教学系统设计人员的工作，在教学系统设计过程中起辅助作用。

具有后面 3 种功能之一的教学系统设计自动化系统称"教学系统设计专家系统"，这是因为这类系统能完全取代教学系统设计人员的所有工作，真正起到人类教学系统设计专家的作用。目前这类系统虽然还是凤毛麟角，但是确实已有相当出色的成果问世，并已开始商品化。下面我们就对不同类型的教学系统设计自动化选择有代表性的成果加以介绍。

3. 典型计算机辅助教学系统设计介绍

（1）教学系统设计咨询指导。这是一个典型的带有教学设计模板和教学设计实例的联机帮助系统，它是在著名的教育心理学家加涅（R.M.Gagne）的领导下实现的。该系统完全基于加涅的"九段教学模式"，或者说是加涅的 9 个教学环节的具体体现。使用对象是没有经验的课件开发者，用户可以很方便地由当前屏幕转向右下角 1/4 屏所显示的教学内容——只需按一下"GO TO SAMPLELESSON"按钮即可，这样做可以使用户进入指定的课文；ICW 按钮（在右上角）提供和多媒体运用有关的补充指导；NOTES 按钮使用户可以加注解和制订一个初始的上课计划；9 个数字键按钮使用户可以根据自己的要求随时进入 9 个教学环节中的任一环节，这样，用户就可按非线性方式通过超文本系统，并进行基于实例的个别化教学系统设计指导。

（2）基于教学策略的课件开发平台。该系统由我国北京大学的汪琼开发。她提出一种新的教学软件开发模型——课堂件写作模型，该模型将教学软件的开发分为课件写作、堂件写作、教学过程支持 3 个阶段。在此模型支持下，教学人员在用计算机进行教材编写、教案编写和课堂讲授的同时完成教学软件原型的生成并逐步求精。由于该模型将较稳定的教学内容设计和较多变的教学过程设计予以分离，使个别化教学能较灵活地进行，从而实现了一个既有较强的多媒体写作功能，又能提供多种教学策略支持的计算机辅助教学系统系统。这也是国内第一个较完善的计算机辅助工业设计系统。

（3）典型教学系统设计专家系统。下面以梅瑞尔等人研制的 IDExpert TM 为例具体介绍教学系统设计专家系统的结构与功能。该系统是目前所能看到的最为成功的一个教学系统设计专家系统，并且已有正式产品推出。

IDExpert TM 是基于规则的专家系统，它可以根据教学系统设计人员提供的信息，提出关于课程组织、内容结构、教学处方等方面的建议。

①结构。IDExpert TM 中的教学组织与标准的教学过程很相似，通常总是由一门课程开始，接着是每堂课中的各个段和节，然后是具体的教学事件，每一个教学事件（An Instructional Transaction）是指某个学生与计算机之间的一次交互作用。

IDExpert TM 是在教学事件处理壳基础上实现的。在系统中，一个教学事件处理壳是一组用于显示知识元素（或资源）和对学生输入进行翻译的规则。一个教学事件处理壳由下列部件组成。

一簇事务处理，其中每一个均由几种交互方式组成（交互方式有呈现、练习、访问）并有一位交互方式管理员；一个知识库，包含所要教的知识或技能；一个资源数据库，包含知识的多媒体表示；一组教学策略，这是为给定的学习任务、学习者和学习环境而制定的教学处方；用户接口模块，它包括一个知识获取系统，一个多媒体资源编辑器和一个教学事件构建系统。

②功能。用户可以将单个知识库同时用于几种不同的课程，由于内置教学策略，所以用户只需提供要教的知识，用户只要按一下按钮就可方便地修改内置的教学策略，用户可以根据不同学习者的特征（动机、经验等）来构建课程。

③优点。第一，只需按一下按钮就可方便地修改内置的教学策略。这种灵活性可能带来的好处有：快速生成课程原型，对同一课程内容进行不同的教学策略分析及探索。第二，为自动化的教学系统设计与开发提供综合参考和一系列的指导方针。这方面可能带来的好处是：用于教授 ISD（Instructional System Design，教学系统设计）原理和作为把 ISD 理论与计算机辅助教学的实际开发联系起来的直观演示。

第三节　信息化视域下现代教育教学系统评价模式探究

教学设计要以评价反馈为途径来检验计划实施的效果，并不断修订完善计划方案，教学评价是教学设计的有机组成部分。

一、教学评价概述

（一）教学评价的含义

教学评价是指以教学目标为依据，制定科学的标准，运用一切有效的技术手段，对教学活动的过程及其结果进行测定、衡量，并给予价值判断。

（二）教学评价的功能

正确认识教学评价，才能树立科学的评价观，教学评价具有以下功能。

1. 反馈调节功能

教学评价可以在师生之间形成双向反馈机制，通常对学生的测验、作业及日常观察的结果进行评价，可以将信息反馈回教师和学生身上，从而调整教与学的活动。教师通过评价搜集学生的学习状况和行为变化，并根据学生的情况及时调整自己的教学工作；学生通过评价，会对自己的学习情况有所了解。肯定的评价会使学生继续保持已有的发展方向；否定的评价会使学生发现自己的不足或缺陷，以便及时纠正，取得更好的教学效果。

2. 诊断指导功能

有效的教学取决于教师对学生的经验、能力、兴趣、动机和情感的了解，这种了解是提出现实的学习目标，并操纵适当学习情境帮助学生达到既定目标的基础。通过在学期、学年或课程开始之前进行的测验，教师可以了解某个学生在特定学科的特定阶段，其知识、技能和能力已达到的水平和存在的问题，分析造成学生学习不利或有利的原因，从而据此确定对该学生的具体施教措施，设计适合该学生学习准备的教学目标和学习单元。此外，学期、学年或课程开始之前进行的诊断性测验，可以帮助教师和学校对学生分班分组，予以适当安置。

3. 强化激励功能

评价对教学过程有监督和控制作用，对教师和学生是一种促进和强化。通过评价反映出教师的教学效果和学生的学习成绩。在一定限度内，经常进行记录成绩的测验对学生的学习动机具有很大的激发作用。这是因为较高的评价能给教师、学生心理上的满足和精神上的鼓舞，可激发他们向更高目标努力的积极性。即使评价较低，也能催人深思，激起师生奋进的情绪，起到推动和督促的作用。

4. 教学提高功能

评价本身是一种教学活动。在这种活动中，学生的知识、技能将获得增长，甚至产生飞跃。例如，测验就是一种重要的学习经验，它要求学生事先对教材进行复习，巩固和整合已学到的知识技能；事后对试题进行分析，确认、澄清和纠正一些观念。另外，教师可以在估计学生水平的前提下，将有关学习内容用测试题形式呈现，使题目包含某些有意义的启示，让学生自己探索领悟，获得新的学习经验或达到更高的教学目标。

5. 目标导向功能

学生在学习时间和学习力量上的分配，常常与考试中将要出现的各种知识的题目和性质成正比。测验内容、评价标准往往会成为学生学习的内容和标准，从而左右他们努力的方向、学习的重点和学习力量的分配。如果评价的标准和测验的内容能有效地反映教学大纲对学生的要求，并体现特定学科有代表性的内容，那么学生受考试内容和评价标准引导的倾向便会有利于自己的学习，使其在向这些标准的努力中，在对这些内容的掌握中，逐步向特定学科教学的终极目标迈进。

（三）教学评价的类型

依照不同的分类标准，教学评价可以分为不同的类型。

1. 按评价基准划分

按照评价基准，可以将教学评价划分为以下三种类型。

（1）相对评价。这种评价就是在被评价对象的群体或集合中建立基准，然后把各个对象逐一与基准进行比较，来判断群体中每一成员的相对优劣。对学习成绩的评定通常是以群体的平均水平为基准，以个人成绩在这个群体中所处的位置来判断。

为相对评价而进行的测验一般称作常模参照测验。它的试题取样范围广泛，命题方式直接明确，测验成绩主要表明学生学业的相对等级。因为所谓的常模实际上近似学生群体的平均水平，所以这种测验的成绩自然形成了正态分布。

利用相对评价了解学生的总体表现和学生之间的差异，或比较群体学习成绩的优劣是一种不错的选择方法。但这种方法也有缺点，即没有一个预先设定的客观评价标准，评价标准根据评价对象群体的评价结果确定。但由于评价结果是相对的，不利于群体和群体之间的比较。

（2）绝对评价。这种评价就是将教学评价的基准建立在被评价对象的群体或集合之外，把群体中每一成员的某种指标逐一与基准进行对照，从而判断其优劣。教学评价的标准一般是教学大纲以及由此确定的评判细则。

为绝对评价进行的测验一般称作标准参照测验。它的试题取样就是预先规定的教学目标，测验成绩主要表明教学目标的达到程度，所以这种测验的成绩分布通常是偏态的。例如，低分多高分少，为正偏态，反之，则为负偏态。

（3）自身评价。这种评价既不是在被评价群体之内确立基准，也不是在群体之外确立基准，而是对被评价个体的过去和现在相比较，或者是对它的若干侧面进行比较。自身评价的优点是尊重个性优点、照顾个别差异，通过对个体内部各方面进行纵横比较，判断其学习的现状和趋势。但由于被评价者没有经过与具有相同条件的其他同学做比较，难以判断它的实际水平和差距，激励功能不明显。因此，在实践中常把自身评价和相对评价结合起来使用。

2. 按评价功能划分

按照评价功能，也可将教学评价划分为三种类型。

（1）诊断性评价。诊断性评价也称教学前评价或前置评价。一般是在某项教学活动开始之前，对学生的知识和技能、智力和体力，以及情感状况进行"摸底"。其目的是设计可以满足不同起点水平和不同学习风格学生所需要的教学方案和教学程序。

（2）形成性评价。在某项教学活动的过程中，为使活动效果更好而不断进行的评价，它能及时了解阶段教学的结果和学生学习的进展情况、存在问题等，以便及时反馈、及时调整和改进教学工作。形成性评价进行得比较频繁，如课堂提问、课后作业、一个章节或一个单元后的小测验等。

（3）总结性评价。总结性评价又称事后评价，一般是在教学活动告一段落时，为把握活动最终效果而进行的评价。例如，学期末或学年末各门学科的考核、考试，目的是验明学生的学业是否达到了各科教学目标的要求。总结性评价注重的是教与学的结果，以对被评价者所取得的较大成果做出全面鉴定、区分等级和对整个教学方案的有效性做出评定。

二、教学评价的方法

(一)测验

测验是了解学生认知目标达标程度的最常用工具,它要求学习者在规定的时间内完成一定量的任务。通过测验,可以检测到学生对所学知识的掌握程度及综合运用知识的能力。

1.测验试题的设计

测验试题的题型设计可分为两类:主观题和客观题。主观题一般为问答形式,拟题容易,学习者可自由发挥,但评分时易受评分者个人影响。主观题具体包括作文题、算术题、论述题等。在评价较高层次的理解能力、归纳能力、组织和表达能力方面,主观题比客观题效果好。客观题通常有选择题、是非题、填空题、匹配题等,可做到面广量多,评分也比较客观,但拟题复杂,猜题的可能性大。

2.鉴定测验质量的客观指标

设计和编制任何一种测验,都必须使其在效度、信度、难度和区分度方面达到一定要求,即起码达到有效、可信。

(1)效度。效度是指一个测验或测量工具能真实地测量出所要测量事物的程度。一次测验是否有效,主要看其是否准确测量了它所要测量的东西。效度是个相对概念,任何一种评价工具只有对一定的目的来说才是有效的。例如,智力测验用来测学生的智力是有效的,但用来测学生的体力则无效。要提高测验的效度,编题时要避免题意不清或要求不明造成学习者误解,并多采用客观试题。

(2)信度。信度是表明评价工具质量的又一重要指标,它主要指测验结果的前后一致性程度。例如,如果一个学生多次参加某种测验都得到相近的分数,那么就可以认为,该测验稳定可靠,信度是较高的。要提高测验的信度,可适当增加试题量或测验次数。

(3)难度。难度是指测验试题的难易程度。一般用试题的得分率或答对率表示,所以难度事实上是容易度或通过率。其值在 0~1,数值越大,说明试题越容易。

(4)区分度。区分度是指试题对不同考生的知识、能力水平的鉴别程度。

如果一个题目的测试结果使水平高的考生答对（得高分），而水平较低的考生答错（得低分），它的区分能力就很强。题目的区分度反映了试题这种区分能力的高低。区分度与难度紧密相关，测验过难或过易，会造成被试都通不过或都通过的结果，这样测验也就无鉴别力可言了。

（二）调查

调查是通过预先设计的问题请有关人员进行口述或笔答，从中了解情况，获得所需要的资料。作为教学评价的重要手段，通过它可以了解学生的学习兴趣和态度、学习习惯和意向，了解各方面对教学过程和教学效果的意见，从而判断教学的有效程度，为改进教学提供依据。调查的主要形式有面谈和问卷调查两种。

1. 面谈

面谈用口头形式进行调查，也叫访问法，是指设计者或评价者通过当面接触"对象"来收集资料。这种形式提问灵活、回答快捷，特别是当调查对象人数较少或年龄较小时，它更能发挥长处。为使面谈取得较好效果，必须事先准备好谈话计划和纲要，对谈话的进程做到胸中有数。谈话开始时，重要的是建立平等的关系和融洽的气氛，减少对方的拘束。谈话要自然地按计划进行，不要随意远离纲要，注意话题之间的前后联系和衔接，不为无关宗旨的话语分散注意力。礼貌而自然地驾驭谈话过程，或使离谱的话题言归正传，或中止对方冗长而不得要领的回答。提问时，要措辞明确，不能有暗示或倾向表现，避免对方猜度和顺应调查者的心思。要简练地记下谈话内容，可不带主观色彩地、以多少有点疑惑的语调重复对方的最后一句话，使谈话得以继续下去。

2. 问卷调查

用书面形式进行调查，也叫征答法或填表法，是指设计者或评价者通过书面提问"对象"来收集资料。为了了解一些事实或意见，特别是一些比较简单的或者具体的事实情况，可以向调查对象分发事先印好的表格和卷子，要求他们填写，然后收回来整理分析。它的优点是一般不受时间和空间的限制，能在短时间内获得较多资料，这些资料也比较容易整理。因为它可以用"无记名"方式进行，所以收集的资料真实可信。它的缺点是编制表格要求高，有一定难度，如果题目编得不巧妙，就很难得到所需的资料，有些比较繁杂的问题，靠几句书面回答往往说不清楚。

（三）结构化观察

结构化观察是指有目的、有计划地对在自然条件下出现的现象进行考察的一种方法。

所收集的资料自始至终都是被观察者的常态表现，都是自然的、真实的。用结构化观察的方法，主要是为了考察、记录学习者在教学过程中的反应和动作行为变化。

1. 观察的方法

结构化观察有两种形式：直接观察和间接观察。直接观察是通过感觉器官观察对象，以获得感性材料的方法，如现场参观、听课、列席会议讨论等。间接观察是借助科学仪器设备，如照相机、闭路电视装置、电影摄影机等技术手段进行摄录观察的方法。它可以克服人感官的局限性，使观察记录更加客观、全面和精确。

2. 观察的取样和记录

进行结构化观察，很难做到面面俱到，通常是通过取样进行，包括对观察对象、观察时间和观察场面的取样。例如，选定某一堂课，某一个小组的学习者，某一段时间和内容进行重点观察和记录。记录的方法，除了以笔记方式描述现象特征，如听课时发生的瞌睡、交头接耳、哄堂大笑，更多的是采用表格形式、现场打"√"的方式进行。

3. 统计分析

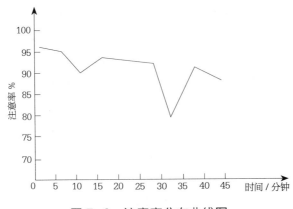

图 7-6　注意率分布曲线图

对观察记录的资料要进行科学的统计分析，才能获得有价值的评价意见。例如，通过记录统计可以得到不同时段注意力不集中的学习者人数，然后计算出注意率分布曲线图，如图7-6所示。进一步分析教学过程，便可知道是什么原因使学习者的注意率下降，又是什么原因重新激起了学习者的兴趣，使其能够集中注意力。

（四）量规

量规是一种结构化的定量评价标准，往往是从与评价目标相关的多个方面详细规定评级指标，具有操作性好、准确性高的特点。随着教育信息化的发展，越来越多的学习任务是以非客观性的方式呈现的。传统的客观性评价方法已被证明具有较大的局限性，量规的应用逐渐受到重视。

在设计量规时应注意以下几条原则。

1. 设计量规的原则

（1）根据教学目标和学习者的水平来设计结构分量

教学目标不同，量规的结构分量也应不同。例如，在评价学生的电子作品时，通常从作品的选题、内容、组织、技术、资源利用等方面考虑；而在评价学生的课堂参与性时，又会从学生的出勤率、回答问题情况、作业完成情况、小组合作情况等方面考虑。另外，学生的水平也是决定量规结构的一个重要方面，不符合学生水平的结构分量在评价时往往是没有意义的。

（2）根据教学目标的侧重点确定各结构分量的权重

对量规中各结构分量的权重（分数）进行合理的设置，不但可以帮助学生进行有效的评价，还可以引导学生把握好努力的方向，起到目标导向的作用。结构分量的权重设计与教学目标的侧重点有直接的关系。还是以电子作品的评价为例，如果教师的主要目的是教会学生学习制作电子作品的有关技术，那么赋予技术、资源利用结构分量的权重应该高些；如果教师的主要目的是让学生通过电子作品展示自己的调查报告，那么赋予选题、内容、组织等结构分量的权重则应高些。

（3）具体的描述语言要具有可操作性

在对量规的各结构分量进行解释时，应使用具体的、可操作性的描述语言，避免使用抽象的、概念性的语言。

2.评价量规实例

（1）学生教学设计方案评价量规

在实际教学中，学生教学设计方案评价量规如表7-2所示。

表7-2　学生教学设计方案评价量规

结构指标	单项指标	评价等级				得　分
		优 90分以上	良 75~90分	一般 60~75分	差 60分以下	
选　题 （20分）	新颖独特,体现创新性（10分）					
	具有现实意义与价值（10分）					
内　容 （60分）	内容完备,包含教学目标、教学策略和教学评价等方面内容的设计（12分）					
	教学目标设计准确、恰当（16分）					
	教学策略设计合理,具有较强的针对性与实践性（16分）					
	教学评价设计体现多元化,反映知识、技能、情感和信息素养等方面的评价（16分）					
表　达 （20分）	思路清晰明确,体现教学设计的基本思想（7分）					
	结构组织合理,具有逻辑性与层次性（7分）					
	语句表述科学、准确,符合规范（6分）					
总　分						

（2）学生多媒体演示文稿评价量规

学生多媒体演示文稿评价量规如表7-3所示。

表7-3　学生多媒体演示文稿评价量规

项　目	要　求	得　分
内　容 （60分）	搜集的材料较好地表达了对所提问题的解释，并能联系有关知识做适当的讲解	60
	搜集的材料较好地表达了对所提问题的解释，但没有联系有关知识做适当的讲解	40
	搜集的材料较少或仅仅是把搜集材料进行简单的罗列	20
语　法 （10分）	语言表达流畅，语法正确	10
	有少量语法错误，但不影响观众对表述内容的理解	8
	因为语法错误使观众对表述内容产生误解	5
技　术 （30分）	布局合理，色彩搭配协调，图片数量适当且与表述内容有紧密的联系，恰当地应用了声音、动画等多媒体手段，较大地增强了文稿的表现力	30
	布局基本合理，色彩不单调，图片基本支持了所表述的内容，应用了声音、动画等多媒体手段，增强了文稿的表现力	20
	布局凌乱，色彩不协调或布局和色彩使观众的注意力分散，引用图片与表述内容无关，应用了声音、动画等多媒体手段，但与表述内容无关或分散了观众的注意力	10

（五）学生成长档案袋

1.学生成长档案袋的含义

学生成长档案袋是指用以显示有关学生学习成绩或持续进步信息的一连串表现、作品、评价结果以及其他相关记录和资料的汇集。通过对学生作品和其他证据的合理分析和解释，反映学生学习的成就、努力和进步，并通过反思促进学生的发展。

2.学生成长档案袋的特点

档案袋的基本成分是学生作品，而且数量很多；作品的收集是有意而不是随意的；档案袋应提供学生发表意见和对作品进行反省的机会；教师要对档案袋里的内容进行合理地分析和解释。

3. 学生成长档案袋的案例

一个小学生在学习拉小提琴的过程中，家长在不同阶段分别让他做了录音。例如，"今天是 × 月 × 日，从今天起，我练习拉 ×× 曲子。"然后是断断续续、不成曲调的曲子。接着是"今天是我练习曲子的第十天"，接下来大家听到的是已经连贯的练习曲。这组录音的最后是小学生即将登台演出的前一天录的："明天是六一儿童节，我将在全校的庆祝会上演奏这首曲子。"这时候小学生拉出的这首曲子欢快流畅，已经十分娴熟。

学生成长档案袋是一种新兴的评价方式，这种评价方式迎合了新课程改革的要求和需要，克服了传统评价的种种弊端，能够较好地反映学生的一些实际情况，因此被许多学校广泛采用。

新课程改革中，人们越来越认识到原有的教育评价体系已经不能适应新课程实施与发展的要求。依据新课标要求，从多元、主体、开放的评价理念出发，逐步建构评价内容多元化和评价方法多样化的评价体系，通过纸笔测验、活动表现、学习档案评价等多种形式，对学生的情感态度、价值观、能力发展水平、基础知识、基本技能进行综合测评，从而真正体现了以学生发展为本的理念。

三、教学评价的指标及评价工具

（一）课堂教学的评价指标

制约课堂教学效果的基本因素大致包括学生、教师、方法、管理等。现将由这些因素引发出来的评价指标分述如下。

1. 与学生因素有关的指标

（1）学生话语。在语言教学评价中，学生话语是一项重要的指标。教师应当采取有效措施收集学生的活动表现证据，其中包括话语量、话语真实水平、话语连贯流畅程度、话语的随机建构水平等。

（2）学生行动。伴随着学生话语，还有相应的行动发生。教师需要重点评价学生行动的目的性、互动性、主动性，还应评价学生行动的实际效能。

（3）学生认知水平。教师应当采取有效手段得知学生的思维进程与线索，学生对教学信息的领悟程度，学生对教学资源的感受深度，以及学生接受新语言学习项目的敏锐程度。

（4）临场机智。课堂过程是教师与学生随机构建教与学关系的过程。所以，学生在现场所表现出来的临场灵活性、创造性，以及对学习情景的适应性，也是教师的评价内容。从表情上分析学生对讲课内容和速度的适应性。例如，与教师讲解速度同步；与教师讲解速度不能同步，嫌快或嫌慢；对讲课内容感到费解等。从课堂提问中分析学生对功课的理解程度。例如，学生对所提问题的最初反应是热烈、高兴、很快举手，还是不很主动但作了思考，或是不理会、回避甚至恐惧。学生回答问题时的反应是思路敏捷、叙述流畅、答案正确，还是表达了思想但答案不完全正确，或是思路不畅、叙述不清、回答错误。

2.与教师因素有关的指标

（1）教学能力。从讲述内容中判断教师的专业水平，从选用教材上判断教师吸取、处理和传递知识的能力，从讲授的准确程度和严谨情况判断教师的逻辑思维能力；从讲解时能否随机应变判断教师对学生反应的敏感程度和应变能力；从教学全过程的整体素养上判断教师是否经过了系统的师范教育训练。

（2）课堂控制能力。从课堂纪律状况分析控制水平，了解是外在因素还是内部因素左右教学过程；从处理偶发事件的效果推断教师维持教学秩序的能力。

（3）教学行为能力。可以从教态是否自然、大方、亲切，判断师生感情的融洽程度和教学气氛的和谐程度；从语言是否生动流畅、文字是否规范简明、板书是否工整美观判断教师的教学基本功。

（二）教学材料的评价指标

教学材料的范围广泛、种类繁多。目前教育技术界比较关注的是音像教材（这里含计算机课件）。对于这类教材，我国学术界总结过所谓"五性"的编制原则，它们实际上也是评价这类教材的基本标准。

1."五性"的编制原则

（1）教育性。看其是否能用于向学生传递教学大纲所规定的教学内容，为实现预期的教学目标服务。

（2）科学性。看其是否正确地反映了学科的基础知识或先进水平。

（3）技术性。看其传递的教学信息是否达到了一定的技术质量。

（4）艺术性。看其是否具有较强的表现力和感染力。

（5）经济性。看其是否以较小的代价获得了较大的效益。

2. 课件的评价

（1）教学设计。教学设计有创新，反映了教师个人的见解和独特的思想。教学设计体现和贯彻了先进的教学思想，以学生为主体，突破教学演示模式，有利于培养学生的创造能力，有利于学生自主学习和发现学习，能提高学习者的学习兴趣与学习自觉性。

（2）知识内容。内容的表述符合科学规范、深入浅出；语句通顺，易于理解，没有错别字和繁体字；内容经过认真的选择，体现教学中的重点和难点；在疑难问题和关键知识点上提供多种形式和多层次的学习内容，重点突出，难点突破；适当地采用图片、配音、动画或视频等强化学习效果，但要避免与教学内容无关的、纯表现式的图片或动画；图片、图形、动画等要突出与知识点有关的要素和结构，避免无关细节的干扰；提供丰富的信息和相关资料；文字说明中的有关名词、概念、符号、人名、定理、定律和重要知识点与相关背景资料相链接。

（3）提问、练习和反馈。提问有启发性；能为学生提供操作、练习、模拟、游戏等活动；练习和活动能引起学生的兴趣，激发学生的思考；提供小组活动；提问、练习与活动有多种不同的层次，既有双基的教学，又能培养创造性和高层次的思维能力；及时提供测评、反馈、矫正。

（4）导航、结构和链接。界面亲切友好，方便用户使用；每一页都有清晰明确的导航；内容按模块的方式组织，结构层次清晰明确，符合内容本身的逻辑和人的认知规律；能随机选择学习的入口和出口，以适应不同学生学习的需要和不同教师教学的需要；内容易于检索。

（5）制作水平。图形图片经过最优化处理，视频和音频材料经过压缩，载入迅速；合理地选用多媒体表现形式，多媒体表现形式能巧妙地体现文字材料所难以展现的过程和内容；合理地设计菜单、按钮、窗口、开关等，用户可以自主选择学习和教学内容；用户可以选择是否运行或载入作品中的动画、视频、音频及图片；声音和画面同步；画面、声音无抖动且无明显的跳跃。

（6）艺术性。界面设计美观；视频、动画和图片色彩鲜明清晰、生动形象；版面设计活泼，布局安排合理；音乐和配音能加强表现力。

（三）教学评价工具

教学设计成果的形成性评价主要使用测验题、观察表、测量表、调查表、学习文件夹等，它们也是教学设计和教学活动中其他评价类型的主要工具。因此，了解这些评价工具的特点并掌握其编制原理和方法，是教学设计人员应该具备的基本功之一。

1. 测试

测试用于对学生学习结果进行评价，并依此说明教学设计方案的效果并发现问题。在提供质性评价的同时，还必须认识到，测试仍然是日常教学中一种常见的评价方法。教师应当注意以下几方面：改革测试内容；改造测试题型；有效发挥测试的诊断、调整、激励和甄别功能；审时度势，准确把握测试时机；提高测试设计与实施的专业化水平。

2. 测量

虽然教师重视测试的评价作用，但是，他们往往没有重视测量的特定作用。实际上，即使在语言教学中，态度测量、情绪测量、一般智商的测量等，都对教学改进有明显的效应。同时，测量方法还能够使学生更加了解自己。

3. 观察

对于到现场获得的第一手材料，通过有目的的观察，了解教学方案的使用情况和存在的问题，并对观察情况作适当的记录。课堂教学观察可以采取五种方法：调查严密组织的系统观察方法；生态学观察方法；人种学观察方法；同步等级界定观察方法；非正式观察法。

4. 调查

调查用于了解学生的学习兴趣、态度、学习习惯和意向，以及对教学过程的意见等，从而判断教学的有效程度等。观察是在活动过程中同步采集信息，调查则是在活动之后采集信息。行之有效的调查方法有问卷和访谈两种。问卷和访谈都需要掌握一定的专业技术，教师实施此类调查是很有必要的。

5. 档案袋

"学习文件夹"又称档案袋评价，是近年来英、美、日等国的教育界广泛采用的一种评价方法。档案袋也称成长记录袋，鲍尔森和麦耶指出，档案袋的概念是"收集、选择和反思"。即从收集的所有作业中，学生自己选择存入档案中的材料，可以是他们认为特别有价值的东西。然后学生对自己的成品和相关表现进行反思。进入 20 世纪 90 年代以后，这种评价方法不仅应用于英语艺术学科，而且在其他学科中也得到广泛采用。

（四）教学设计评价的基本步骤

1. 制订评价计划

制订设计成果的评价计划是项重要的基础工作，它将对以下五项工作做出详细说明，即在教学活动的每个环节中应收集何种资料才能确定成果的哪些地方是成功的、有效的；哪些地方是失败的、待改进的；应建立怎样的标准来解释收集的资料；应选择什么人来做成果的试用者；评价需要什么条件。

2. 选择评价方法

不论收集哪种类型的资料都要借助某些方法，在教学设计成果的形成性评价中，主要使用测验、调查和观察三种评价方法。这三种方法在收集资料方面各有特长，如测验适用于收集认知目标的学习成绩资料，调查适用于收集情感目标的学习成绩资料，观察适用于收集动作技能目标的学习成绩资料。此外，调查和观察还经常被用来收集教学过程的各种资料。前者适用于收集学生、教师和管理人员对教学的反馈资料；后者适用于收集设计成果的使用是否按预先计划进行的资料。

3. 试用设计成果和收集资料

试用设计成果和收集资料的基本步骤是：向被试者说明须知—试行教学—观察教学—后置测验—问卷调查。

4. 归纳和分析资料

通过上述的观察、测验和问卷，评价者获得了一系列所需的资料，为了便于分析，制成图表后，评价者应对资料作一次初步分析（将各类数据与评价标准进行比较，考察各种现象的相互关系）。经过分析，可能会发现一些重要问题，应及时对它们加以解释，并通过恰当的途径证实自己的解释。设计者应持虚心、诚恳、坦率和求实的态度，当该成果遭到激烈批评时，还应保持冷静，以使所有被访者都能毫无保留地发表意见。

5. 报告评价结果

评价报告的内容包括：设计成果的名称和宗旨、使用的范围和对象、试用的要求和过程、评价的项目和结果、修改的建议和措施、参评者的名单和职务，以及评价的时间，等等。评价报告以简明扼要为宜，具体资料如各种数据、访谈记录、分析说明等可以作为附件。

参考文献

[1] 杨红伟. 现代教育信息技术在小学数学教学中的运用探究 [J]. 中国校外教育,2019（17）:168.

[2] 杨鑫骥. 云环境下新课堂应用现代教育技术的研究 [J]. 中国多媒体与网络教学学报（上旬刊）,2019（06）:1–2.

[3] 陈丽敏,张慧莱. 基于线上学习记录的现代教育技术混合式教学实践 [J]. 西部素质教育,2019,5（10）:153–154.

[4] 李得昇. 现代教育技术在教学中的应用 [J]. 现代信息科技,2019,3（10）:131–132+134.

[5] 张永良,郭宗杰. 现代教育技术在中职物理教学中的应用 [J]. 学周刊,2019（18）:23.

[6] 朱茵羽. 整合现代教育技术,优化小学数学课堂 [J]. 数学教学通讯,2019（10）:87–88.

[7] 张爱民. 信息化教育理论与实践探究——评《现代教育技术：理论建构与实践创新》[J]. 中国教育学刊,2018（12）:127.

[8] 陈晓峰. 高中"课堂教学信息化"的现状与改进 [D]. 华东师范大学,2017.

[9] 施旭英. 理论与实践结合教育思想研究 [D]. 华南理工大学,2016.

[10] 杨丽萍. 基于项目教学的《现代教育技术》实验课程资源库的设计与开发 [D]. 湖南师范大学,2016.

[11] 孙燕,叶盛泉. 信息化环境下培养师范生现代教育技术能力的分析 [J]. 福建电脑,2016,32（04）:165–166.

[12] 陈婷 . 现代教育技术理论对创新型人才培养的作用 [J]. 中国高校科技 ,2015（04）:80-82.

[13] 王忠政 . 信息技术与地方财政类院校本科教学深度融合的研究 [D]. 华中师范大学 ,2015.

[14] 马启龙 . 中观教学系统设计的理论与实践研究——以现代教育技术专业为例 [J]. 软件导刊（教育技术）,2014,13（04）:56-59.

[15] 黎平辉 ."自我"的消退与回归——对教育理论与实践相结合的新思考 [J]. 国家教育行政学院学报 ,2013（06）:42-46.

[16] 谢娟 . 现代教育技术应用的伦理审视 [D]. 山东师范大学 ,2013.

[17] 刘庆标 . 现代思想政治教育技术论 [D]. 华中师范大学 ,2013.

[18] 李梦娇 .21 世纪以来教育技术理论与实践的新发展 [J]. 才智 ,2013(06):69.

[19] 马启龙 . 民族院校特色专业创建的理论与实践——以现代教育技术专业为例 [J]. 甘肃高师学报 ,2012,17（03）:80-84.

[20] 郝兆杰 . 以人为本的教育技术价值取向研究 [D]. 河南大学 ,2012.

[21] 胡加圣 . 基于范式转换的外语教育技术学学科构建研究 [D]. 上海外国语大学 ,2012.

[22] 刘合安 . 现代教育技术条件下的课堂教学改革研究 [D]. 湖南师范大学 ,2011.

[23] 赵可云 . 教育技术实验研究方法的理论与实践研究 [D]. 东北师范大学 ,2011.

[24] 孟庆刚 . 湖南高职院校现代教育技术的应用现状及对策研究 [D]. 湖南农业大学 ,2010.

[25] 董静 . 中等职业学校教师现代教育技术校本培训研究 [D]. 山东师范大学 ,2010.

[26] 陈宏敏 . 中国教育技术发展历史研究 [D]. 福建师范大学 ,2009.

[27] 南国农 . 信息化教育理论体系的形成与发展 [J]. 电化教育研究 ,2009（08）:5-9.

[28] 王卫军 . 教师信息化教学能力发展研究 [D]. 西北师范大学 ,2009.

[29] 邓伟娟 .《现代教育理论》网络教学资源设计 [D]. 江西师范大学 ,2009.

[30] 姜忠元 . 高师现代教育技术公共课中实施混合式学习的教学模式研究 [D].

辽宁师范大学,2009.

[31] 冯云珠.20世纪上半叶美国教育技术理论与实践研究[D].福建师范大学,2008.

[32] 杨磊.现代教育技术在山东省高校体育教学中应用的研究[D].天津大学,2008.

[33] 李连祥.《标准》指导下的《现代教育技术》公共课程改革与探索[D].南京师范大学,2008.

[34] 徐影.《现代教育技术》课程研究性学习的理论与实践探讨[J].长江大学学报（社会科学版）,2008（03）:234-235.

[35] 杨林.教育信息化时代中小学校教育技术中心发展策略研究[D].东北师范大学,2007.

[36] 李华,杨伟民.中美信息化教育之比较研究[J].电化教育研究,2007（02）:47-51.

[37] 高洪.现代教育技术的哲学思考[D].昆明理工大学,2007.

[38] 刘成新.整合与重构：技术与课程教学的互动解析[D].南京师范大学,2006.

[39] 李晶.深入发展时期教育技术理论演变的研究[D].内蒙古师范大学,2006.

[40] 刘洪梅.论现代信息技术对大学教育创新的影响[D].广西大学,2006.

[41] 孟魏华.现代教育技术下中学英语教学模式的理论与实践研究[D].西南大学,2006.

[42] 孙西朝.基于信息化进程的《现代教育技术》公共课的理论与实践探讨[J].软件导刊,2006（04）:33-35.

[43] 张廷刚.基于网络的研究性学习在中职物理教学中的理论与实践研究[D].西北师范大学,2005.

[44] 李晓波.基于校园网的网络教学理论与实践研究[D].内蒙古师范大学,2005.

[45] 南永新.信息技术与中职学校德育课程整合实践研究[D].西北师范大学,2004.

[46] 冯奕競.高师教育技术公共课课程建设的研究与实践[D].南京师范大学,2004.

[47] 刘兴波.基于信息素养的高师现代教育技术公共课教学改革与研究 [D]. 山东师范大学 ,2004.

[48] 谷力.冲突与和谐：课堂教学改革实践论 [D]. 南京师范大学 ,2002.

[49] 朱广艳.开展基于现代信息技术环境下学与教的理论与实践研究——全国现代教育技术实验学校"十五"课题开题 [J]. 中国电化教育 ,2002(03):85.

[50] 刘岩.运用现代教育技术 ,优化教学过程的理论与实践 [J]. 管理信息系统 ,2001（ 01):55-56+54.

[51] 徐章英 ,顾力兵.运用现代教育技术优化教学过程的理论与实践 [J]. 电化教育研究 ,2000（ 11):17-20.

[52] 蔡耘 ,张耀先 ,施绛.中国电化教育的开拓者现代教育技术的实干家——南国农教授教育技术理论与实践综述 [J]. 电化教育研究 ,2000（ 10):80-82+87.

[53] 张学德.对现代教育技术理论与实践的再认识 [J]. 昌潍师专学报 ,2000（ 04):86-87.

[54] 宁德忠.应用现代教育技术理论与实践论析 [J]. 黑龙江教育学院学报 ,2000（ 03 ）:19-20.

[55] 张学德.对现代教育技术理论与实践的再认识 [J]. 甘肃广播电视大学学报 ,2000（ 02 ）:4-6.

[56] 葛锁网.大力发展教育技术　深化教育教学改革——在江苏省高校教育技术理论与实践研讨会上的讲话 [J]. 电化教育研究 ,1999（ 06):3-10.